한국아동청소년상담학회 **상담역량 강화 프로그램 시리즈 ②**

교육사각지대 학습자의 부모 교육

김동일 저

This work was supported by the Ministry of Education of the Republic of Korea and the National Research Foundation of Korea (NRF – 2020S1A3A2A02103411)

PREFACE
서문

자녀를 양육하고 있는 부모뿐 아니라 교육현장에 있는 교사들도 우리 아이가 자기 수준에 알맞은 학습활동에 참여할 수 있는 방법을 고심하게 됩니다. 현재 우리나라 초, 중, 고등학교의 교육 현장에서는 기초학력부진의 위험성이 높은 아동들이 있으며, 이들은 지적, 정서적 기능의 제한으로 인하여 일반 교육 상황에서 적절한 성장과 발달을 할 수 없는 여건에 놓인 위기 학습자로 볼 수 있습니다. 난독위험군, 주의력결핍 과잉행동문제(ADHD), 학습부진, 공식적으로 진단되지 않은 학습장애 등 다양한 유형의 발달과 학습 위기에 놓여있는 학생들이 그러합니다. 일반 학습자들과 달리 인지, 학업, 사회성 등 다양한 측면에서 어려움을 겪고 있으므로, 학습을 포함하여 체계적이고 적절한 제도적 교육 지원이 필요한 아이들이 점차 여러 학년을 거쳐 드러나고 있습니다. 앞으로, 현재 교육제도와 시스템에서 특수한 교육적 서비스 대상자로 진단되고 지원되는 교육대상자는 아니지만, 일반학교에 다니고 있으면서 획일화된 교육과정을 따라가지 못해 교육적 지원을 충분히 제공받지 못하여 부진과 부적응을 경험하는 위기 학습자에 대하여 인식의 전환과 제도적 지원을 다시 설계하고자 합니다. 이러한 위기와 문제에 대응하고 해결해가는 과정에서 '주요한 협력자'인 부모의 역할이 더욱 중요하다고 볼 수 있습니다.

이 책은 교사가 문제 해결중심의 협력자인 부모의 교육을 돕기 위하여 혹은 교육사각지대 학습자를 이해하고 더 나은 교육지원을 위한 부모 자조(self-help) 매뉴얼로 준비되었습니다. 다양한 유형의 "위기 학습자(at-risk learner with diverse needs)"의 요구에 적응하고 반응하는 '성장 촉진 환경'으로서 부모의 참여를 기대합니다.

이 책을 위하여 많은 분들이 애를 쓰셨습니다. 특히, 이 책을 묶기 위하여 연구에 참여해준 SNU SSK-EDU 현은정, 임수영, 주소현 연구원에게 고마움을 전합니다. 마지막으로 한국아동청소년상담학회 워크숍에 참여하여 풍성한 피드백과 격려를 보내준 현장 교사와 상담사께 감사드리며, 여전히 형성과정에 있는 젊은 '청소년 상담학'을 위하여 독자 여러분의 진심어린 조언을 기대합니다.

진심으로 감사드립니다.

2022년 관악산 연구실에서
오 름 김 동 일

powered by WITH Lab. (Widening InTellectual Horizon):
Education and Counseling for Children−Adolescents with Diverse Needs

CONTENTS

목차

PART

1

교육사각지대 학습자는 누구인가?

01 교육사각지대 학습자의 정의

02 교육사각지대 학습자의 특성

01

교육사각지대 학습자의 정의

부모는 자녀를 잘 키우고 싶어 한다. 영아 시절에는 건강한 아이로 키우는 것에 초점을 둔다. 갓 태어난 작은 아기가 한 해 한 해 자라가며 뒤집기를 하고, 다리에 힘을 주어 서고, 걷고, 뛰고, 말을 하게 되는 발달 단계를 거쳐 가며 조금씩 성장해갈 때, 부모는 아이가 먹는 양이 적당한지, 몸에 이상이 있는 건 아닌지, 언어발달이 너무 늦은 건 아닌지 등 많은 고민 속에서 자녀를 키워나간다. 그리고 유치원을 가게 되면 친구들과 잘 어울려 노는지, 너무 수줍어서 혼자 노는 건 아닌지, 친구에게 자기 의견을 제대로 말을 못 하는 건 아닌지 등 사회성에 대한 고민이 많아지게 된다.

아이가 초등학생이 되었을 때, 부모는 '우리 아이가 학교에 잘 적응하여 공부를 잘 할 수 있을까', '선행학습이 부족해서 수업을 따라가지 못하는 건 아닐까', '너무 노는 것 같은데 공부를 더 시켜야 되지 않을까'와 같이 아이의 '학습'에 대해서 본격적으로 고민하기 시작한다. 초등학교를 시작으로 고등학교, 대학교로 이어지는 '학생'으로서의 초기 경험이 학습 차원뿐 아니라 심리정서적으로도 중요하고 앞으로의 교육에도 중요하다는 것을 잘 알고 있기 때문이다. '학교'라는 교육기관에 입학한 '학습자'로서의 우리 아이에 대한 여러 가지 새로운 고민들이 등장하는 것은 어찌 보면 당연하다. 우리 아이의 학습 동기가 다른 아이들에 비해 유달리 떨어진다고 생각이 될 때, 우리 아이가 책상에 앉아있는 것을 너무 힘들어하고 집중력이 유달리 부족할 때, 우리 아이가 감정 기복이 너무 심하고 조절이 안 된다고 생각했을 때, 이러한 아이의 모습을 관찰한 부모는 "우리 아이는 대체 왜 이런 걸까?"라는 고민을 안고 아이를 도와줄 방법을 고심하게 된다.

부모뿐 아니라 교육현장에 있는 교사도 아이들이 각자의 수준에 맞게 교육에 참여할 수 있는 방법을 고심하게 된다. 현재 우리나라 초, 중, 고등학교의 교육현장에서는 기초학력부진의 위험성이 높은 아동들이 많다. 특수아동은 아니지만, 그렇다고 일반아동에 준하는 교육 수행 능력을 가지고 있다고는 볼 수 없는 ADHD, 학습부진 등 다양한 유형의 위기에 놓여있는 학생들이 그러하다. 일반 학습자들과 달리 인지, 학업, 사회성 등 다양한 측면에서 어려움을 겪고 있으며 이로 인해 학습을 포함하여 학습 외적 지원이 필요한 아이들이 있다. 이런 학생들을 본 책에서는 '교육사각지대 학습자'라고 부른다. 보다 쉽게 요약했을 때 교육사각지대 학습자란, 현 교육 시스템에서 특수교육대상자는 아니지만, 일반학교에 다니고 있으면서 현재의 획일화된 교육과정을 따라가지 못해 교육적 지원을 충분히 제공받지 못하여 학습부진을 경험하거나 다양한 학습문제를 나타내는 다양한 유형의 "위기 학습자(at-risk learner with diverse educational needs)" (최수미 외, 2018, 423)라고 볼 수 있다.

읽기자료 '교육사각지대 학습자'와 유사한 의미로 사용되는 대표 용어들

① **학습부진(underachievement)**
기대되는 성취보다 실제로 성취가 현저하게 낮은 상태

② **학업저성취(low achievement)**
잠재적인 능력수준이나 지적 능력을 고려하지 않고 결과로 나타난 학업성취 수준이 하위 5-20% 이하에 속하는 학생들을 의미

③ **경계선 지적 기능 학습자(borderline intellectual functioning)**
지능의 분포에서 -1과 -2 표준편차 사이의 경계선급 지능(IQ 71-84 사이)을 지닌 특수교육대상자에 포함되지 않은 학습자

④ **느린 학습자(slow learner)**
- 과거의 의미: IQ가 71-84 사이 경계선급 지능을 가지고 학기말 종합성적 또는 표준화 학력검사 점수가 40% 이하의 기준을 충족하고 교사의 임상적 판단에 의해 분류된 학습자들(김근하, 김동일, 2007)
- 최근의 의미: 지능검사 결과 경계선급 지능(IQ 71-84)에 해당하며, 또래 집단에서 정상적으로 기대되는 작업들을 할 수 없는 지속적 관심과 주의가 필요한 발달장애 학습자

02

교육사각지대 학습자의 특성

현장에 있는 교사들을 대상으로 교육사각지대 학습자의 특성을 조사했을 때 이들이 겪는 어려움은 '학습 및 인지적 어려움', '정서 및 행동적 어려움', '관계적 어려움', '일상생활적 어려움', '환경적 어려움' 등 다섯 가지 영역으로 나타났다. 아래의 사례는 새라배움 프로그램[1]에 참여한 학부모와 기초학습능력부진 학생을 지도해본 경험이 있는 담임교사들의 인터뷰 내용을 정리하여 작성하였다.

1) 학습 및 인지적 어려움

교육사각지대 학습자는 '낮은 학업동기 및 태도', '기초학습능력의 부족', '낮은 인지 및 이해력', '학습인지적 전략 부족', '낮은 학업 성취' 등 학습 능력과 인지능력에서 어려움이 있는 것으로 나타났다.

(1) 낮은 학업 동기 및 태도

교육사각지대 학습자는 학습하려는 의지, 기대, 욕구 등이 낮고 수업에 참여하지 않거나 방해하는 등 수업에 비협조적인 태도를 보인다. 이들은 공부에 흥미가 없고, 학습에 대한 의지가 낮았다. 학습 동기가 낮아 과제를 해오지 않는

---

1) 새라배움 프로그램은 학습장애, 난독증, ADHD, 자폐범주성장애 등의 학습과 정서 문제를 시작으로 전반적인 적응에 어려움을 가지는 취약계층에게 정서 및 학습지원은 물론 학교와 사회로의 통합을 지원하고자 시흥시 소재 단위 학교 5개교를 중심으로 부진학생(난독증 위험군, 학습장애 등)을 체계적으로 진단하고 전문적 지도가 시급하다고 판단되는 학생 50명에게 다년간 검증된 증거기반중재를 소그룹 또는 개별 형태로 15회(약 7~8주간) 제공하는 기초학습부진학생 중재 지원 프로그램이다. 더불어 단위 학교 교감과 교사 대상으로 인지 및 정서관련 워크숍을 제공하여 교육적 지원과 관심이 필요한 학생들을 단위 학교 차원에서 선별하고 관리할 수 있도록 직무연수를 제공하고 있다.
출처: 시흥시 – 서울대학교 교육협력센터(http://ssedu.snu.ac.kr/02/06.php).

경우가 많고, 체육이나 게임식 수업에서조차도 수업에 참여하지 않거나 비협조적이어서 교사가 수업 진행에 어려움을 겪거나 다른 학습자에게도 방해가 되는 경우가 있다.

> 저희 아이는 못 하는 것을 별 것이 아닌 것처럼 행동하구요. 지는 것에도 개의치 않고 그냥 게임만 좋아하네요. 딱히 불편한 것이 없어 보여서 초등 2학년까지는 그냥 두었어요. (학부모)
>
> 수업 시간에 한마디도 안 해요. 발표, 말하기 이런 걸 나오라고 해서 시키는데 가만히 있으니 시킬 수가 없잖아요. 수업 시간이 지루할 수밖에 없을 것 같아요. (교사)
>
> 꼭 가야 해요? 꼭 해야 해요? 이런 식으로 말을 하는 아이들을 봤거든요. 뭘 하라고 할 때 의욕이나 동기가 기본적으로 좀 떨어져 있는 상태에요. (교사)

(2) 기초학습 능력의 부족

교육사각지대 학습자는 읽기, 쓰기, 수학(산수) 등 기초학습 능력에 문제가 있거나, 기초학습능력 부족이 누적되어 고학년으로 갈수록 학습에 어려움을 겪어 수업에 따라오지 못하는 모습을 보인다. 한글을 읽거나 표현하는데 어려움을 겪어 쉬운 과제조차 수행하지 못하거나 다른 또래 아동의 학습 속도를 쫓아 가지 못한다. 이 아이들은 학습 동기가 있어도 낮은 기초학습능력으로 학습하는데 있어서 부담감을 느끼며, 누적된 학습결손으로 고학년으로 갈수록 해당 학습에 어려움을 느껴서 학업에 대한 거부반응이 심해졌다.

> 저희 아이는 구구단의 기본적인 방법을 몰라요. 수학은 크게 가르치지 않았고 기초 연산 정도만 한 수준이에요. 연산 능력 발달이 정지되어 있는 것 같기도 하고 나눗셈을 어려워 해요. (학부모)
>
> 처음에는 '어? 이거 열심히 하면 된다고 했으니까 들어야지'라고 했는데 자기가 가지고 있는 기본 지식이 없다 보니까 쫓아오지 못하고 '아, 이거는 내가 하는 건 아니구나'라고 포기하는 친구도 있는 것 같아요. (교사)
>
> 학습부진이 축적되어 6학년인데도 나눗셈을 제대로 못하는 아이가 있어요. 아이 스스로 공부를 못한다는 생각에 갇혀 있고 개인 지도 시 조금 나

아지는 모습을 보이지만 그것도 한때이고 다음 날이 되면 다시 잊어버려요. (교사)

(3) 낮은 인지 및 이해력

교육사각지대 학습자는 지능이 낮거나, 말을 못 알아들으며, 말하는 것이 단조롭고 자기 생각을 잘 표현하지 못하거나, 분위기 파악을 못하고 상황대처 능력이 떨어지는 등 인지적 발달과 관련된 문제가 있을 수 있다. 이들은 학습과제를 이해하지 못하거나 교사의 지도내용을 이해하지 못해 위축된 모습을 보인다.

평상시에 얘기할 때 조리 있게 얘기하는 것이 안 돼요. 뭔가 자기가 한 번 시작한 말을 온전한 문장으로 잘 끝내지 못해요. (학부모)

인지능력이 다소 떨어지는 학생들은 놀이나 게임 규칙을 이해하는 데 어려움을 느끼는 것 같아요. 이렇게 되면 친구들과도 어울리기를 어려워 하더라구요. (교사)

자신의 감정을 말이나 글로 표현하는 것을 어려워하고 제대로 감정을 전달하지 못해서 친구들에게 부정적인 인식을 주게 되고 모둠활동에도 잘 어울리지 못하더라구요. (교사)

(4) 학습 전략의 부족

교육사각지대 학습자는 집중력이 약하고, 낮은 집중력으로 인해 타인의 지시사항을 끝까지 못 듣는 경우가 있다. 이들은 공부 방법이나 암송, 시연 등 다양한 메타 인지적 전략 등이 부족하여 노력에 비해 성적이 잘 나오지 않는다. 또한 시간관리, 공간관리에 대한 개념이 없는 모습을 보인다.

집중력이 짧아서 수학 교과 곱셈을 가르쳐주면 그때 뿐이고, 다음날 같은 문제를 풀면 또 모르는 경우가 많아서 학습을 따라오기 어려워하네요. (교사)

열심히 하는데 성적이 안 나오는 아이들이 있어요. 밤을 새우고, 학교에서도 자지도 않는데. 아무래도 공부 방법을 모르는 거 같아요. (교사)

(5) 낮은 학업 성취

교육사각지대 학습자는 성적이 낮고, 학습에서 성공 경험이 부족하여 쉽게 포기하거나, 학습에 대한 자신감이 없다.

> 틀리면 친구들이 놀린다고 생각해서 그룹수업을 힘들어해요. (학부모)
>
> 실패한 학습 경험들로 인해 어차피 안 될 거라고 지레짐작하고 학습하는 것을 포기하는 것 같아요. (교사)
>
> 학업 성취가 낮고, 학년이 높아질수록 격차가 심해지는 거죠. 악순환이 반복되는 것으로 보여요. (교사)

2) 정서 행동적 어려움

교육사각지대 학습자는 '내재화 심리정서문제', '외현화 행동문제', '부정적 자기개념 문제', '일탈행동' 등 정서와 행동적 측면에서 어려움을 보일 수 있다.

(1) 내재화 심리정서문제

교육사각지대 학습자는 우울하거나 위축되는 등 내적인 심리적 문제로 인해, 단체활동에 어울리지 못하고 전반적인 학교 생활에서의 어려움을 겪는데, 우울감을 자주 느끼거나 매사 불안감이 높은 특징을 보인다.

> 저희 아이는 거절에 대한 두려움을 벌써 아는 것 같아요. 그래서 아이가 모르는 것을 선생님한테 물어볼 때 담임 선생님 반응이 어떠실지 걱정이 되더라구요. (학부모)
>
> 학기 초부터 적응이 어렵고 시험불안이 높아서 시험기간에 쓰러지기도 했어요. 오늘 기분이 어떤지 물어보면 눈물을 흘리면서 반응하기도 했구요. (교사)
>
> 무언가 특별한 개별화된 지시가 없으면 수업 시간에 아무것도 하지 못하고 쉬는 시간에도 책상에 가만히 앉아있기만 했어요. 다른 아이들이나 선생님과 함께 있는 것에 대해 부담을 느끼는 것 같았어요. 학교생활 전반적으로 아무런 말을 하지 않더라구요. (교사)

상담을 하기 위해서 아이를 부른 적이 있어요. 그런데 아이는 아무 이유도 없이 자기가 야단을 맞을 거라고 생각을 했는지 움츠러들어서 반응하고 대답했어요. (교사)

(2) 부정적 자기개념

'부정적 자기개념'은 자기 존중감이 낮거나 자신에 대한 부정적인 생각을 하는 등 자기 개념화에 있어 문제를 보이는 것을 의미한다.

아이가 항상 하는 말이 '나 같은 거는 없어져야 해. 난 쓰레기야.' 이런 얘기를 어린 아이가 너무 많이 하거든요. (교사)

성적은 중간 정도이고, 듣고 이해는 할 수 있는 게 분명한데, 스스로 마음을 닫아서 수업 시간에도 아무 말도 하지 않고 친구들과도 관계를 못 맺는 거예요. (교사)

자아 존중감이 낮다 보니 학습에서도 내가 이 정도는 해야겠다! 같은 스스로에 대한 기대 수준이 너무 낮은 것 같아요. (교사)

(3) 외현화 행동문제

'외현화 행동문제'는 공격적이고 분노 조절에 어려움을 겪어 이와 관련된 외현적 문제 행동을 보이는 것을 의미한다. 이들은 산만하고 충동적이며 집중을 잘하지 못하고, 감정기복이 심한 특징을 보인다.

감정기복이 굉장히 심해요. 그리고 어떤 날에는 자기 내키는 대로 행동을 해서 전체적인 수업 진행이 어려워지는 순간이 있어요. 자신의 분노를 양껏 표출하기 위해 소리를 꽥꽥 지르기도 하고, 이상한 욕을 하기도 해요. 같이 이동을 해야 하는데 혼자 버티고 이동을 안 한다거나 막무가내로 떼를 쓰기도 해요. (교사)

잘못된 행동을 반복적으로 하고 정서적으로 불안정하여 쉽게 분노하는 것 같아요. 분노를 폭발할 때 교사가 힘으로 제압하지 않으면 의자와 책상을 던지면서 난동을 피우기도 했어요. 어느 날은 자신을 놀리는 것에 대해 격분하며 커터칼을 들고 친구를 찌르려 하기도 했어요. (교사)

(4) 일탈행동

'일탈행동'은 학업 중퇴, 흡연, 인터넷 혹은 게임중독, 파괴적 충동조절 및 품행장애 등 심각한 행동 문제들을 나타내는 것을 의미한다. 이들은 반항적인 태도를 보이고 일상적인 것들에 대해서 단조로움을 느낀다.

> 아침 8시까지 학교에 와야 하는데 아예 이후에 오는 애들이 있어요. 부모님이 깨워도 안 일어나요. 계속 전화를 해도 안 받고, 어머니, 아버지는 일찍 출근하셔야 하는 경우에는 난감하죠. 밤새워 게임하고, SNS를 하고... 그런 애들은 학습 부진보다는 부적응적 측면이 강하다고 생각해요. 공부가 문제가 아닌 것 같더라고요. (교사)

3) 관계적 어려움

교육사각지대 학생들은 '대인관계 소통 및 기술 부족', '학교폭력 피해경험' 등 관계적 차원에서 어려움을 겪는 특성을 보인다.

(1) 대인관계 소통 및 기술 부족

'대인관계 소통 및 기술 부족'은 학교 내 교사나 또래 관계 내에서 의사소통이 부족하거나 사회적 기술이 부족하여 다양한 어려움을 나타내는 것을 의미한다. 인지적인 능력은 양호하나 사회성이 부족하여 또래 친구들에게 먼저 다가가지 못하고, 이러한 어려움으로 인해 교사에게 도움을 요청하는 경우가 발생한다.

> 아이가 표현력이 부족해요. 제가 들어도 상대방이 알아듣기에 부족하다고 생각이 들구요. (학부모)
>
> 말보다는 몸으로 감정을 표현하는 경우도 많아요. (학부모)
>
> 공부를 못 하진 않은데 사람하고 어울리는 것이 안 돼요. 협동 학습이나 어울림 학습에 참여하지 못해요. (교사)
>
> 먼저 말을 거는 걸 되게 어려워해서 전 얘기를 못 하겠어요. 선생님이 해주세요. 이렇게 얘기를 하더라고요. (교사)

다른 친구, 어른들과 의사소통을 잘 못해요. 자신의 감정이 어떤 것인지 표현하지 못하고 타인의 감정에도 공감을 못 하는 것 같아요. (교사)

(2) 학교 폭력 피해 경험

교육사각지대 학습자는 또래와의 관계에서 따돌림을 당하거나 학교 폭력 피해를 경험하는 경우가 있다.

인지기능이 안 좋으면서 순한 아이들은 말을 잘 듣고, 누가 괴롭혀도 혼자 참고 말아버려요. 순하지 못한 애들은 대항이라도 하는데 순한 애는 아무 것도 못 하고 더 피해 보는 상황이 발생하거든요. (교사)

4) 일상 생활적 어려움

교육사각지대 학생들은 학교의 규범을 준수하는데 문제가 있거나, 위생 및 생활습관 문제가 있는 등 전반적인 일상생활에서 어려움을 보이는 경우가 있다.

(1) 학교 내 규범 미준수

교육사각지대 학습자는 지각, 결석, 조퇴 등 학교에서 요구되는 규범을 어기거나 학급규칙을 지키지 않는 행동 문제들을 나타내기도 한다.

학습과 학교 다니는 것을 엄청 싫어했어요. 1학년 때부터 학교에 안 나가려고 하더라구요. (학부모)

오전 8시 30분 등교 시간에 맞춰 일어나서 등교하지 못해요. 거의 매일 9시 30분에서 10시 사이에 등교하기 때문에 1교시 수업 참여를 못 하구요. 그런 아이들 특징이 또 조금만 아파도 조퇴를 해요. (교사)

기본적으로 준비물, 숙제 등을 잘해오지 않고, '선생님 말씀을 잘 듣지 않는 아이', '자신이 해야 할 일을 제대로 하지 않는 아이'라는 부정적인 인식이 강하게 남는 것 같아요. (교사)

(2) 위생 및 생활 습관 문제

'위생 및 생활 습관의 문제'는 위생적이지 않고, 옷을 때와 장소에 맞지 않게 입거나 자신의 물건을 잘 관리하지 못 하고 정리정돈에 어려움을 겪는 등 생활 습관에서 문제가 있는 것을 의미한다.

> 가정에서 위생에 관한 부분이 잘 처치가 안 되나 봐요. 수업 시간에 계속 머리(비듬)를 털어서 수업을 방해하고, 주변에 있는 친구들에게도 어려움을 주는 것 같아 보였어요. (교사)
>
> 한 여름에도 긴 팔을 입는다든지, 실내화도 1년 내내 한 번도 빨지 않아서 검은 색이 될 정도인 경우도 있고, 분명히 털 실내화인데 1년 내내 신고 있는 특징들이 있어요. (교사)

5) 환경적 어려움

교육사각지대 학습자는 가족의 구조 및 기능이 취약하거나, 가족관계가 역기능적이거나, 낮은 사회경제적 지위를 갖는 경우도 있다.

(1) 가족 구조 및 기능

교육사각지대 학습자의 환경적 어려움에는 재혼, 편모, 편부, 조손 가정 등 가족구조의 문제로 방치되거나 충분한 돌봄을 받지 못하는 경우가 있다. 또한 부모의 양육태도에 문제가 있거나, 학교 혹은 교사의 자녀지도에 대해 부모가 협조적이지 않은 경우가 있다.

> 아버지와 단둘이 살고 있는 아이였는데 아버지가 알코올 중독이었어요. 아동 센터에 신고가 들어간 적이 있는 걸로 봐서 가정 폭력도 있었구요. 아이의 눈빛이 항상 흔들렸고 불안해 보였어요. (교사)
>
> 할머니가 주 양육자인 아동이 있었는데, 부모로부터 관심과 지지를 받지 못한 것 같았어요. (교사)
>
> 어머니가 "이거 이렇게 하는거야."라고 얘기를 하고 그 옆에 있지 않고

나가버리시는 거예요. 그리고 돌아와서 "야 이거 안 했잖아!" 하고 혼을 내세요. 하는 방법을 가르쳐주는 것 뿐 아니라 실제로 그것을 어떻게 실행에 옮기는지 과정 자체에 대한 지도가 필요한데 그 부분 없이 '되게 쉬운 건데 왜 안 해?' 이렇게 해버리시는 거죠. (교사)

(2) 역기능적 가족관계

'역기능적 가족관계'는 가정 내 부부 간 갈등, 부모－자녀 간 갈등, 형제 간 갈등, 편애 등 가족관계가 부정적이고 역기능적인 것을 의미한다. 이런 경우 자녀와 부모 사이의 대화가 단절되어 있거나 가정 내의 편애로 인해 소외감을 느끼기도 했으며, 어른들의 갈등 상황에 지속적으로 노출되어 어른에 대한 신뢰가 사라진 경우도 있었다.

초등학교 때부터 엄마나 아빠를 무서워하고 대화가 단절된 애들도 굉장히 많은 것 같아요. 고등학생들 생각하면 문 닫고 그냥 대화 안하잖아요. 그런데 요즘엔 빨라져서 아이들이 초등학생 때부터도 그럴 수 있구요. (교사)

가정 내에서 어른들끼리의 일에 대한 상처로 어른에 대한 신뢰가 상실될 수도 있구요. 이러한 상실감이 학습 무기력으로 이어지는 경우도 있어요. (교사)

(3) 낮은 사회 경제적 지위

교육사각지대 학습자는 기초 수급, 차상위 계층 등에 속해 있어 경제적으로 어렵거나, 타 지역과 비교했을 때 어려운 지역사회의 환경하에 있거나, 또는 부모의 교육수준이 낮은 경우가 있다.

6남매의 넷째인데, 기초생계급여수급자 가정의 아이에요. 학습이 전혀 되지 않아서 4학년임에도 쉬운 뺄셈 계산조차도 어려워해요. (교사)

집으로 가면 아이가 공부할 환경이 정말 안 되는 경우도 있어요. 방이 하나 있는데 언니는 TV 보고 있고 아이는 공부할 데가 없다던가. 부모님이 동생 육아를 아이에게 맡겨 버리는 경우도 있어요. (교사)

PART

2

우리 자녀 바로 이해하기

자녀가 처음 초등학교에 입학할 때는 부모는 기대와 불안 속에서 함께 적응기를 거치는데, 아이가 적응과 공부에 어려움을 겪으면 여러 걱정이 생기기 쉽다. 무슨 문제가 있는 게 아닐까란 생각에 성장 과정에서 나타날 수 있는 자연스러운 모습도 여러 신체적인 질환이나 정신적 장애나 증후군에 연결하여 과도하게 생각하기도 쉬운데 이는 아이에게도 양육자에게도 바람직하지 않다. 아이들은 각양각색의 모습과 자신만의 속도로 자라는데 부모는 일희일비하기보다 인내를 가지고 아이가 자기다운 모습으로 단단하게 클 수 있도록 안정적인 환경을 만들어주는 게 중요하다. 아이는 공부, 또래관계에 어려움을 겪을 수도 있고, 때로는 우울해거나 불안해할 수 있다. 그러나 전문적인 교육 또는 치료가 필요해 부모가 조기에 이를 알아채고 개입해야 할 필요가 있는 어려움도 있다.

01

학습이 느린 아이

아이가 배우는 속도가 많이 느리고, 배운 내용을 기억하기 어려워하며, 부모나 교사의 말을 잘 이해하지 못하고, 놀이 규칙 등을 이해하지 못하는 등의 이유로 친구와 관계 맺는 것에 어려움이 있다고 느껴진다면 경계선 지능에 대해 알아볼 필요가 있다.

1) 경계선 지능이란 무엇일까?

(1) 정의

경계선 지능(Borderline Intellectual Function; 이하, BIF)은 미국의 정신장애 진단 및 통계편람(Diagnostic and Statistical Manual of Mental Disorders 4th: DSM−Ⅳ)에서 표준화 지능검사상 IQ 71~84 사이에 속하는 경우로(최신판인 DSM−Ⅴ에서는 별도의 장애로 분류하지 않음), 71~84 사이의 IQ는 인구의 13.59%에 해당한다.

그러나 검사받을 당시, 아이의 심리적 상태나 환경적인 상황에 의해 IQ가 80~85 정도로 낮게 나오는 경우가 있어 실제로는 IQ 71~79 정도를 경계선 지적 수준이라고 해석한다. 그러나 IQ가 71~79라고 해서 무조건 경계선 지능이라고 진단하지는 않는다. IQ는 경계선 지능 진단 조건 중 하나이며, 학업, 대인관계 등 일상생활을 수행함에 있어 어려움을 함께 동반했을 때 경계선 지능으로 의심한다.

경계선 지능 아이들은 지적장애가 아니라 특수교육대상자는 아니나, 일반 교실에서 또래와 비교했을 때 수업을 따라가는 데 큰 어려움을 보이고, 일반교육에서 높은 실패율을 보이고 있기 때문에(Lynam, Moffitt, & Stouthamer−Loeber, 1993; Shaw, 2010), 관심을 가지고 지켜보아야 한다.

(2) 특성

경계선 지능의 아이들은 흔히 보이는 특성은 다음과 같다.

가. 인지적 어려움

경계선 지능 아이들은 인지능력이 다소 제한되어 있어 추상적인 개념을 이해하고 추상적으로 사고하는 것에 있어 어려움을 겪는다(Chauhan, 2011). 추상적으로 사고한다는 것은 구체적인 사물, 경험에서 공통적인 특징을 파악하여 일반적인 개념을 만드는 것이다. 경계선 지능을 가진 아이들은 이렇게 개념적으로 이해하는 것에 어려움을 느끼므로, 새로운 지식을 습득하는 데 시간이 오래 걸린다. 그러므로 학습 시 구체적이고 쉽게 설명해주어야 하며, 말로만 설명하기보다 구체적인 예시나 눈에 보이는 실물 등을 보여주는 것이 도움이 된다.

경계선 지능 아이들은 복잡하게 생각해야 해결할 수 있는 과제에 크게 부담을 느낀다. 복잡한 과제를 완성하기 위해서는 정보를 일시적으로 기억하는 작업기억이 필요한데, 경계선 지능 아이들은 이러한 작업기억이 부족한 탓으로 복잡한 과제에서 어려움을 느낀다(Verguts & Deboeck, 2001). 작업기억이 부족하기 때문에 방금 읽은 글의 내용을 기억하지 못한다거나, 순서대로 일을 처리하는 것도 어려워한다. 일반적으로 무엇을 학습할 때는 새로운 정보와 기존 지식들을 연결하는 과정이 필요한데, 경계선 아이들은 이를 통합하고 조직하는 데 어려움이 있어 정보를 저장하는 데 문제를 가지게 된다(Verguts & Deboeck, 2001). 이로 인해 순차적으로 정보를 학습하는 과정이 더 어렵고 느릴 수밖에 없다(강옥려, 2016).

또한 전반적으로 주의집중시간이 짧고 집중력도 약해(Shaw, 2010), 과제를 수행할 때 산만한 모습을 보인다. 자신이 좋아하는 과제를 할 때는 주의집중을 곧잘 하지만 어려운 과제를 할 때는 더욱 쉽게 주의가 분산되고 산만해진다. 경계선 아이들이 기억을 잘 하지 못하는 모습을 보이는 데는 주의력 문제 때문인 경우도 있다(박찬선, 장세희, 2015). 전반적으로 주의력이 부족하다 보니 선생님이 설명을 할 때 집중을 해서 잘 듣지 못하고, 그러다 보니 나중에 떠올려보려고 해도 자세하게 기억하지 못한다. 또한 경계선 지능 아이들은 주의집중시간이 비교적 짧아서 쉽게 과제에 이탈하곤 한다. 그러나 자신이 좋아하거나 친숙한 과제나 활동에 집중할 때는 평소보다 훨씬 더 긴 시간을 집중할 수 있다. 반대로 과제가 부담스럽다고 느껴지는 경우에는 평소보다 더욱 산만해지고, 과제를 해야 한다는 의욕을 상실한 모습을 보인다.

이러한 인지적 어려움은 이들이 겪는 다양한 어려움과 연결이 된다. 학교에 들어와 처음에 공부를 잘 해보려고 노력도 하지만, 많은 실패와 좌절을 겪으면서 점차 학습에 대한 동기와 노력이 줄어들게 된다(Levine, 2003).

나. 정서행동적 어려움

경계선 지능 아이들의 정서행동문제는 지속된 학업 실패로 인한 무능감으로 인한 낮은 자존감 문제와 관련이 있다(Karande, Kanchan, & Kulkarni, 2005). 초등학교 아이들은 유능감을 획득하는 것이 발달단계의 과업이다. 경계선 지능 아이들은 너무나 잘 하고 싶어하지만, 학교에서 또래에 비해 잘 하지 못하는 나를 발견하게 된다. 나름의 좋은 의도를 가지고 열심히 노력했으나 이에 대한 부모, 교사 등 주위 어른들의 부정적 피드백이 쌓이면 억울함이 쌓이고, 자존감이 낮아지게 된다. 이렇게 실패와 부정적 피드백이 쌓이면 우울, 불안, 위축 등의 문제로 자신의 행동이나 표현을 지나치게 억제하는 내재화 문제와 분노, 공격성과 같은 밖으로 드러나는 외현화 문제를 보일 수 있다(정희정, 이재연, 2008). 이런 양상은 발달 초기의 너무 순하거나 너무 까다롭다고 느껴지는 경계선 지능 아이들의 기질적 특성과 관련이 있으며(Gabriele, Mara, & Pietro, 1998). 기질적으로 순한 아이들은 자존감이 낮아지는 상황에서 우울해하는 경향이 있으며(정희정, 이재연, 2008). 너무 까다로운 기질의 아이들은 분노와 공격성을 좀 더 보인다.

다. 사회생활에서의 어려움

경계선 지능 아이들은 자신이 생각하고 느끼는 것을 말로 표현하고, 다른 사람들이 말하는 것을 듣고 이해하고, 또 이를 기억하는 능력이 부족하다(Chauhan, 2011). 경계선 아이들은 어휘력이 또래보다 부족하고, 자신의 생각을 조리있게 앞서 표현하는 것에 어려움이 있어 자신이 의사를 표현해야 하는 상황에서도 말을 하지 못한다. 이 상황에서 이들의 의견을 물어볼 때 "몰라요."라고 대답을 할 수밖에 없다. 또한 상대와 대화를 할 때도 상대의 말을 이해하고 기억해서 답을 해야 하는데, 이러한 점이 부족해 의사소통에 있어 어려움을 겪을 수밖에 없다.

경계선 지능 아이들은 사회적 상황을 파악하는 속도가 늦어 눈치가 없는 행동을 하고, 집단 내 규칙을 이해하고 행동하는 것에 미숙해 사회생활에 있어 어려움을 겪는다(박찬선, 장세희, 2015). 경계선 지능 아이들은 친구들과 어울리고 싶은 마음은 크지만, 사회적 기술이 부족한 경우가 많다. 내가 하고 싶은 역할을 먼저 할 수 없을 때는 어떻게 친구들과 의견을 조율하는지, 친구들과 놀고 싶을 때는 어떻게 끼는지, 함께 하는 놀이 규칙을 지키는 등에 있어 미숙함을 보인다. 그러나 이는 친구들과 어울리는 경험과 더불어 교사와 부모의 사회성 훈련을 통해 향상될 수 있다.

2) 발생에 영향을 미칠 수 있는 부분들

경계선 지능의 발생에는 매우 다양한 요인이 있다. 우선, 뇌 손상(정종식, 2000) 등의 직접적인 원인은 아니나, 학습에 어려움을 주는 신체적인 질병 및 장애가 지적 발달의 저하를 일으킬 수 있다. 예를 들어, 눈이나 청력에 이상이 있는데 적절한 조치를 취하지 않았다면 이는 학습을 하는 데 어려움을 줄 수 있다.

또한 환경적인 영향이 있다. 이 경우 아이들이 정상적인 지능을 가지고 태어났음에도 부모의 낮은 지적 능력, 방임, 경제적 곤란 및 불화 등으로 교육적 환경 조성을 해주지 못해 경계선 지능에 영향을 줄 수 있다(박찬선, 장세희, 2015).

3) 경계선 지능의 초기선별

부모나 교사가 아이의 특성과 행동을 주의 깊게 관찰함으로써 선별할 수 있다. 다음은 경계선지능 아이의 특성을 담은 체크리스트이다. 부모와 교사가 아이가 경계선 지능일 수 있겠다는 생각이 들면 전문기관에 의뢰하여 표준화된 지능검사를 통해 경계선 지능인지를 확인할 수 있다.

긴 이야기를 하면 집중을 못하여 자주 끊어져 수업시간에 집중이 어렵다.
쉽게 지치고 산만해진다.
자신의 욕구가 충족될 때까지 억지, 고집을 부리고 떼를 쓰기도 한다.
규칙을 이해하는 것을 어려워하고 타협하거나 역지사지가 되지 않는다.
지시를 잘 이해하지 못하고 잘 기억하지 못한다.
또래 친구들과 관계를 맺는 것을 어려워한다.
발음이 부정확하고 자신의 생각을 명확히 표현하지 못한다.
단어와 문장을 왜곡하거나 자신이 하고싶은 말만 한다.
글을 읽을 때 단어나 줄을 빠뜨리거나 위치를 잊는 경우가 많다.

출처: 경계선지능을 가진 아이들(박찬선, 장세희, 2015).

4) 다른 장애와의 관계

(1) 학습장애

경계선 지능 학생은 학습장애로 진단되는 경우가 많고 학습장애 특성을 지니고 있다. 특별하게 다른 점을 찾는다면, 학습장애 아이들은 읽고, 셈하기 등 특정 영역에서 어려움을 보이지만, 추상적으로 생각하는 것, 논리적으로 이해하는 것과 같은 사고능력에서는 큰 어려움을 보이지 않는 경우도 발견된다. 경계선 지능을 가진 아이들은 기본적인 인지능력의 제한으로, 추상적인 개념의 이해, 논리적인 사고, 기억, 주의집중력 등에서 어려움을 겪어 모든 학습 영역에서 곤란을 겪어서 학습 부진을 보인다.

DSM-5에서는 학습장애를 특정 학습장애(Specific Learning Disorder)라고 명명하며, 정상적인 지능과 신체 상태이며, 정서적 문제가 없음에도, 전반적 지능, 생활연령, 교육수준을 고려했을 때 기대되는 수준에 비해 읽고, 쓰고, 셈하는 특정 영역에서 학업 기능이 매우 낮게 나타나는 경우를 말한다. 특정 학습장애의 진단기준은 다음과 같다.

DSM-5에서 제시하는 특정 학습장애의 진단기준

1. 학업적 기술을 배우고 사용하는 데 어려움이 있고(이러한 어려움을 줄이기 위한 개입을 적용했음에도 불구하고), 다음 여섯 가지 중 1개 이상의 증상이 최소한 6개월 이상 나타난다.
   (1) 부정확하거나 느리고 부자연스러운 단어 읽기(예 한 단어를 큰소리로 부정확하거나 느리게 그리고 머뭇거리며 읽음, 단어를 자주 추측함, 단어를 발음하는 데 어려움이 있음)
   (2) 읽은 것의 의미를 이해하는 것의 어려움(예 글을 정확하게 읽지만 내용의 순서, 관계, 추론적 의미, 또는 읽은 것의 더 깊은 의미를 이해하지 못함)
   (3) 맞춤법의 어려움(예 모음이나 자음을 첨가하거나, 생략하거나, 바꾸기도 함)
   (4) 글로 표현하는 것의 어려움(예 문장 내에서 문법적 또는 맞춤법의 실수를 자주 범함, 단락 구성을 잘 못 함, 글로 표현한 생각이 명확하지 못함)
   (5) 수 감각, 수에 관한 사실, 또는 산술적 계산을 숙달하는 데의 어려움(예 수와 양의 관계를 이해하는 것의 어려움, 또래가 하는 것처럼 수학적 사실을 상기하지 못하고 한 자리 숫자들을 더하는데 손가락을 이용하여 계산함, 산수계산 중에 어떻게 해야 할지를 모르고 순서를 바꾸어서 할 때도 있음)
   (6) 수학적 추론에서의 어려움(예 양적인 문제를 풀기 위해서 수학적 개념, 사실, 또는 절차를 응용하는 데에서의 심각한 어려움)

2. 개별적으로 시행된 표준화된 성취도 측정치와 종합적인 임상적 평가에 의해 확인된 것처럼, 영향을 받은 학업기술은 개인의 생활연령에 기대되는 것보다 상당히 못 미치고, 학업적이거나 직업적 수행, 또는 일상생활의 활동에 큰 방해가 된다. 17세 이상의 개인에게는 손상된 학습 어려움에 대해 문서화된 전력이 표준화된 평가를 대신할 수 있다.

3. 학습의 어려움은 학령기 나이에 시작되고, 영향을 받은 학업기술에 대한 요구가 개인의 제한된 능력을 초과하기 전까지는 완전히 드러나지 않을 수도 있다(예 정기 시험에서처럼 빠듯한 기한에 맞추어 길고 복잡한 보고서 읽기 또는 쓰기, 과도하게 많은 학업량)

4. 학습의 어려움이 지적 장애, 교정되지 않은 시력 또는 청력, 다른 정신적 또는 신경학적 장애, 심리사회적 역경, 학습지도의 언어에 숙달되지 못해서, 또는 부적절한 교육적 지도로 더 잘 설명되지 않아야 한다.

■ 현재의 심각도 구분

- 경도(mild): 1개 또는 2개의 학업 분야에서 학습기술을 배우는데 어느 정도의 어려움이 있으나, 심각성이 충분히 가벼운 정도이므로, 학년 중에 적절한 편의나 지지적 도움이 제공되면 개인이 보완하거나 잘 기능할 수 있다.
- 중등도(moderate): 1개 또는 2개의 학업 분야에서 학습기술을 배우는데 뚜렷한 어려

움이 있어 학년 중 어느 정도 잠깐씩 집중적이고 전문적인 가르침 없이는 숙달되기 어렵다. 최소한 하루 중 일부는 학교, 직장, 집에서 약간의 편의나 지지적 도움이 활동을 정확하고 효과적으로 끝마치기 위해 필요할 수도 있다.

김동일, 고은영, 이기정, 최종근, 홍성두(2017)에 따르면 학습장애는 다음과 같은 어려움을 겪는다.

읽기 부분에서는 문장을 읽을 때 단어나 단어의 일부를 빠뜨리기, 제시된 문장에는 없는 단어나 문장을 추가하기, 주어진 단어를 다른 말로 바꾸기, 문자나 단어의 좌우를 바꾸어 읽기와 독해력이 낮은 모습을 보인다. 또한 글자와 소리와의 대응 관계를 학습하는 것이 느리고, 결과적으로 개별 단어와 문장 읽기에 어려움을 보인다. 또한 비슷한 단어를 혼동하고, 단어 읽기의 정확도와 속도가 또래에 비해 현저히 낮다.

쓰기에서는 전반적으로 글자의 크기, 간격, 글자 간에 조화가 심하게 불균형하고, 글자 모양이 심하게 왜곡되어 있는 경우가 많다. 받아쓰거나 베껴쓰는 속도가 느리다. 작문할 때에는 구두점, 맞춤법 등과 같은 기술적인 측면은 물론이고 주제에 일관되게 글을 조직화하거나 적절하면서도 풍부한 어휘를 구사하는 데 심한 어려움을 보인다.

읽고 쓰는 것 뿐만 아니라 남의 말을 듣고 이해하는 능력도 또래에 비해 심한 차이를 보인다. 일상적인 대화에서도 적절한 단어를 적절한 억양과 속도로 표현하는 데 어려움을 보인다. 조음장애(발음장애)와 같은 발달적 언어장애를 보이는 경우도 많다.

수학에서는 숫자를 쓰거나 읽는 데 어려움을 보인다. 숫자를 시간적-공간적으로 조직하는 능력이 부족하여, 예컨대 자리 값에 따른 숫자의 배열에 어려움을 느낀다든지 비슷한 글자(예 6과 9)를 혼동하는 경우가 있다.

또한 기억력, 특히 작업기억력이 낮다. 부족한 작업기억을 보완해 줄 수 있는 것이 각종 인지, 학습전략을 사용하는 것이다. 그러나 학습장애 아동은 그러한 전략들이 있다는 것 자체도 잘 모를 뿐만 아니라, 설사 어떤 전략을 언제 사용한다는 것을 알아도 자발적으로 그러한 전략을 사용하지 않는 경향을 보인다.

학습장애를 가진 아이는 주의집중에 문제를 보이는 경우가 많아 쉽게 주의가 산만해진다. 신체적으로는 전반적으로 동작이 어설프고 꼼꼼하지 못하다. 특히 시각-운동협응 능력이 낮아서 세밀한 동작을 요구하거나 지각과 동작 간에 협응이 필요한 과제 수행 능력이 또래에 비해 크게 떨어진다.

누적된 학습실패로 낮은 자존감, 낮은 학습자아개념이 형성되며, 이는 또 학습에 부정적 영향을 미치는 등의 악순환으로 이어진다. 정서적인 측면에서는 행동 전에 반성적 사고가 부족하고 충동적인 경향이 많으며, 전반적으로 인내심이 약하고 쉽게 좌절하는 경향을 보인다. 그러나 모든 학습장애의 아이들이 정서행동문제를 보이는 것은 아니다.

(2) 학습부진

학습부진은 지능이 정상 수준임에도, 또래에 비해 매우 낮은 학습 능력을 보이는 경우를 말한다. 보통 양육방식이 부적절하거나 환경적 어려움으로 인해 학습 습관과 태도 형성이 잘 이루어지지 않는 경우에 나타나게 된다. 경계선 지능과는 달리 학습부진은 학습장애와 마찬가지로 지능이 정상 수준이며, 학습장애와는 달리 신경정보처리과정이나 뇌 기능상의 어려움을 갖고 있지 않다. 학습부진 아이들은 대개 학습에 대한 동기가 떨어지고, 자신의 학습능력에 대한 기대감도 낮다. 이러한 심리적 문제는 악순환으로 공부에 대한 의욕을 떨어뜨리게 된다. 따라서 학습부진 아이들에게는 올바른 양육과 관련된 부모 교육, 정서적 문제 해결, 학습 습관 등에 대한 교육이 필요로 하며, 적절한 도움이 주어졌을 때는 학습부진의 문제를 극복하는 것이 가능하다.

(3) 지적장애

지적장애는 기본적으로 표준화된 지능검사를 통해 확정이 되며, 평균보다 2표준편차 미만에 속한다. 즉 또래보다 인지능력이 월등히 떨어지는 아이들을 의미한다. 이들은 일반 학생과 함께 학습 지도를 받기 어렵기 때문에 장애로 진단되어, 특수학급이나 특수학교로 배정이 된다.

02
불안하고 우울한 아이

아이의 정서는 학업, 관계 등에 밀접하게 관련된다. 정서적으로 힘든데 학업에 충실하기란 성인도 하기 어렵다. 아이가 걱정이 많고 안절부절 못하는 모습을 보이거나 짜증을 내거나 복통, 두통을 자주 호소하거나 무기력한 모습을 보인다면 정서적인 어려움이 있는지에 대해 생각해볼 필요가 있다.

1) 우울장애란 무엇일까?

크고 작은 좌절 경험 후에 일시적으로 우울한 기분을 느끼고 흥미나 즐거움이 감소되는 것은 정상적이고 자연스러운 일이나, 임상적인 우울상태로 발전되어 우울장애가 되기도 한다. 아이의 우울장애는 우울감, 산만함, 불면, 슬픈 모습, 분리 불안, 무기력 등의 모습을 보인다. 이러한 일반적인 우울증상뿐 아니라 우울해보이지 않는 행동, 즉 짜증을 내거나 두통 등의 신체적 증상, 과잉행동, 비행, 공격적 행동, 등교거부, 학습부진 등의 형태로 문제를 드러내는 가면성 우울증으로 나타나는 경우가 많다. 우울장애에 대해 모든 학자가 동의하는 정의는 없지만 현재로서는 DSM에 제시된 진단 준거가 가장 널리 사용되고 있으며, DSM-5에 제시된 우울의 증상은 다음과 같다.

DSM-5에서 제시하는 주요 우울장애 증상

1. 다음 9가지 중 5개 이상의 증상이 연속적으로 2주 이상 나타나고, 이전 기능으로부터의 변화가 있다. 5개 증상들 중 적어도 하나는 (1)과 (2)가 포함되어야 한다. (1)은 지속적인 우울한 기분이고, (2)는 흥미나 즐거움의 현저한 저하이다.
   (1) 하루의 대부분, 거의 매일 지속되는 우울한 기분이 본인의 주관적 보고나 또는 다른 사람들의 관찰로도 나타난다(아동 · 청소년의 경우 과민한 기분으로 나타날 수 있다).
   (2) 거의 모든 일상 활동에 대한 흥미나 즐거움이 하루의 대부분, 또는 거의 매일 뚜렷하

게 저하되어 있다.
(3) 체중조절을 하고 있지 않은 상태에서 현저한 체중감소나 증가가 나타나거나, 식욕감소나 증가가 거의 매일 나타난다(아동의 경우 기대되는 체중증가에 미치지 않는다).
(4) 거의 매일 불면이나 과다수면이 나타난다.
(5) 거의 매일 정신운동성 초조나 지체가 나타난다(단순히 안절부절못함 또는 처진다는 주관적 느낌뿐만 아니라 다른 사람에 의해서도 관찰가능).
(6) 거의 매일 피로감이나 활력 상실이 나타난다.
(7) 거의 매일 무가치감이나 과도하고 부적절한 죄책감을 느낀다(단순히 아픈 것에 대한 자책이나 죄책감이 아님).
(8) 거의 매일 사고력이나 집중력의 감소, 또는 우유부단함이 나타난다(주관적인 설명이나 또는 다른 사람의 관찰로도 나타난다).
(9) 죽음에 대한 반복적인 생각(단지 죽음에 대한 두려움이 아님), 특정한 계획 없이 반복되는 자살생각, 또는 자살기도나 자살수행에 대한 구체적인 계획을 세운다.

2) 불안장애

불안은 우울과 마찬가지로 상황에 따라 나타날 수 있는 자연스러운 감정이다. 위기가 예상이 될 때 심장이 두근거리고 긴장하는 것은 생존에 필수적인 현상이다. 그러나 이러한 불안이 과도해서 일상 생활의 기능에 어려움을 초래한다면 불안장애에 대해 생각해볼 필요가 있다. 불안장애의 종류는 다양하나 이 중 아동기에 흔히 볼 수 있는 범불안장애, 분리불안장애의 특징을 살펴보기로 한다.

(1) 범불안장애란 무엇일까?

가. 정의와 특성

특정 대상이나 상황에 초점이 맞추어지기보다는 생활전반에 걸쳐 지속적으로 과도한 불안과 걱정을 나타내는 것이다. 아동기 후기에 접어들면 자기성찰 및 미래에 대한 사고가 가능해져 내적인 불안(실제 불안의 대상이 존재하지 않거나 일어날 확률이 거의 없는 일까지 걱정하고 긴장하는 것)이 나타나는데, 이것이 지나치면 임상적 불안 상태인 범불안장애로 발전하기도 한다(이영식, 김재원, 2014).

범불안장애 정의로는 DSM에 제시된 진단준거가 가장 널리 사용되고 있다.

범불안장애 진단을 내리려면 다음 조건이 충족되어야 한다. 첫째, 진단준거에 제시된 여섯 가지 증상 가운데 세 가지 이상(아이의 경우에는 한 가지 이상)이 나타나야 한다. 둘째, 증상이 지난 6개월 동안 거의 매일 나타나야 한다. 셋째, 증상이 중요한 기능영역에서 임상적으로 유의한 고통이나 손상을 초래해야 한다.

DSM-5에서 제시하는 범불안장애 증상

1. 다양한 사건이나 활동(예 일이나 학업수행)에 대한 과도한 불안과 걱정(염려스러운 기대)이 최소한 6개월 이상 지속되고, 이러한 증상이 없었던 날보다 있었던 날들이 더 많다.

2. 개인은 이러한 걱정을 통제하기가 어렵다고 느낀다.

3. 불안과 근심걱정은 다음의 여섯 가지 중 3개 이상의 증상들과 관련되어 있다(지난 6개월 동안 최소한 몇몇 증상들은 없었던 날보다 있었던 날들이 더 많다). 아동의 경우 한 가지 증상이면 된다.
   (1) 안절부절못함 또는 긴장이 고조되거나 신경이 곤두선 느낌
   (2) 쉽게 피로해짐
   (3) 주의집중의 곤란이나 정신이 멍해지는 느낌
   (4) 화를 잘냄(과민성)
   (5) 근육긴장
   (6) 수면 장해(잠들기가 어렵거나 수면을 유지하기가 어려움, 또는 초조하고 불만족스러운 수면)

4. 불안, 걱정, 또는 신체증상이 사회적, 직업적, 또는 다른 중요한 기능 영역에서 심각한 고통이나 손상을 초래한다.

5. 이러한 장해가 물질(예 남용 약물, 투약 약물)이나 다른 의학적 질환(예 갑상선기능항진증)의 생리적 효과들로 인한 것이 아니어야 한다.

6. 이러한 장해가 다른 정신장애로 더 잘 설명되지 않아야 한다. 예컨대, 공황장애(공황발작이 일어나는 것), 사회불안장애(부정적 평가), 강박장애(오염이나 다른 강박사고), 분리불안장애(애착 대상과의 이별), 외상후 스트레스 장애(외상적 사건 회상의 촉발자극), 신경성 식욕부진증(체중증가), 신체증상장애(신체적 호소), 신체변형장애(지각된 외모 결함), 질병불안장애(심각한 질병), 정신분열증이나 망상장애(망상적 신념)의 내용에 대한 불안과 걱정이 아니어야 한다.

(2) 분리불안 장애란 무엇일까?

어느 정도의 분리불안은 영유아기에 흔히 나타나는 정상발달이나 분리불안장애는 주요 애착대상으로부터의 분리에 대해 나이에 적절하지 않게 지속적으로 과도한 불안과 걱정을 하는 것이다(이승희, 2017: 172). 분리불안장애의 정의로는 다음과 같이 DSM-5에 제시된 진단준거가 가장 널리 활용되고 있다.

DSM-5에서 제시하는 분리불안장애 증상

1. 발달단계에 맞지 않게 아동이 애착 대상과의 분리에 대해서 부적절하고 과도한 불안과 공포를 나타내고, 다음 여덟 가지 중 3개 이상의 증상이 나타난다.
   (1) 주요 애착 대상이나 집을 떠나야 할 때마다 또는 그러한 상황이 예상될 때마다 심한 불안과 고통을 느낀다.
   (2) 주요 애착 대상을 잃을까봐, 또는 애착 대상이 질병, 부상, 재난, 죽음과 같은 해로운 일을 당하지 않을까 지속적이고 과도하게 걱정한다.
   (3) 애착 대상과 분리될 수 있는 사건들(예 길을 잃음, 납치당함, 사고를 당함, 병에 걸림)에 대해 지속적이고 과도하게 걱정한다.
   (4) 분리에 대한 두려움 때문에 밖을 나가거나, 집을 떠나거나, 학교에 가거나, 직장에 가거나, 또는 그 외의 장소에 가는 것을 지속적으로 꺼리거나 거부한다.
   (5) 혼자 있게 될까봐, 또는 주요 애착 대상 없이 집이나 다른 장소에 있는 것에 대해 지속적으로 과도한 공포를 느끼거나 꺼린다.
   (6) 집을 떠나 잠을 자거나 주요 애착 대상이 근처에 없이 잠을 자는 것을 지속적으로 꺼리거나 거부한다.
   (7) 분리의 주제를 포함하는 악몽을 지속적으로 꾼다.
   (8) 주된 애착 대상으로부터 분리되거나, 분리가 예상될 때 반복적인 신체증상(예 두통, 복통, 메스꺼움, 구토 등)을 호소한다.
2. 공포, 불안, 또는 회피가 아동이나 청소년의 경우 최소한 4주, 성인의 경우 6개월 이상 지속되어야 한다.
3. 이러한 장해가 사회적, 학업적, 직업적, 또는 다른 중요한 기능 영억에서 임상적으로 심각한 고통이나 손상을 초래한다.
4. 이러한 장해가 다른 정신장애로 더 잘 설명되지 않아야 한다. 예컨대, 자폐 스펙트럼 장애(변화에 대한 과도한 저항 때문에 집 떠나는 것을 거부하는 것), 정신증적 장애(이별과 관련된 망상이나 환각), 광장공포증(신뢰하는 동반자 없이는 밖에 나가는 것을 거부하는 것), 범불안장애(중요한 다른 사람에게 질병이나 피해가 발생될까봐 걱정하는 것), 질병불안장애(질병을 가졌을까봐 걱정하는 것)로 더 잘 설명되지 않아야 한다.

03

가만히 있지 못하는 아이

아이는 어른보다 주의집중의 시간이 짧다. 충동적이거나 과잉행동을 더 많이 보이는 경향도 있다. 그러나 마치 눈에 보이는 모든 자극들에 반응하는 것처럼 지나치게 산만하고 충동적으로 행동한다면 주의력결핍과잉행동장애에 대해 생각해볼 필요가 있다.

1) 주의력결핍과잉행동장애란 무엇일까?

주의력결핍과잉행동장애(Attention Deficit Hyperactivity Disorder: ADHD)는 아동기 가장 흔한 장애 중 하나로(김동일, 이명경, 2006), 아이가 자신의 나이에 맞지 않은 과잉행동, 충동성, 부주의 행동을 하는 것을 말한다. DSM-5에 의하면 ADHD를 진단하기 위해서는 주의집중의 어려움, 과잉행동, 충동성의 문제가 적어도 두 가지 환경(가정, 학교, 친구들이나 친척들과 함께 있을 때, 다른 활동 중)에서 나타나서 아이의 기능에 문제를 일으키는지 확인해야 한다.

DSM-5에서 제시하는 ADHD 증상

1. 부주의 및 과잉행동-충동성의 지속적인 패턴이 나타난다 이러한 패턴은 개인의 기능과 발달을 저해하며, (1)항과 (2)항 중 한 가지 이상에 해당되어야 한다.
   (1) 부주의: 다음 중 6개 이상의 증상이 6개월 이상 지속적으로 나타나고, 이러한 증상이 발달수준에 맞지 않으며, 사회적, 학업적/직업적 활동에 직접적으로 부정적인 영향을 미친다.
   a. 흔히 세부적인 면에 대해 면밀한 주의를 기울이지 못하거나, 학업, 직업, 또는 다른 활동에서 부주의한 실수를 저지른다
   b. 흔히 일을 하거나 놀이를 할 때 지속적으로 주의를 집중하는 데 어려움이 있다.
   c. 흔히 다른 사람이 직접 말을 할 때 경청하지 않는 것으로 보인다.
   d. 흔히 지시를 완수하지 못하고, 학업, 잡일, 작업장에서의 임무를 수행하지 못한다.

e. 흔히 과업과 활동을 체계화하지 못한다.
f. 흔히 지속적인 정신적 노력을 요구하는 과업에 연관되기를 피하고, 싫어하고, 꺼린다.
g. 흔히 과업이나 활동하는데 필요한 물건들을 잃어버린다.
h. 흔히 외부자극에 의해 쉽게 산만해진다(청소년 후기나 성인에게는 관련 없는 생각들이 포함될 수 있음).
I. 흔히 일상적인 활동을 잊어버린다.

(2) 과잉행동-충동성: 다음 중 6개 이상의 증상이 6개월 이상 지속적으로 나타나고, 이러한 증상이 발달수준에 맞지 않으며, 사회적, 학업적/직업적 활동에 직접적으로 부정적인 영향을 미친다. 청소년기 후기나 17세 이상은 최소한 5개의 증상이 요구된다.
a. 흔히 손발을 가만히 두지 못하거나 톡톡 두드리고, 또는 자리에 앉아서도 몸을 옴지락거린다.
b. 흔히 앉아 있도록 요구되는 상황에서 자리를 떠난다.
c. 흔히 부적절한 상황에서 뛰어다니거나 기어오른다(청소년이나 성인에서는 안절부절못하는 느낌으로 제한될 수 있다).
d. 흔히 조용하게 여가 활동에 참여하거나 놀지 못한다.
e. 흔히 '끊임없이 활동하거나' 마치 '전동기에 의해 움직이는 것'처럼 행동한다.
f. 흔히 지나치게 수다스럽게 말을 한다.
g. 흔히 질문이 채 끝나기 전에 성급하게 대답한다.
h. 흔히 차례를 기다리지 못한다.
I. 흔히 다른 사람의 활동을 방해하고 간섭한다.

그러나 주의집중에 문제가 있거나 과잉행동을 한다고 해서 모두가 ADHD인 것은 아니다. 특정 의학적인 문제 예를 들어, 갑상선 질환이 있는 경우 주의집중을 하는데 어려울 수 있고, 수면 문제가 있는 아이도 피곤하기 때문에 집중하기 어려울 때가 있다. 불안하고 우울한 아이들도 산만해보일 수 있고, 특히 우울한 경우에 그 표현을 쉽게 분노하여 과잉행동으로 하는 경우도 있다. 그러므로 산만한 행동을 보인다고 해서 ADHD라고 생각하지 않고 전문가에 의해 평가를 받아야 한다.

ADHD 아동은 이러한 전형적 증상 외에 실행기능(억제, 모방, 자기 대화, 작동기억, 통찰과 반추, 조직화 등)의 문제, 공존장애(학습장애, 강박장애, 불안, 우울, 틱/투렛, 아스퍼거 증후군, 감각통합장애 등)로 어려움을 겪으며, 특히 가정 내 갈등으로 인한 부모가 겪는 어려움이 심각한 것으로 알려져 있다(Kutcher, 2008).

ADHD 아동들은 심리사회적 기능 및 적응에도 어려움을 겪는다. 이들의 충동적이고 자기중심적, 공격적 행동, 욕구지연의 어려움, 쉽게 흥분하거나 좌절하는 모습은 부모, 교사, 또래로부터 부정적인 평가를 받을 가능성을 증가시킨다(Bagwell et al., 2001). 또래와의 부정적 상호작용은 거부나 소외 경험을 만들고(Olson & Brodfeld, 1991), ADHD 학생들의 권위를 인정하지 않는 특성과 높은 학업 실패 가능성으로 인해 교사와도 부정적인 관계를 형성할 확률이 높다. 특히 학업 결손은 ADHD 학생들에게서 일반적으로 나타나며 학교를 다니는 기간 동안 지속되게 되어(Breslau et al., 2009). 낮은 성취 및 학교 부적응 등 학업문제는 ADHD 청소년에게 가장 광범위하고 현저하게 나타나는 문제가 된다(DuPaul & Stoner, 2003).

ADHD의 발생과 관련하여 생물학적 요인들이 연구되어 왔다. 먼저, ADHD의 유전가능성이 연구되어 왔는데, 예를 들어, ADHD 아동의 부모가 ADHD를 보고하는 비율이 일반아의 부모보다 2배~8배 정도 높은 것으로 연구되었다(Biederman & Faraone, 2002; Faraone & Biederman, 1998). 또한 뇌손상과 뇌기능 장애가 ADHD와 관련이 있는 것으로 나타난다. 예를 들어, 전두엽 부분의 손상(Strauss & Letinen, 1947; Rosenberg, Westling, & McLeskey, 2011에서 재인용)과 신경전달물질인 노르에피네프린과 도파민이 부족하다는 연구 결과(DuPaul, Barkley, & Connor, 1998)가 있다.

ADHD 아동의 환경적 요인에 대한 연구도 많이 이루어졌다. ADHD 아동의 부모가 일반 아동의 부모보다 거부적이고, 강압적, 지시적인 양육 태도를 더 많이 보인다(Lindahl, 1998)는 연구가 있다. 또한 일반 아동의 가족에 비해 부부갈등이 크다고 느끼고 있고(김은숙, 2001), 경제적 곤란의 정도도 크다고 생각하고 있었다(Smith, Brown, Bunke, Blount, & Chirstophersenl, 2002). 그러나 이중 부모의 양육 스트레스나 양육태도는 아동의 증상의 원인이기도 하지만 아동과의 상호작용 결과일 수도 있다(Campbell, Breaux, Ewing, & Szumowski, 1986). 일단 자녀가 ADHD 증상을 보이게 되면 부모는 큰 스트레스를 받게 되며, 충동적이고 산만한 아이에게 지시적이고, 강압적인 양육 태도를 보이기 쉽기 때문이다. 그러나 부모가 어떻게 대처하느냐에 따라 ADHD 증상의 심각도와 지속 정도가 부분적으로 결정된다. 이는 교사의 지도방식에도 적용되어, 교사의 부적절한 지도방식이 ADHD의 정도에 영향을 미친다.

PART

3

우리 자녀를 위한 체계적 도움 절차 설계하기

01
긍정적 행동지원의 원리와 기법

1) 긍정적 행동지원이란?

긍정적 행동지원(Positive behavior support: PBS)은 아동이 나타내는 문제행동의 이유를 이해하고 아동에게 적절한 종합적인 중재를 지원하는 문제해결 접근방법으로, 응용행동분석을 포함한 행동수정원리에 기반을 두고 있다. 응용행동분석에서는 사회에서 적절하게 역할을 수행하고 다른 사람들과 관계를 맺을 수 있도록 목표 행동을 감소하거나 제거하고, 바람직하고 적응적 행동의 발생빈도를 높이려고 한다.

응용행동분석에서는 아이가 어떤 문제행동을 할 때는 무엇을 얻거나 회피하는 등 목적과 기능을 가지고 있는 것으로 본다. 아이가 떼를 쓰며 마트에서 누울 때마다 어머니가 원하는 장난감을 사준다면, 눕는 행동은 원하는 장난감 얻기라는 목적을 수행하는 아이의 방법이 된다. 또한 행동은 행동이 발생하는 환경과 연계되어 있다. 사람은 환경 속에서 살며, 환경은 여러 물리적 자극으로 구성이 된다. 이 자극은 개인의 행동에 영향을 미칠 수 있는 것으로, 사물, 사건, 사람 등을 말한다. 아이가 수업에 집중하지 않는데 관찰 결과, 아침밥을 안 먹고 올 때 그런 행동을 할 확률이 증가한다면, 아이에게 아침밥을 먹고 학교에 올 수 있도록 해야 학교에서 집중할 확률이 높아질 것이다. 즉, 행동은 상황과 조건에 따라 발생하기 때문에 문제행동을 일으킬 가능성이 높은 문제 환경을 변화시켜 바람직한 행동을 보일 가능성을 높이는 환경으로 조정하는 것에 초점을 두어야 한다.

2) 긍정적 행동지원 적용하기

(1) 문제행동 정의하기

긍정적 행동지원은 지도해야 할 문제행동을 정하는 것에서 시작한다. 행동정의를 할 때는 다음의 사항에 대해 유의해야 한다.

- 목표 행동에 대해 구체적으로 정의한다.
- 객관적이고 관찰 가능한 행동으로 표현한다.
- 분명한 용어로 표현한다.
- 부모가 관찰하는 행동에 포함되는 행동과 포함되지 않는 행동에 대한 기준을 정한다.

(2) 행동의 원인 찾기(가설 세우기)

기능평가는 "자녀가 왜 문제행동을 하는가?"에 대한 가설을 찾는 것으로, 문제행동을 통제하는 선행자극과 결과를 확인하고자 다양한 방법을 활용한다. 이 중 관찰평가란 자연스러운 상황에서 문제행동의 선행자극과 즉각적인 결과를 주의 깊게 관찰하고 기술하여 가설을 세우는 것을 말한다. 이러한 관찰평가 중에는 부모들이 유용하게 사용할 수 있는 ABC 평가가 있다. ABC 평가는 일상생활에서 자녀의 문제행동이 일어나기 전과 후의 일련의 상황을 주의깊게 관찰하고 기록하여 행동의 원인을 찾는 것이다. 예를 들어, 아동이 밥을 먹지 않는다고 입을 꾹 다무는 행동이 반복되고, 이를 문제행동으로 정의하면, 밥을 먹기 전에 어떤 상황이 있었고, 밥을 먹지 않는다고 입을 꾹 다무는 행동 뒤에는 어떤 상황과 사건이 발생하는지를 기록하여 아동의 행동 이유에 대해 이해하는 것이다. A(antecedents, A)는 문제행동 직전에 일어나는 선행 사건과 문제 행동에 영향을 미칠 수 있는 배경 사건을, B(behavior, B)는 대상이 되는 행동, C(consequencces, C)는 행동 직후에 따라오는 후속 결과(사건, 사람들의 반응 등)를 의미한다. 선행사건과 후속결과는 모두 행동에 영향을 미치므로, 문제행동을 줄이기 위해서는 선행사건과 후속결과를 조정하는 것이 필요하다.

A(배경사건/선행사건)	B(문제행동)	C(결과)
• 철수는 수학을 매우 싫어한다(배경 사건). • 19시에 엄마가 "철수야, 오늘 수학숙제 있네. 숙제해라"라고 말한다(선행 사건).	• 동생은 같이 TV를 보던 동생에게 시비를 걸고 싸운다.	• 동생과 싸우고, 씩씩대다가 그 날은 아무것도 하지 못했다.

예시를 살펴보면 동생과 싸운다는 문제행동을 통해 과제를 회피할 수 있음을 알 수 있다. 가설을 세워보면 다음과 같다. "철수는 수학을 매우 싫어하는데(배경사건), 엄마가 수학숙제를 하라고 시키면(선행사건) 수학숙제를 하지 않기 위해(행동의 기능) 동생에게 시비를 걸고 싸운다(문제행동)."

문제행동이 발생하고 유지되는 주요 원인은 다음과 같다.

가. 사회적인 정적 강화와 부적 강화

- **정적 강화:** 문제행동은 이후 사회적 관심이 주어지기 때문에 정적 강화가 되어 발생하고 유지될 수 있다. 아동이 바라는 보호자의 관심이 문제행동 뒤에 주어지는지, 아동이 문제행동을 하기 바로 전 보호자를 바라보거나 가까이 가는지 등이 힌트가 될 수 있다.
- **부적 강화:** 문제행동을 함으로써 요구로부터 피할 수 있기 때문에 부적 강화가 될 수 있다. 이를 닦자고 할 때, 졸리다고 칭얼대는 행동(문제행동)을 하며 이를 닦지 않을 수 있게 되는 상황이 예가 될 수 있다.

나. 자기-자극의 정적 강화와 부적 강화

- **정적 강화:** 행동을 함으로써 얻어지는 감각자극에 의해 강화될 수 있다. 예를 들어, 얼굴을 긁으며 얻는 자극을 위해 긁는 행동을 계속할 수 있다. 행동이 다른 사람들이나 외부 환경에 미치는 효과가 없는 듯 보이는데, 줄지 않고 지속된다면 자기-자극 강화를 생각해볼 수 있다. 이 행동을 소거하기 위해서는 행동을 함에도 이전의 자극을 얻을 수 없도록 하게 하면 된다. 예를 들어, 얼굴을 긁는 아이에게 장갑을 끼우면 얼굴을 긁어도 손에서 얻

을 수 있었던 감각을 얻을 수 없게 되며 행동이 소거될 수 있다.

- **부적 강화:** 물리적 자극에 의해 발생한 자극에 대해 아동이 불쾌함을 느꼈을 때, 유발된 불쾌한 감각을 제거하기 위해 특정 행동을 한다면, 이는 부적 강화가 된 것이다.

다. 비사회적인 외부감각의 정적 강화와 부적 강화

- **정적 강화:** 사회적인 결과가 없는데도 아동이 특정 행동을 계속한다면 비사회적인 외부감각을 위해 행동을 지속하고 있음을 생각해볼 수 있다. 예를 들어, 아동이 칫솔로 세면대를 계속 두드린다면, 그때 발생되는 소리를 듣고 싶어서 하는 행동일 수 있다.
- **부적 강화:** 비사회적인 외부감각을 피하기 위해 특정 행동을 한다면 이는 비사회적 외부감각에 대한 부적 강화가 되어 발생한 행동이다.

(3) 행동중재 계획

아동의 문제행동이 왜 발생했는지에 대한 가설을 세우면 선행사건 중재, 대체기술 교수, 후속결과 중재 등 여러 요소를 포함하여 긍정적 행동지원 계획을 세운다. 먼저 선행사건 중재는 문제행동의 원인이 될 수 있는 선행사건을 조정하는 것으로, 규칙을 설명하기, 절차를 적용하기, 적절한 행동을 가르치기 등이 있다. 후속결과 중재는 행동수정의 원리대로 적절한 행동 수행 시 정적 강화를 제공하기 등을 적용할 수 있다. 대체기술 교수는 문제행동 대신에 할 수 있는 바람직한 행동을 찾아서 가르치는 것을 말한다.

(4) 기초선 측정

평소대로 생활하며 문제행동의 발생빈도를 측정한다. 기초선은 3회기 이상 재며, 안정적인 수치가 정해지면 중재를 시작한다.

(5) 중재

행동발생에 대해 중재를 기록한다. 자세한 예시는 이후 사례를 통해 설명한다.

3) 행동수정의 기본 원리

(1) 강화

어떤 행동 뒤에 즉각적으로 주어져 그 행동의 발생 빈도를 증가시키는 자극을 정적 강화물이라고 한다. 정적 강화물이라는 용어는 일상적으로 우리가 사용하는 '보상'과 비슷한 개념이다. 아이스크림이나 과자와 같이 아이가 좋아하는 먹고 마실 수 있는 것, 축구 하기, 만화책 보기와 같이 좋아하는 활동, 좋아하는 장난감을 사주는 것, 칭찬하기, 안아주기 등과 같은 사회적 관심 행동 등이 강화물이 될 수 있다. 이와 달리 부적 강화란 어떤 행동 뒤에 아동이 싫어하는 것(물건 또는 상황 등)을 제거함으로써 그 행동의 발생 빈도를 증가시키는 것을 말한다.

효과적으로 강화를 사용하기 위해서는 다음의 내용에 대한 고려가 필요하다. 첫째, 강화물이 효과가 있기 위해서는 강화물로 제시되기 전, 아이가 강화물에 대한 필요나 부족을 느낄 수 있어야 한다. 방금 과자를 실컷 먹은 아이에게 과자가 효과적인 강화물이 되기란 어렵다. 둘째, 강화물의 양과 크기는 행동을 강화할 수 있을 만큼 충분히 커야 한다. 셋째, 아동이 목표한 바람직한 행동을 수행했을 때 즉각적으로 강화물을 제공해야 한다.

(2) 소거

소거란 문제행동이 강화로 인해 행동의 빈도가 증가했거나 유지됐을 때, 그 행동을 강화한 요인을 제거함으로써 문제행동을 약화시키거나 제거하는 방법이다. 예를 들어, 의학적인 소견상 이상이 없는데도 숙제를 하라고 하면 머리가 아프다고 울었던 아이가, 아이가 울 때마다 어머니가 안아 주었다면, 이런 안아주기는 아이의 행동에 정적 강화물로 작용했을 수 있다. 이 때 아이의 우는 행동에도 어머니가 안아주지 않는다면, 이는 소거를 적용하는 것이다.

효과적으로 소거를 사용하기 위해서는 다음의 내용에 대한 고려가 필요하다. 우선 소거를 효과적으로 적용하려면 소거시킬 문제행동을 정하고, 이 행동이 감소하기 전에, 평소보다 문제행동의 발생 빈도가 증가하거나 때로는 공격적인 행동이 나타날 수 있다는 것을 알아야 한다. 그러므로 상황이 소거를 끝까지 진행할 수 있는 상황인지를 고려해야 한다. 우선, 환경적으로 소거를 시작하는 것이

가능한지를 고려하고(예를 들어, 마트에서 아이를 무시하기란 쉽지 않다), 다른 사람이 감소시켜야 하는 행동에 대한 강화물을 주는 것을 막아야 한다. 예를 들어, 앞의 아이가 머리가 아프다고 울었을 때 어머니는 무시하는데 아빠가 안아주는 행동을 한다면 소거는 실패할 수 있다. 소거가 효과적으로 적용되어 문제 행동이 더 이상 일어나지 않을 줄 알았는데, 얼마 후에 다시 문제 행동이 나타날 수 있다. 이는 자연스러운 현상이며, 소거를 좀 더 실시하면 된다.

(3) 행동연쇄

행동연쇄란 비교적 일련의 작은 행동이 순차적으로 진행되는 복잡한 행동을 학습하기 위해서 사용하는 기법이다. 행동연쇄는 첫 단계부터 순차적으로 학습시키는 긍정적 연쇄와 거꾸로 한 단계씩 지도하는 역연쇄가 있다. 예를 들어, 티셔츠 입는 단계를 목을 끼우는 1단계에서 시작해서, 아래로 내리는 5단계로 나누어서 가르칠 때, 긍정적 연쇄로 진행하면 옷 입는 행위가 완료되지 않고 목을 끼우는 단계에서 끝나 아동의 동기유발에 문제가 생길 수 있다. 이때 역연쇄의 방법을 활용하여, 앞 단계는 부모가 해주고, 마지막 5단계인 티셔츠를 내리는 것을 아동이 하도록 하면 성취감을 느낄 수 있다. 마지막 단계를 학습하면, 1~3단계는 부모가 해주고, 4단계부터는 아동이 할 수 있도록 하면 된다.

(4) 토큰 경제

가정이나 학교에서는 아동이 바람직한 행동을 할 때 스티커를 주고, 이 스티커가 모이면 아동이 원하는 활동을 하게 하거나 보상을 주는 식의 활동을 통해 아동의 바람직한 행동을 유도하곤 한다. 이것을 바로 토큰 경제라고 한다.

(5) 모방학습

아동은 다른 사람의 행동을 따라하려고 하는 경향이 있다. 어릴 적엔 부모나 성인의 행동을 관찰하고 이를 모방하여 학습하지만, 유치원에 들어갈 쯤이면 또래 아이들의 행동을 관찰하여 모방하기 시작한다. 식당에서 소란을 피우던 아이가 조용히 앉아서 밥을 잘 먹는 행동을 하는 아이를 보고, 그 아이가 칭찬을 받는 것을 보게 되면 자신도 이 행동을 모방하는 것이다.

02
학습 기술 향상시키기

1) 도입

주영이는 초등학교 2학년 여자아이로, 동네에 있는 공립초등학교에 다니는 중이다. 외동딸로 부모와 함께 지내고 있다.

어떤 고민이 있나요?

A 주영이 부모님은 주영이는 공부습관이 좋지 않다고 느껴 고민이다. 특히 스마트폰 보는 걸 너무 좋아해서 중독이 아닌가 하는 생각도 든다. 숙제할 때마다 아이를 달래주거나 사정해서 공부방으로 들여보내야 하는 게 참 힘이 든다고 말했다. 제대로 숙제를 완성하게 만드는 것도 전쟁을 치르는 기분이다. 초등학교 때는 그래도 괜찮을 거 같은데 중학교에 가서 부적응할까 봐 걱정된다. 주영이 부모님은 주영이가 앞으로 배우는 것을 좋아하고, 자기주도적인 학습을 해나갔으면 하는 바람이 있다.

지금까지 어떤 노력을 해왔나요?

A 전문가의 도움을 받아본 적은 없다. 주로 양육과 관련한 서적을 읽고 적용해보려고 노력했다. 공부가 하기 싫고 힘든 아이의 마음에 공감하고, 달래는 방식으로 해보려고 노력했다. 주영이 부모는 권위적인 부모가 되고 싶지 않다고 이야기했다.

주영이는 어떤 특성을 가진 아이인가요?

A **(인지적 특성)** 지능검사를 했는데, 점수는 86점으로 평균보단 낮은 수준이다. 주의가 산만하고, 집중을 못하고, 학습이 느린 편이다.

(행동 및 정서적 특성) 주영이의 부모는 주영이가 행동이 다소 느리고 평소엔 순한 편이지만 고집이 세다고 표현한다. 우물쭈물 움직이고 거북이같이 느리다고 한다. 처음에는 애가 게으르다는 느낌에 속이 탔다고 한다. 이럴 때 몇 번 큰소리를 냈는데 쉽게 위축되는 느낌이라 아이를 혼내지 않으려고 노력한다고 한다. 주영이는 눈치껏 사회생활에서 알고 행동해야 되는 것을 굼뜨게 알아차리는 느낌이다. 친구를 좋아해서 어울리는 것을 너무 좋아한다. 친구들과의 규칙을 선생님이 알려주면 그래도 지키는 모습이 보여서 교우관계에서 아직까진 커다란 문제가 발생하진 않지만, 나중에 중학생이 되면 따돌림이라도 당할까 걱정이 된다. (학습 특성) 한글을 깨우치는 것, 셈을 하는 것 모두 느리긴 하지만 이해하고 해낼 수 있었다. 공부를 시키면 짜증을 부리며 재미 없어 하지만, 좋아하는 놀이를 할 때는 집중을 잘 해서 공부를 하기 싫어한다는 느낌에 엄마는 속이 상했다고 한다. 숙제나 공부를 할 때 자꾸 딴 짓을 하는 바람에 자꾸 혼이 나곤 한다. 전반적으로 주의가 산만한 느낌이긴 하지만 좋아하는 걸 할 때는 집중을 하기도 한다. 그러나 기억력이 부족해서 가르쳐주면 기억하지 못하고 쉽게 잊고, 읽었다고 하는데 내용을 확인해보면 이해를 하지 못한 듯 하다. 자기가 조금 못한다 싶으면 쉽게 포기한다.

주영이는 어떤 강점을 가지고 있나요?

A 주영이는 밝고, 친구들과 사람을 좋아하는 아이이다. 좋아하는 것을 할 때는 집중도 잘 한다.

중재 목표와 전략

1. 배우는 것을 즐거운 활동으로 인식하기: 학습과 관련된 주영이의 경험을 살펴보아야 합니다. 그러기 위해서는 부모님의 학습에 대한 인식부터 살펴볼 필요가 있습니다.
2. 매일의 숙제를 완성하기: 숙제를 하는 행동에 필요한 작은 행동목표를 세워서 숙제를 완성하는 최종 목표까지 달성합니다.
3. 스마트폰 보는 것을 조절하기: 주영이가 스마트폰을 많이 사용할 때와 덜 사용할 때는 어떤 차이가 있는지 관찰하며, 주영이가 스마트폰을 많이 보지 않는 방향으로 이끕니다.

2) 전체 중재 프로그램 개요

회기	내용
1	**"배우는 것이 재미있어요"** • 문제 상황: 주영이는 학습에 대해 전반적으로 부정적인 태도를 보임 • 개입: 학습과 관련된 부모의 태도와 인식 확인/동기 강화와 관련된 부모 교육
2	* 1~3회기의 내용은 행동연쇄법으로 강화함 **"숙제 시간엔 내 방에 가요."** • 문제 행동: 숙제를 할 시간에도 TV를 보고 있음 • 목표 행동: 숙제를 할 시간일 때 스스로 방에 들어가기 • 개입: 환경 통제/선행사건 중재/방에 갈 때 칭찬 제공
3	**"자리에 앉아 숙제를 해요."** • 문제 행동: 숙제를 하다가 자꾸 일어나 딴 짓을 함 • 목표 행동: 약속한 시간만큼 자리에 앉아 있음 • 개입: 숙제의 난이도와 양을 확인하고 조절/자녀가 가능한 집중 시간 찾기/엄마와 약속한 시간만큼 자리에 앉기/행동에 대한 강화
4	**"숙제를 완성해요"** • 문제 행동: 숙제를 완성하지 못함 • 목표 행동: 그 날의 숙제를 완성함 • 개입: 1~2단계의 행동을 강화/토큰경제/칭찬하기
5	**"학습 준비물을 챙길 수 있어요."** • 문제 행동: 숙제를 하려고 할 때 필요한 책, 도구를 챙기지 못해 자꾸 일어남 • 목표 행동: 숙제를 할 때 필요한 책, 도구 등을 챙겨서 자리에 감 • 개입: 일의 순서를 적어보는 연습하기/잘했을 때 정적 강화하기

회기	내용
특별회기	**"스마트폰을 보는 것을 조절할 수 있어요"** • 문제 행동: 스마트폰을 본다고 떼를 씀 • 목표 행동: 약속한 시간만큼 스마트폰 보기 • 개입: 스마트폰 사용과 관련된 선행사건 중재/스마트폰 사용 교육/부적절한 행동을 조절하는 행동수정기법

3) 세부 중재 내용

(1) "배우는 것이 재미있어요."

여러 학습 상황에서 주영이의 행동을 보면 부모님은 '공부를 하기 싫어하는구나.'라고 느끼게 된다고 한다. "자기도 친구보단 못하는 걸 아니까 하기 싫은 것을 이해해요. 그래도 나중에 커서 자기 역할을 하는 사회인으로 성장하려면 배운다는 것 자체를 싫어하진 않았으면 좋겠어요."라고 주영이의 부모님은 이야기한다. 주영이가 무엇을 배우는 걸 힘들어하는지를 물어보았을 때, 학교 공부, 숙제 등을 싫어한다고 했다. 아이가 학습에 대한 기대와 동기를 가질 수 있도록 돕기 위해서는 부모님이 우선 학습동기에 대해 이해할 필요가 있다.

✔ 학습 동기 높이기 전략 1-아이의 자기효능감 높이기

학습 동기는 '왜 공부를 해야 하지?'에 대한 자신만의 답이 생기는 것이고, 학습 동기가 높아지면 즐겁게 공부를 하게 됩니다.

학습 동기는 단기간에 만들어지지 않기 때문에 자녀가 배움을 좋아하는 학습자로 성장하기 위해서는 부모는 긴 호흡을 가지고 기다려야 합니다. 지금 당장 자녀가 학습과 관련해 의욕이 없어 보이고, 그런 모습에 걱정스럽고 불안하더라도, 지금, 이 순간의 모습이 아이의 전부인 것으로 판단하고 실망해서는 안 됩니다.

학습에 어려움을 가지고 있던 아이들은 작은 성공을 경험하며 성취감을 경험하는 것이 중요합니다. 이는 사회인지이론을 연구한 Bandura의 자기효능감이란 개념으로 이해할 수 있습니다. 자기효능감이란 '자신이 특정 과업을 성공적으로 해낼 수 있다는 기대와 믿음'을 이야기합니다. 자기효능감이 높은 사람은 어려운 일에 도전하는 태도를 가지게 됩니다. 객관적인 능력이 높더라도 자신이 해낼 수 있다는 믿음이 없다면 좋은 결과를 내기란 힘듭니다. 학업에 있어 자기효능감을 높이기 위해서는 아이가 성공 경험을 하는 것, 잘할 수 있다고 격려를 받는 경험, 자신과 비슷한 타인의 성공을 보거나 상상하는 등 대리 경험을 하는 것이 중요합니다. 힘들어도 끝까지 포기하지 않고 열심히 해서 해내는 영화나 애니메이션을 보면서 아이가 어떤 생각을 하는지 들어봐 주세요. 이때 부모님은 아이가 자신의 의견을 말할 때는 존중해주시길 바랍니다. 부모님이 아이의 의견을 존중하는 태도로 들어줄 때 아이는 그 태도를 내면화하여 자신을 존중하게 됩니다.

학습동기 높이기 전략 2-학습목표성향 만들기

목표성향은 학습 동기에 있어 중요한 부분입니다. 공부가 어렵고 실패하기 때문에 하기가 싫은 것이 아니라 어려워도 도전하고 노력하는 태도를 기르기 위해서는 학습목표성향을 갖는 것이 중요합니다.
학습목표성향의 아이는 실패를 하더라도 더 노력하면 결과가 달라질 거라고 생각하고 더 열심히 학습과 과제에 임합니다. 그러나 평가목표성향의 아이는 실패를 경험했을 때 이를 자신의 능력 부족으로 생각하고 학습과 과제에 도전하지 않게 됩니다.
학습목표성향으로 만들기 위해서는 결과와 능력을 중심으로 한 칭찬(또는 비교)이 아니라, 아이의 과정에 관심을 가지고 질문하고, 격려하면 됩니다. "잘 모르는 걸 해보려고 노력하는 건 정말 쉽지 않은데, 어떻게 할 수 있었어?", "오늘 수업시간에 새롭게 알게 된 게 무엇이었어?"

(2) "숙제 시간엔 내 방에 가요"

주영이가 숙제를 할 시간이면 집에서 큰 소리가 나기 쉽다. 주영이 부모님은 학교 생활을 하는 만큼 규칙적인 생활을 하는 게 좋다고 생각한다. TV를 보고 있는 주영이에게 숙제를 하고 노는거냐고 묻는 주영이 부모님의 말에는 날이 서 있다. 주영이가 매일 숙제를 하기 위해서는 세 가지 행동을 수행해야 한다. ① TV를 끄고 일정한 시간에 숙제를 하는 자리(방)에 들어가는 것, ② 자리에 앉아 집중하는 것, ③ 숙제를 완성하는 것이다. 숙제 완성이라는 마지막 단계의 목표를 수행하기 위해 우리는 먼저 첫 번째 행동을 수정해보기로 했다.

문제 행동	숙제를 할 시간에도 TV를 보고 있음
목표 행동	숙제를 할 시간일 때 스스로 방에 들어감

가. 기능 평가/기초선 측정하기

먼저, 아동이 왜 그런 행동을 보이는지 원인을 이해해야 한다. 여기에서 우리는 3일간 ABC 관찰기록을 활용해 기능평가를 하고, 매일 한번씩 총 3회 기초선을 측정한다. 보통 기능 평가를 하고 나서, 중재계획을 세우기 전 문제행동의 현 수준을 알기 위해 기초선을 측정을 하지만, 여기에서는 좀 더 간략하게 기능평가를 하며 기초선 측정도 함께 하기로 하였다.

날짜/시간	A(배경사건/선행사건)	B(문제 행동)	C(후속결과)
2020.10.30. 16:23	• 배경 - 주영이는 집에 오면 다소 배고픈 상태임. - 주영이가 집에 돌아오면 엄마는 TV를 켬 - TV를 키고 엄마는 설거지를 함. • 선행: 엄마가 숙제할 시간이라고 이야기 함	주영이는 계속 TV를 봄	숙제를 하면 엄마가 맛있는 걸 만들어준다고 달램
2020.10.31. 16:10	• 배경 - 주영이가 집에 돌아오면 엄마는 TV를 켬. - TV를 키고 엄마는 쇼파에 앉아 스마트폰을 함. - 주영이가 엄마에게 말을 걸지만 엄마는 건성으로 대답함. • 선행: 엄마가 숙제할 시간이라고 이야기 함	주영이는 계속 TV를 봄	우리 착한 딸 이제 숙제할 시간이라고 등을 두드려주며 달램
2020.11.01. 16:20	• 배경: 주영이가 집에 돌아오면 엄마는 TV를 켬 • 선행: 엄마가 숙제할 시간이라고 이야기 함	주영이는 계속 TV를 봄	억지로 TV를 끄고 우는 주영이를 안아줌

기초선은 주영이가 최초로 엄마가 숙제하라고 이야기하고, 방에 들어가는 시간까지 얼마나 시간이 소요되는지 '분' 단위로 측정하였다. 어머니는 '주영아, 숙제할 시간이야.'라고 말하고 휴대폰 스톱워치 기능을 켜서 소요 시간을 측정할 수 있다. 중재를 시작하기 전이므로, 평소보다 다른 걸 하려고 하지 않고, 평소대로 해야 중재의 효과를 정확히 알 수 있기 때문에 이를 유의해야 한다.

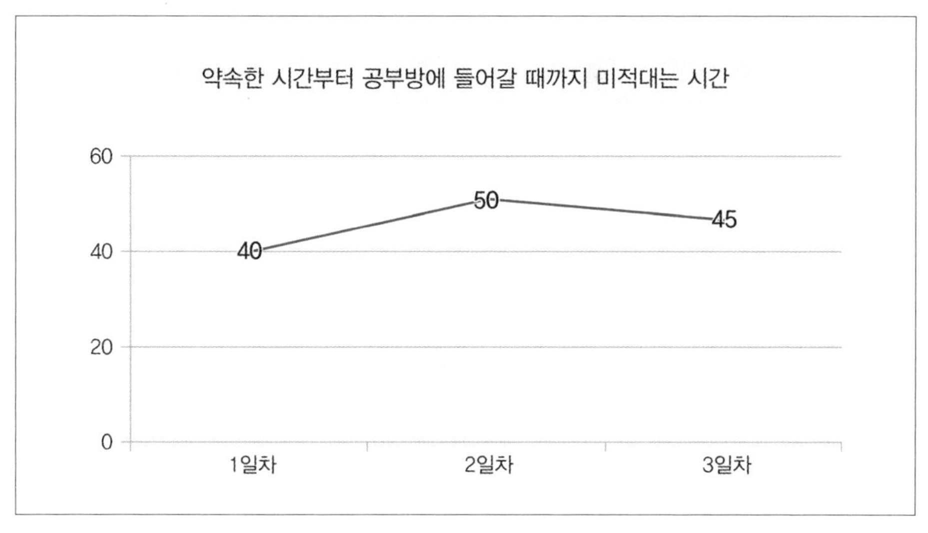

기초선 측정하기

나. 가설 세우기

관찰 기록을 통해 아이의 문제행동이 나타나는 선행사건(배경사건, 선행사건)이 파악되면 주영이가 왜 이러한 문제행동을 하는지 이해할 수 있다.

- 주영이는 엄마가 집에 돌아왔을 때 TV를 킨 날(배경사건), 엄마가 숙제를 하라고 하면(선행사건), 과제 수행을 피하기 위해(기능), 계속 TV를 본다(문제 행동).

다. 중재 계획 수립

기능평가를 통해 부적응행동의 원인을 파악하고나서 적절한 행동 지원계획을 수립해보았다.

– (배경/선행 사건 중재) 가족의 규칙 설정: TV는 저녁 식사 후 6~7시까지만 키는 것으로 규칙을 정했다. 이를 주영이에게 분명히 설명한다.
– (배경/선행 사건 중재) 집에 와서 엄마는 집안일을 하기 전 주영이와 대화를 나눈다. 대화는 취조식의 확인형 질문이 아니라 엄마의 일상과 주영이의 일상(무엇을 먹었는지 등)에 대해 이야기한다.
– (배경/선행 사건 중재) 숙제를 끝내면 엄마와 함께 간식을 먹을 것이라고 설명한다.
– (후속결과 중재) 주영이가 방에 들어가면 긍정적인 목소리로 칭찬한다. 칭찬은 주영이가 방으로 들어갈 때 말한다. “주영아, 숙제하러 가기로 한 시간을 지키고 있구나!”, “주영아, 약속을 지켜서 엄마가 정말 기쁘네!”
– (후속결과 중재) 주영이에게 숙제할 시간이라고 말한 후, 주영이가 방에 들어가지 않아도 엄마는 반복해서 숙제할 시간이라고 말할 뿐 달래주거나 간식을 주는 행동을 하지 않는다.
– (후속결과 중재) 주영이가 방에 들어가지 않으면 엄마는 1) 숙제할 시간 노래를 불러주며 상기시킨다. 그래도 주영이가 미적대면, 2) 숙제를 하기 싫은 주영이의 마음을 공감하고, 숙제를 시킨다.

라. 중재 실행

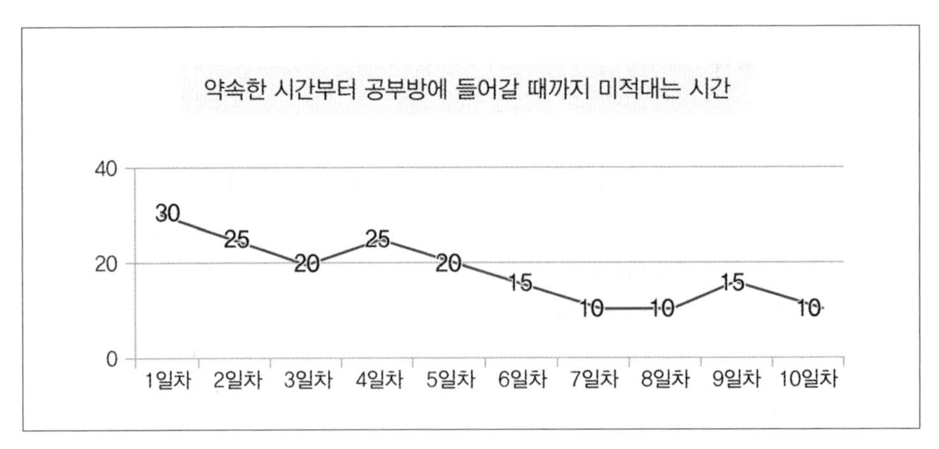

중재 결과표

중재는 25회 정도 수행해본다. 어머니가 없어서 아버지나 다른 친척들이 집에 있을 때도 숙제하러 가는 행동이 수행되는지를 살펴봄으로써 일반화가 되는지를 확인해보아야 한다.

(3) "자리에 앉아 숙제를 해요."

주영이는 숙제를 하러 방에 들어가도 자리에서 곧잘 일어난다. 배가 고프다고 할 때도 있고, 못하겠다고 일어날 때도, 엄마에게 이야기한다고 일어날 때도 있다.

문제 행동	숙제를 하다가 자꾸 일어나 딴 짓을 함
목표 행동	정해진 숙제를 끝낼 때까지 자리에 앉아 있음

가. 기능 평가/기초선 측정

먼저, 아동이 왜 그런 행동을 보이는지 원인을 이해해야 한다. 여기에서 우리는 ABC 관찰기록을 활용해 기능평가를 하고, 기초선을 측정한다.

날짜/시간	A(배경사건/선행사건)	B(문제 행동)	C(후속결과)
2020.10.31. 16:23	• 선행: 주영이는 수학숙제를 하다가 짜증을 냄	주영이는 배고프다고 거실로 나감	간식을 줌
2020.10.31. 16:33	• 선행: 주영이는 자기 방에서 숙제를 하며 같은 문제를 계속 보고 있음	주영이는 자리에서 일어나 엄마를 찾음	엄마와 이야기를 함
2020.10.31. 16:45	• 선행: 주영이는 수학책에 낙서를 함	주영이는 자리에서 일어나 쇼파에 누워있음	엄마가 주영이를 데리고 방으로 데려감

기초선은 방에 들어간 후 숙제를 다 할 때까지 방에서 나온 횟수를 측정하였다.

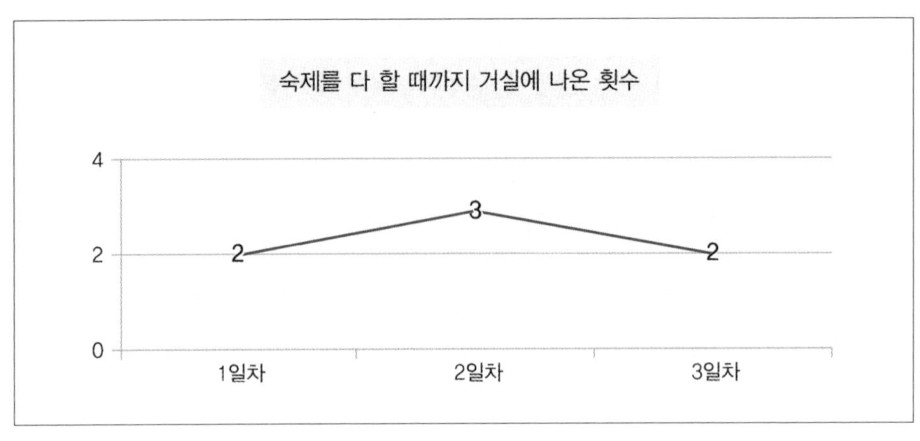

기초선 측정하기

나. 가설 세우기

관찰 기록을 통해 아이의 문제행동이 나타나는 선행사건(배경사건, 선행사건)이 파악되면 주영이가 왜 이러한 문제행동을 하는지 이해할 수 있다.

- 주영이는 숙제에 집중하지 못하면(선행사건), 과제 수행을 피하기 위해(기능), 공부장소에서 이탈한다(문제 행동).

다. 중재 계획 수립

기능평가를 통해 부적응행동의 원인을 파악하고나서 적절한 행동 지원계획을 수립해보았다.

- (환경 중재) 주영이가 가장 집중을 잘 하는 시간대를 관찰했을 때, 학교에 돌아와 간식을 먹고 1시간을 쉬고 난 뒤였다. 간식을 먹으며 쉰 뒤에, 숙제하는 것을 약속하고, 꾸준히 엄마가 숙제할 시간임을 일깨워준다.
- (환경 중재) 주영이는 엄마가 방안에 같이 있을 때 비교적 집중을 하는 편으로, 주영이가 숙제를 할 때는 엄마가 함께 있는다.
- 숙제를 시작하기 전에 엄마는 주영이가 할 수 있는 난이도인지 확인하고, 도움을 주기로 한다.
- 많은 양의 숙제를 다 할 때까지로 목표를 두지 않고, 주영이가 수학문제

5문제를 풀면, 잠시 쉴 수 있게 한다.

- (자기 점검) 5분마다 타이머 알람을 울리게 한다. 이 때 기록지에 주영이가 숙제 수행과 관련된 행동(펜을 잡고 있기, 자리에 앉아 있기)을 하고 있는지 작성하게 한다.
- (대체행동 중재): 숙제가 어려우면 방에서 나오지 않고 엄마에게 도움을 요청한다.
- (대체행동 중재): (자기 교수) 주영이가 어렵다고 느껴지면 '난 할 수 있어'라고 말하는 법을 가르친다.
- (정적 강화): 주영이가 5개 문제를 풀 때마다 엄마는 주영이가 노력하고 있다고 칭찬한다.

라. 중재 실행

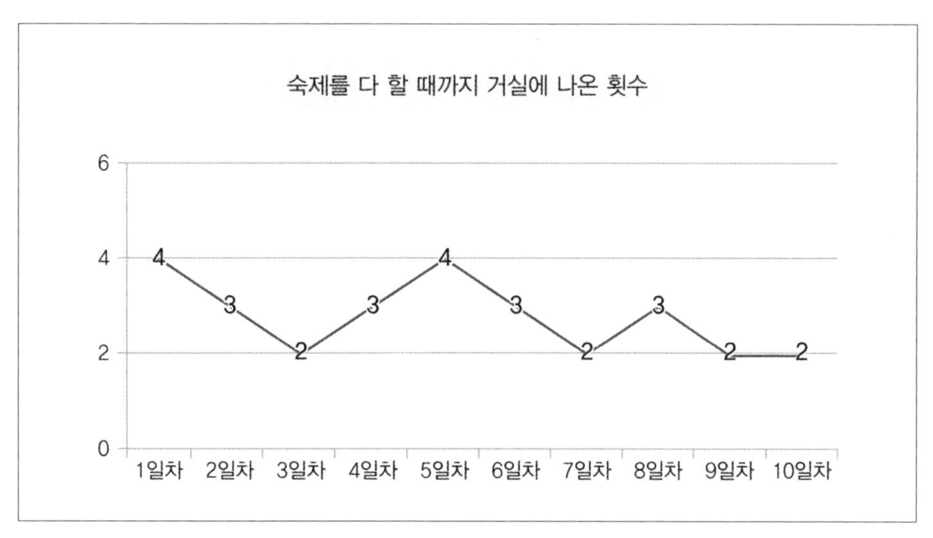

중재 결과표

(4) "숙제를 완성해요."

문제 행동	숙제를 완성하지 못함
목표 행동	그 날의 숙제를 완성함

숙제를 완성하는 것을 행동계약서로 작성하면 좋다.

일반적으로 행동계약서에는 1) 아이가 수행해야 하는 행동, 2) 행동의 양과 계약기간, 3) 부모가 목표행동을 지원하고 강화하는 방법이 기록되어 있다. 행동계약서의 예시는 다음과 같다.

행동계약서

날짜: ____________부터 ____________까지

나 (   )는 다음 행동을 실천할 것을 약속한다.

매일 숙제를 완성하기

나는 위의 행동을 할 것을 약속하고 행동했다는 것을 아래와 같이 증명할 것이다.

엄마에게 검사를 매일 받을 것이다.

엄마는 ㅇㅇ가 약속한 행동을 할 수 있도록 다음과 같이 도울 것이다.

엄마는 숙제가 있다고 말해준다, 모르는 게 있으면 가르쳐 준다.

아빠는 ㅇㅇ가 약속한 행동을 할 수 있도록 다음과 같이 도울 것이다.

아빠는 숙제 때문에 힘들면 같이 공원을 돌아줄 것이다.

위의 행동을 하면, 스티커를 1장 받을 것이다.

스티커가 5장이 모이면 ______________를 할 것(받을 것)이다.

스티커가 10장이 모이면 ______________를 할 것(받을 것)이다.

딸: ____________________(인)　　엄마: ____________________(인)

아빠: ____________________(인)

(1)과 (2)의 행동을 성공적으로 수행하면, 숙제를 완성하는 것이 가능하다. 보상으로 토큰경제를 활용하면 행동을 강화하는 데 도움이 된다. 숙제를 완성할 때마다 스티커를 한 장씩 붙인다. 붙이는 장소는 주영이가 가장 잘 볼 수 있는 거실벽에다가 붙이기로 했다. 스티커 5장을 모으면, 주영이가 좋아하는 곳에 가서 외식을 하고, 10장을 모으면 가지고 싶어하는 장난감을 사주기로 했다.

(5) "학습 준비물을 챙길 수 있어요."

"주영이는 공부한다고 하러 들어가면 바로 나와서 뭘 찾아달라고 와서 말해요." 주영이의 행동을 자세히 탐색해보면, 주영이는 숙제를 하러 들어가면 필요한 학습도구(책, 연필 등)가 자리에 없다며 일어나 거실로 나가 엄마를 찾는 것을 확인할 수 있다. 이러한 상황에 따른 문제 목표와 목표 행동은 다음과 같다.

문제 행동	숙제를 하려고 할 때 필요한 책, 도구가 없다고 거실로 나가 엄마를 부름
목표 행동	숙제를 시작하기 전 필요한 책, 도구 등을 챙겨서 자리에 감

가. 기능 평가/기초선 측정

날짜/시간	A(배경사건/선행사건)	B(문제 행동)	C(후속결과)
2020.10.30. 16:23	선행: 방에 가방이 없음	거실로 나옴	엄마와 같이 찾고 들어감
2020.10.31. 16:10	선행: 숙제할 책이 책상 위에 없음	거실로 나옴	엄마와 같이 찾고 들어감
2020.11.01. 16:20	선행: 좋아하는 연필이 없음	거실로 나옴	엄마와 같이 찾고 들어감
2020.11.01. 16:25	선행: 유인물이 없음	거실로 나옴	엄마와 같이 찾고 들어감

주영이는 엄마가 숙제할 시간이라고 하면 바로 방으로 들어갔다가 필요한 학습 준비물이 없다고 바로 방에서 나오는 행동을 반복하고 있다. 이는 과제 회피 행동일 수도 있고, 엄마의 관심을 요구하는 행동일 수도 있다.

기초선을 측정하기 위해 숙제를 끝낼 때까지 물건을 찾는다고 나오는 횟수를 측정하였다. 주영이는 보통 40~50분 정도 소요되는 것으로 나타났다.

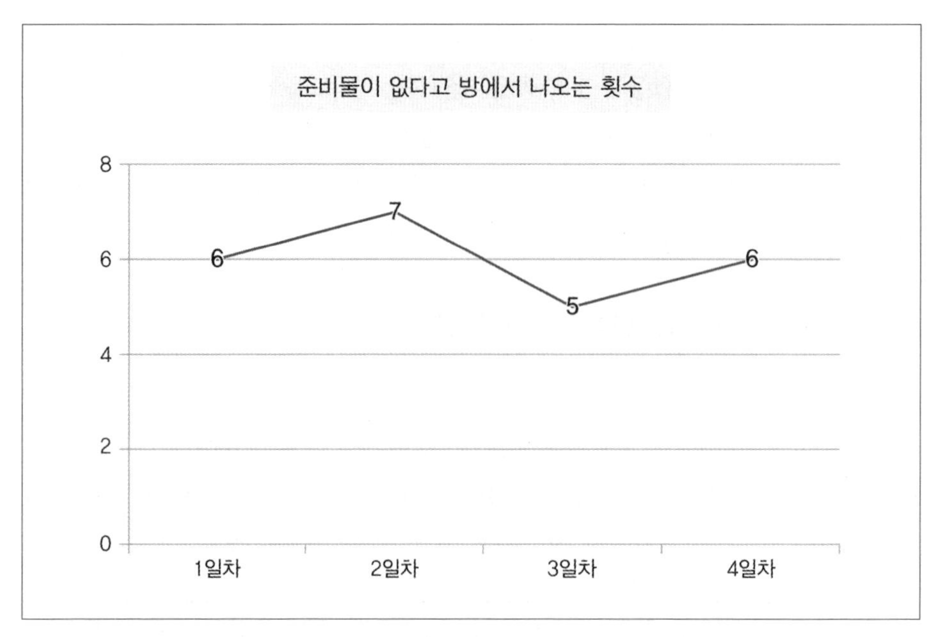

기초선 측정하기

나. 가설 세우기

관찰 기록을 통해 주영이가 왜 이러한 문제행동을 하는지 이해할 수 있다.

• 주영이는 숙제를 할 때(배경사건), 필요한 준비물이 없으면(선행사건), 과제를 피하기 위해/엄마와 함께 하고 싶어서(기능), 거실로 나온다(문제행동)

다. 중재 계획 수립

기능평가를 통해 부적응행동의 원인을 파악하고나서 적절한 행동 지원계획을 수립해보았다.

- (환경 수정) 과제 준비물이 주영이 방에서 쉽게 찾을 수 있게 정리정돈한다.
- (교육) 숙제를 하러 들어가기 전 무엇을 확인해야 하는지에 대해 교육한다(숙제 안내장 확인하기 등).

- (교육) 숙제가 어려우면 엄마의 도움이 필요하다고 말하도록 교육한다.
- 위의 내용은 책상 근처에 붙여놓는다.
- (환경 수정) 과제 준비물이 주영이 방에서 쉽게 찾을 수 있게 정리정돈 한다. 숙제를 하러 갈 시간이라고 엄마가 말하면 필요한 준비물을 수첩에 쓰고, 엄마에게 확인받고 필요한 준비물을 챙겨 방으로 들어간다.
- (강화) 주영이가 위의 행동을 할 때마다 "주영아 오늘 스스로 필요한 준비물을 잘 챙겼네. 참 잘했어."라고 칭찬한다.

라. 중재 실행

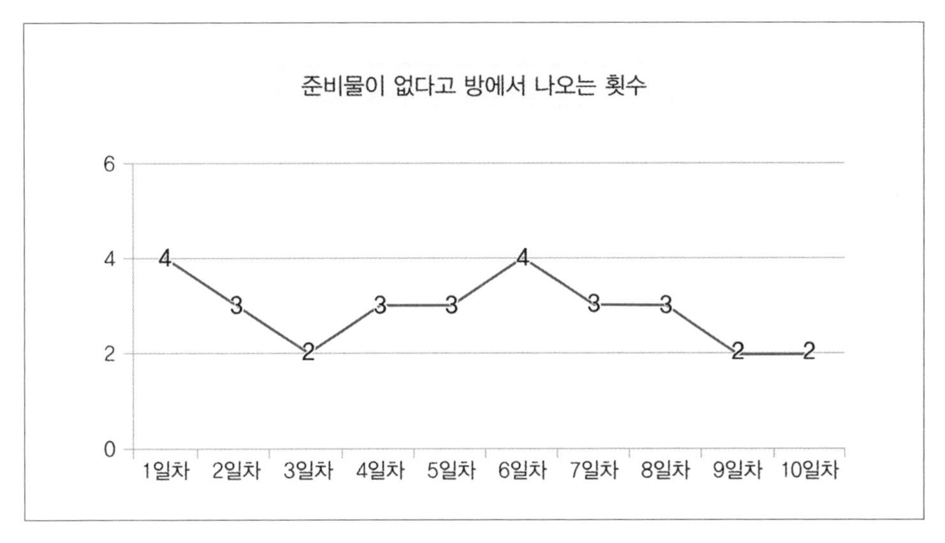

중재 결과표

(6) "스마트폰을 보는 것을 조절할 수 있어요."

주영이 부모님은 주영이가 스마트폰 사용을 조절하지 못하는 것을 문제라고 생각하고 있었다. 주영이는 평일 50분, 주말 90분 동안 핸드폰을 사용하기로 약속했지만, 부모님이 이제 그만 볼 시간이라고 말하면 떼를 쓰며 본다고 자꾸 조르고, 억지로 핸드폰을 뺏으면 울면서 난리를 피운다고 한다.

문제 행동	스마트폰을 더 본다고 떼를 씀
목표 행동	약속한 시간만큼(평일 50분, 주말 90분) 스마트폰을 봄

가. 기능 평가/기초선 측정

먼저, 아동이 왜 그런 행동을 보이는지 원인을 이해해야 한다. 여기에서 우리는 ABC 관찰기록을 활용해본다.

날짜/시간	A(배경사건/선행사건)	B(문제 행동)	C(후속결과)
2020.10.30. 16:23	• 배경 - 수학 숙제를 끝냄 • 선행 - 50분 뒤 '이제 그만 볼 시간이야'라고 엄마가 말함.	주영이가 더 보면 안되냐고 조름.	딱 10분 더 보라고 엄마가 허락하였음.
2020.10.31. 16:10	• 배경 - 학교에서 친구와 싸움 • 선행 - 핸드폰 보기 시작한 지 50분이 지났다고 엄마가 말함.	주영이가 더 본다고 하고 엄마가 안 된다고 하자 울기 시작함.	엄마가 조용히 하라고 소리를 지르고, 주영이가 계속 울자 그러면 보라고 함.
2020.11.01. 16:20	• 배경 - 수학 숙제를 끝냄 • 선행 - 50분 뒤 그만 볼 시간이라고 엄마가 말함.	주영이는 더 보게 해달라고 조르기 시작함.	엄마는 몇 번 안된다고 하다가 허락함.

주영이는 숙제가 끝난 다음이 핸드폰을 사용하는 시간이다. 또한 방에서 핸드폰을 사용하는 것을 볼 수 있다. 이를 볼 때 핸드폰을 사용하는 시간과 장소에 대한 중재를 해보기로 한다. 또한 주영이가 조르면 엄마가 마지못해 허락하는 모습을 보인다.

기초선을 측정하기 위해 주영이의 하루동안 스마트폰 사용 시간을 앱을 통해 측정하였다. 주영이는 평일 기준 85분을 사용하는 것으로 나타났다.

기초선 측정하기

나. 가설 세우기

관찰 기록을 통해 주영이가 왜 이러한 문제행동을 하는지 이해할 수 있다.

- 주영이는 수학숙제를 끝낸 후/친구와 싸운 날(배경사건), 폰을 사용하다가, 엄마가 그만하라고 하면(선행사건), 스트레스를 풀기 위해(기능), 계속 스마트폰을 한다(문제 행동).

다. 중재 계획 수립

- (동기 부여) 스마트폰 사용하는 시간에 아이가 좋아하고 숙달하고 싶은 활동을 물어봐서, 스마트폰을 하는 대신 이 활동을 더 잘할 수 있게 해보는 건 어떤지 이야기한다.
- (환경 조성) 주영이는 주로 부모님과 함께 있지 않을 때 스마트폰을 많이 사용하기 때문에 부모님과 함께 있을 때만 스마트폰을 하고, 자기 방에 들어갈 때는 거실에 두고 가는 것으로 한다.
- (대체 행동 개발) 주영이는 학업 스트레스가 심하면 스마트폰을 사용한다. 스트레스를 푸는 다른 방법을 생각해본다. 주영이는 짜증이 났을 때 부모님과 같이 공원을 돌면 마음이 풀린다고 했다. 특히 힘들어하는 수학

공부를 끝내면 주영이와 함께 공원 산책을 하기로 한다.

- (소거) 주영이가 휴대폰을 더 본다고 조를 때도 부모는 일관적으로 안 된다고 말한다. 울거나 조르는 행동에 개입하지 않는다.
- (강화/토큰 경제) 주영이가 휴대폰을 약속한 만큼 사용하면 스티커를 지급한다. 스티커를 10개를 모으면, 주영이가 좋아하는 것을 준다.

라. 중재 실행

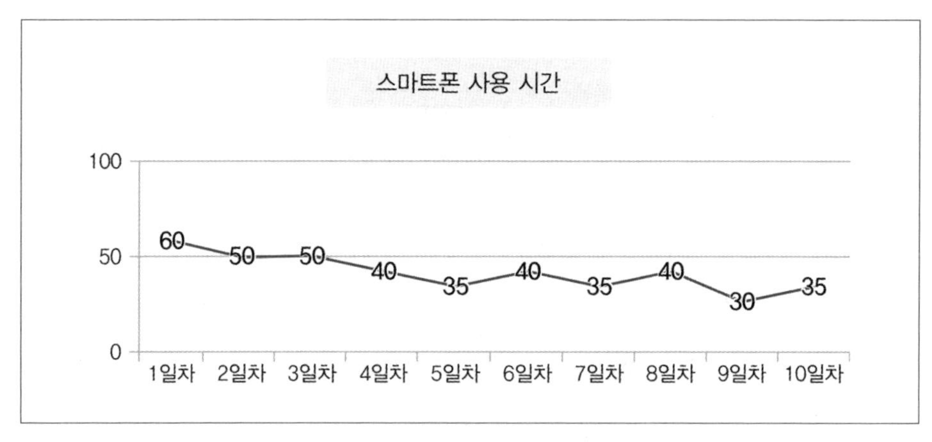

중재 결과표

읽을거리 1 자기 결정성 이론(self-determination theory)

자기 결정성 이론(自起決定理論, Self-determination theory, SDT)은 에드워드 데시(Edward Deci, 1942)와 리차드 라이언(Richard Ryan, 1953)이 1975년 개인들이 내재적인 이유와 외재적인 이유에 의해 어떤 활동에 참여하게 되었을 때 발생하는 결과는 전혀 다른 결과가 나타남을 바탕으로 수립한 이론을 일컫는다.

자기 결정성 이론은 인간 행동의 통제 원천이 어디 있는가를 기반으로 하며 이 원천은 그 시작이 내면인가, 아니면 외부인가로 나뉜다. 이 이론은 인간의 동기가 개인 스스로 완전히 내적 통제(예 흥미, 호기심)가 되었을 때 가장 높으며, 내적인 이유가 전혀없이 순전히 외적인 통제(예 강제, 강요)에 의해서 행동하게 되었을 때 제일 낮다는 명제를 기반으로 한다.

자기 결정성 이론에서 사람들은 생존을 위한 기본적인 삶의 생리적 욕구와 마찬가지로 생존을 위해 필요한 심리적 욕구를 가지고있다. 자기 결정성 이론에 따르면, 기본적이고 보편적인 심리적 욕구 세 가지는 **자율성(autonomy), 유능성(competence), 관계성(social relatedness)**이다. 헨리 머레이(Henry Murray, 1938)와 에이브러햄 매슬로(Abraham Maslow, 1954)와 같은 심리학자들은 자기실현경향성(Maslow, 1954), 안정성, 돈, 영향력, 자기존경과 기쁨 등을 포함해 모든 심리적 욕구에 대해 연구해왔는데 자기결정이론에서 나타난 보편적 세 가지 욕구는 해당 사회의 문화가 집단주의, 개인주의문화 혹은 전통주의, 평등주의가치 등에 상관없이 모든 문화의 사람에게 중요하다고 나타났다.

■ **자율성(autonomy)**

자율성은 개인들이 외부의 환경으로부터 압박 혹은 강요 받지 않으며 개인의 선택을 통해 자신의 행동이나 조절을 할 수 있는 상태에서 자신들이 추구하는 것이 무엇인지에 대하여 개인들이 자유롭게 선택할 수 있는 감정을 말한다. 자율성은 개인의 행동과 자기조절을 선택할 수 있으며 감정이나 타인의 의지와 달리 본인의 선택으로 자신의 행동이나 향후 계획을 결정할 수 있는 감정을 의미한다.

■ **유능성(competence)**

사람은 누구나 자신이 능력 있는 존재이기를 원하고 기회가 될 때마다 자신의 능력을 향상시키기를 원한다. 또한 이러한 과정에서 너무 어렵거나 쉬운 과제가 아닌 자신의 수준에 맞는 과제를 수행함으로써 본인이 유능함을 지각하고 싶어하며 이것을 유능성욕구라고 한다. 행위과정을 통해 개인이 자신이 유능하다고 느끼는 지각에 의한 것이다

■ **관계성(relatedness)**

관계성욕구는 타인과 안정적 교제나 관계에서의 조화를 이루는 것에서 느끼는 안정성을 의미한다. 관계성욕구는 타인에게 무언가를 얻거나 사회적인 지위 등을 획득하기 위한

것이 아니며 그 관계에서 나타나는 안정성 그 자체를 지각하는 것이다

■ **내재적 동기**

자기 결정성 이론은 개인들이 욕구를 행동화하고 선택함으로써 행동을 즐길 수 있으며 이 과정에서 심리적인 안정감을 가지게 된다고 한다. 무엇을 하는가 보다 왜 하는지가 더 중요한 선택의 이유가 되는 것이다. 개인들이 어떤 활동을 함에 있어 내재적으로 동기화된 경우에는 활동을 하는데 추가적인 보상이나 유인하거나 강제하는 것이 필요하지 않는데 이는 그 활동 자체가 개인들에게 보상이기에 스스로 행동하게 되는 것이다.

■ **내재적 동기에 대한 외부 보상실험 III**

한 실험에서는 언어적 칭찬이 외적 보상으로 사용되었다. 실험자는 이 경우에 외적 보상이 제거된 이후에도 내재적 동기부여 정도를 향상시킬 것이라는 가설을 세웠다. 결과적으로 세션 1과 비교하여 세션 3에서 외적 보상이 제거된 이후에 실험 집단 학생들의 수행능력이 유의하게 증가하였고 이는 구두 칭찬과 긍정적 피드백이 동기 부여된 작업의 성과를 향상시킨다는 사실을 보여준다. 이는 외적 보상으로서 언어적 칭찬이 내재적 동기 부여를 증가시킨다는 증거를 제공하였다.

읽을거리 2 **자기 조절 이론(self-regulation theory)**

자기조절력이란 '바람직하지 않은 행동 경향성을 막아 그러한 방식으로 행동하지 않도록 억제하는 등 자신의 내적 반응을 무시하거나 변화시킬 수 있는 능력'을 지칭한다(Tangney, Baumeister, & Boone, 2004).

자기조절력을 향상시키기 위해서 필요한 것은 **1) 적절한 목표 설정하기, 2) 내적 동기를 갖게 하기, 3) 구체적인 실행 의도를 갖게 하기, 4) 자아 고갈을 방지하기**가 필요하다.

1) 적절한 목표 설정하기

구체적이고 실현 가능하면서, 개인적인 의미가 담긴 목표를 설정하는 것은 자기조절력 향상에 효과적인 것으로 보인다. '목표(goal)'는 바라는 미래 결과에 대한 정신적 표상을 말하며, 사람들은 이러한 목표를 성취하기 위해 전념하여 노력하게 된다(Mann, et al, 2013). 이때, 구체적이면서 도전해볼 만한 목표를 설정하는 것은 불분명한 목표를 설정하거나 아예 목표를 세우지 않는 것에 비해 자기조절력 향상에 보다 효과적인 것으로 보인다(Latham & Locke, 1991).

2) 내적 동기 갖게 하기

단순히 사회적인 약속이나 의무라서가 아니라, 이러한 목표에 개인적인 의미가 담겨 있을 때 자기 조절 능력이 향상되는 경향이 있다(Hockey & Earle, 2006; Legault, Gutsell, & Inzlicht, 2011). 이는 개인적인 의미를 고려하여 자율적으로 목표를 설정한 경우, 행동 조절 과정에서 다른 목표에 비해 해당 목표가 더욱 중요한 우선순위를 갖고 모니터링되기 때문인 것으로 보인다(Legault & Inzlicht, 2013).

3) 구체적인 실행 의도를 갖게 하기

또한, 목표 달성을 위한 실행 의도(implementation intentions)를 구상하는 것, 즉 행동 계획을 관련 상황과 연결지어 구체화하는 것은 자기 조절에 도움이 될 수 있다. 이는 어떠한 상황에서 무슨 목표 추구 행위를 할 것인지를 계획하는 것으로, 목표 설정과는 다른 과정이다(Gollwitzer, 1999). 실행 의도는 관련 상황에 실제로 마주하였을 때 계획한 반응을 자동적으로 실행할 수 있도록 도와주며, 이를 통해 심리적 피로가 높은 상태에서도 자기 조절이 가능하게 해준다(Webb & Sheeran, 2003). 실제로 아이들에게 실행 의도를 정교화하도록 하였을 때 아동들은 더 나은 행동 조절 능력을 보였다(Duckworth, et al, 2011).

4) 자아 고갈을 방지하기

또한 자기조절이론에 따르면 정신적 에너지의 소진은 자기조절력을 약화시키는 것으로 보인다(Baumeister & Heatherton, 1996; Heatherton & Tice, 1994). 신체적 근육이 피로해지는 것과 마찬가지로, 심리적인 근육 역시 많이 사용되면 자기조절을 위해 쓰일 수 있는 에너지가 부족해지기 때문이다. 따라서 아동의 성공적인 자기조절을 통한 행동변화를 위해서는 심리적 에너지가 고갈되는 것을 방지할 수 있는 적절한 환경을 조성하는 것이 필요할 것으로 보인다(예 자기 전에 스마트폰 끄고 책상에 올려놓기). Baumeister와 Tierney(2011) 역시 원하는 바를 성취하기 위해서는 의지력을 발휘하는 것보다 자기조절력을 발휘하지 않아도 되는 상황을 조성하는 것이 더 효과적임을 제안한 바 있으며, Ent와 그의 동료들(2015)은 자기조절력이 높은 사람일수록 목적 달성에 방해되는 충동을 견디기보다 유혹이 높은 상황을 피하는 경향이 있음을 보였다.

읽을거리 3 3A 모델

3A 모델이란 전인적인 성장을 궁극적인 목표로 삼으며 인식-수용-태도로 구성되는 3단계 교육 모델을 의미한다(Kim. D, I., 2015). 이에 따르면 효과적인 변화를 위해서는 현재 마음 상태와 지향하는 상태를 인식하고(Awareness), 그 사이에서 발생하는 양가감정 또는 변화의 어려움에서 비롯한 정서적인 불편함을 수용하면서(Acceptance), 직접적으로 실천하는 태도(Attitude)가 순차적으로 필요하다[그림 3-1]. 즉, 3A 모델은 인지, 정서 및 행동적 측면을 모두 고려하는 모델로써, 통합적인 관점에서 변화를 촉구한다.

[그림 3-1] *3A 모델(The model of 3A)*

03
의사소통 기술 향상하기

1) 도입

철수는 초등학교 1학년이고 7살에 소아청소년과에서 ADHD 진단을 받았다. 연년생인 2학년 누나와 함께 인근 공립초등학교에 다닌다.

어떤 고민이 있나요?

A 철수의 부모는 철수가 가진 여러 의사소통 습관들이 좋지 않다고 느껴 고민이다. 친구들과 놀이를 참여할 때 '함께 놀자'며 허락을 구하지 못하고 우격다짐식으로 놀이에 난입하며, 누나의 말을 듣다가 자기 말을 하기 위해 말을 끊는 습관이 있다. 키즈카페에 가서 철수가 함께 놀던 아이들을 밀어 넘어뜨리거나 치고 지나갔을 때 미안하다고 말하지 않고 되려 씩씩댈 때 엄마는 다른 엄마들에게 죄인이 된 것 같은 기분이다. 미안한 상황에서 철수가 '미안하다'라고 말할 줄 알고 고마운 상황에서 '고맙다'라고 말할 줄 아는 아이로 자랐으면 싶다. 철수는 화가 나면 말로 표현하기 전에 손으로 행동이 먼저 나가고, 자기가 한번 꽂힌 일에는 끝장을 볼 때까지 매몰되어 위험한 상황에서도 지시를 듣지 않는다. 창문 밖 나무에 걸린 헬륨 풍선을 기어이 떼어오겠다고 10층 건물에서 바깥 창틀에 매달린 적도 있다. 초등학교라는 새로운 공간에서 선생님 등 어른들의 지시를 따르지 않고 아이들 관계에서 부적응할까 걱정이 된다. 사람들에게 미움받지 않고 커나갔으면 하는 바람이 있다.

지금까지 어떤 노력을 해왔나요?

A 전문가의 도움을 받아본 적은 없다. 맞벌이였다가 최근엔 아이들이 둘 다 초등학생이 되었기 때문에 엄마가 벌이하고 아빠가 양육을 담당하기로 했다. 아이들이 문제를 일으키는 갈등 상황에서 단시간에 해결하기 위해선 무서운 분위기로 혼을 내거나 벌을 주는 것이 효과가 있어서 벌주는 것을 고수해왔다. 철수의 부모는 아이가 칭찬과 인정을 바라지만 부모의 몸이 지쳐있기 때문에 시간을 들여 진심어린 칭찬을 많이 해주기가 어렵다고 이야기했다.

철수는 어떤 특성을 가진 아이인가요?

A **(인지적 특성)** 지능검사를 했는데, 점수는 89로 평균보다 낮은 수준이다. 주의가 산만하고, 집중을 오래 못 하고, 학습 동기유발이 잘되지 않는다. **(행동 및 정서적 특성)** 철수는 에너지 지수가 매우 높아 항상 쉬지 않고 뛰어다니며, 새로운 것에 대한 호기심이 극도로 높은데 조심성이 없다. 높은 곳에 올라가거나, 건널목에 무조건 뛰어들고 보는 등 안전을 위협하는 철수의 행동들 때문에 속이 탔다고 한다. 또한 철수는 평소에는 매우 친밀한 상대에 대해서 작은 촉매가 발동되어 싸움이 시작될 때 매우 충동적으로 변한다. 싸움의 촉매제로 종종 작동하는 것이 '놀림'인데 누나의 말투에서 놀린다고 생각하는 것에 매우 과격하게 반응하며, 심지어 놀림이 아닌 것이 분명한데도 본인이 생각하기에 놀림이라고 여겨지는 말을 들어도 급격하게 돌변한다. **(의사소통 특성)** 한 친구를 좋아하지만 친구를 사귀고 함께 노는 방법을 모르는 듯하다. 친구들에게 "함께 놀자"라고 허락을 받기보다는 난입해서 함부로 물건을 만지거나 게임에 참여원처럼 행동하다가 친구들에게 나가라는 소리를 듣는다. 미안한 상황에서 미안하다고 말하기보다는 상대방의 잘못을 먼저 찾고 "니가 먼저 그랬잖아"라고 반응하며 자신의 행동이 정당함을 주장하고 싶어한다. 고맙다는 말도 잘 하지 않는다. 이런 철수의 행동을 무례하고 공격적으로 받아들이기 때문에 친구들은 점차 철수를 피하거나 거부하게 되었다.

철수는 어떤 강점을 가지고 있나요?

A 철수는 에너지가 많고, 활동적이며, 칭찬을 해주면 하기 싫은 일도 집중해서 하려는 인정욕구도 가지고 있다.

✔ 중재 목표와 전략

1. **상대방을 배려하는 의사소통하기**
   친구가 말할 때 끼어들거나 말을 자르지 않고 경청, 배려하며, 같이 놀고 싶을 때에는 '같이 놀자'라고 표현하고 허락을 구하여 배려하는 의사소통을 할 수 있습니다.

2. **상황에 적합한 인사말로 의사소통하기**
   밀거나 쳤을 때 '미안해'라고 사과하고, 고마운 상황에서 '고마워'라고 말하게 되는 것을 단계별로 따라가며 반복 연습하여 상황에 적합한 인사말을 자연스럽게 사용하는 것을 배웁니다.

3. **안전한 방식으로 의사소통하기**
   화가 났을 때 충동적으로 때리거나 밀치는 방법으로 즉각 대응하지 않고 말로 표현하여 안전하게 의사소통할 수 있으며, 부모님과 선생님과 같은 어른과의 의사소통에서, 위험한 상황에서 지시를 즉각 따르는 것을 훈련하여 안전을 지키며 의사소통할 수 있습니다.

2) 전체 중재 프로그램 개요

회기	주제	내용(2~3줄)
1	"말할 차례를 기다려요."	• 문제 행동: 상대의 말을 끊고 자기 얘기를 함 • 목표 행동: 상대의 말을 끊지 않고 말할 차례를 기다리기 • 진전도: 상대방의 말을 끊는 횟수의 감소 • 중재 ① 대처 반응 지도하기(상대방의 말을 끊지 않고 기다리거나 친구 말이 끝나면 "내 얘기도 들어볼래?"라고 말하기 지도) ② 배지를 활용한 시각적 주의 환기와 목표 설정 ③ 목표를 얼마나 달성했는지 자기 평가 ④ 목표를 잘 달성했을 때 정적 강화의 제공
2	"같이 놀자."라고 말해요.	• 문제 행동: 무작정 놀이에 난입/우김 • 목표 행동: 친구들에게 끼어달라는 허락을 구해서 놀이에 참여하기 • 진전도: 허락을 구하고 놀이에 참여하는 횟수의 증가 • 중재 ① 허락을 구하는 말(해도 될까?/나도 끼워 줄래?) 지도하기 ② 허락을 구하는 말을 했을 시 언어적, 비언어적 정적 강화 제공 ③ 셀프 이미지 촬영을 통해 나의 모습에 성취감 느끼기(모방기법-자기 모델링)

회기	주제	내용(2~3줄)
3	"밀거나 쳤을 때 사과해요."	• 문제 행동: 실수로 밀거나 쳤을 때 사과하지 않고 상대의 잘못만 지적함 • 목표 행동: 실수로 친구를 밀거나 쳤을 때 먼저 사과하기 • 진전도: 미안함을 표현해야 할 상황에서 "미안해"라고 말하는 횟수의 증가 • 중재 ① 미안한 상황에서 상대의 마음 생각해보기; 감정 정서 지도 ② 미안해 말하기 반복 지도하기 ③ 미안한 상황에서 "미안해"라고 말할 때마다 칭찬으로 강화 ④ 칭찬을 3회 받았을 때 토큰
4	"고마운 일이 있을 때 고맙다고 말해요"	• 문제 행동: 고마운 상황에서 고맙다는 말을 잘 하지 않음 • 목표 행동: 고마운 상황에서 고맙다고 매번 말하기 • 진전도: 고마움을 표현해야 할 상황에서 "고마워"라고 말하는 횟수의 증가 • 중재 ① 고마운 상황이 어떤 것인지 지도하기 ② 고마워 말하기 반복 지도하기 ③ 고마운 상황에서 "고마워"라고 말할 때마다 칭찬으로 강화 ④ 칭찬을 3회 받았을 때 토큰
5	"화가 났을 때 말로 표현해요"	• 문제 행동: 화가 나는 상황에서 즉각적이고 충동적으로 반응함(때리거나, 밀침) • 목표 행동: 화가 나는 상황에서 즉각 반응하지 말고 어른에게 도움 요청하기 • 진전도: 화가 나는 상황에서 즉각적이고 충동적인 대처 행동의 감소 • 중재 ① 문제 행동 환경으로부터 고립시키기 ② 비디오 셀프 이미지 모니터링을 통한 자기통제법 ③ 행동계약(감정 카드 활용 표현하기) ④ 토큰 경제 및 대처 행동 차별 강화 ⑤ 분노 행동 조절하기

회기	주제	내용(2~3줄)
6	"위험 상황에서 어른이 내린 지시를 듣고 즉각적으로 따라요"	• 문제 행동: 위험한 행동을 할 때 하지 말라는 어른의 지시를 즉각 따르지 않음 • 목표 행동: 위험한 행동을 하지 말라는 말을 들었을 때 듣고 즉시 멈추기 • 진전도: 지시를 들었을 때 즉각적으로 멈추는 횟수의 증가 • 중재 ① 놀이치료를 통한 경청 훈련(가라사대 놀이) ② 실제 상황에서 즉각 멈추기를 성공했을 때 칭찬으로 강화 ③ 칭찬을 3회 받았을 때 토큰

3) 세부 중재 내용

(1) 말할 차례를 기다려요.

문제 행동과 목표 행동

문제 행동	상대의 말을 끊고 자기 얘기를 함
목표 행동	상대의 말을 끊지 않고 말할 차례를 기다리기

가. 기능평가/기초선 측정

먼저, 아동이 왜 그런 행동을 보이는지 원인을 이해해야 한다. 여기에서 우리는 ABC 관찰 기록을 활용해본다.

날짜/시간	A(배경사건/선행사건)	B(문제 행동)	C(후속결과)
2020.11.2. 16:23	같은 반 친구 다정이와 하교 후 놀이터에서 놀 때 무당벌레에 대한 얘기가 나옴.	다정이의 말을 끊고(다정이가 말을 못하게 하고) 태후가 계속 이야기를 주도함.	다정이가 기분이 나빠져서 태후와 말을 하지 않음.
2020.11.9. 16:10	엄마와 철수에게 오늘의 숙제는 무엇이냐고 물어보았는데 때마침 TV에서 공룡의 일대기에 관한 다큐멘터리가 나옴.	철수가 엄마의 질문에 대답하지 않고 엄마의 말을 끊고 공룡에 대한 얘기를 계속함.	처음에는 차분히 들어주던 엄마도 계속 철수가 자신의 이야기만을 하고 대답하지 않자 화가 남.

ABC관찰기록은 일상생활에서 아이의 부적응행동이 일어나기 전과 후의 상황을 관찰하고 기록하여 행동의 원인을 찾는 방법이다. ABC관찰기록을 통해 보았을 때 – 철수는 1) 대화의 대상과 친밀도가 높을 때(즉, 대상이 부모이거나 친구일 때와 2) 철수 본인이 관심이 높은 내용(곤충과 공룡 관련 내용)이 대화 소재로 나왔을 때 상대방의 말을 끊고 자기 말을 먼저 하는 문제 행동이 발생함이 발견되었다.

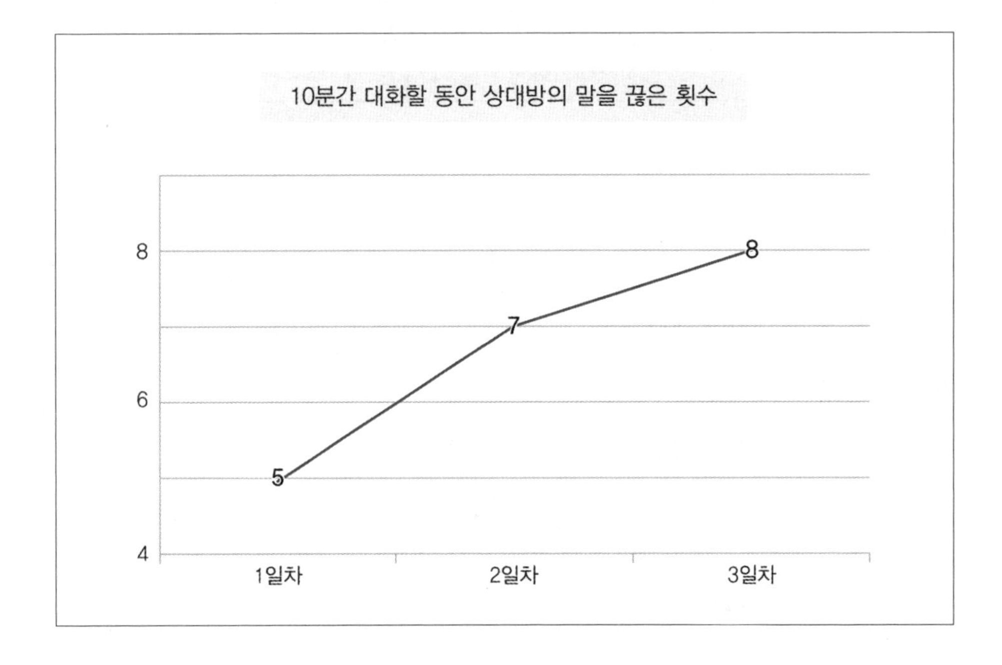

ABC 관찰 기록을 활용하여 아동의 기능을 평가하고, 3일 동안 총 3회 기저선을 측정한다. 기저선은 10분간 대화할 동안 상대방의 말을 끊는 **횟수가 몇 번이었는지를 측정할 것이다.**

나. 가설 세우기

철수의 '말 끊지 않고 기다리기'와 관련하여 다음과 같은 가설을 세워볼 수 있다.

- 철수는 친구들과 말을 하면(선행사건), 친구들보다 더 많이 말을 하기 위해(기능) 상대방의 말을 끊는다(문제행동).
- 철수는 자기가 좋아하는 대상에 대해 이야기가 나오면(선행사건), 자신의 지식을 뽐내기 위해(기능), 상대방의 말을 끊을 것이다(문제행동).

다. 중재 계획 세우기

기능평가를 통해 문제행동의 원인을 파악하고 행동 예측을 해본 이후 예상되는 행동이 발생하지 않도록 적절한 행동 지원계획을 수립해보았다. 중요한 점은 철수의 자신의 지식을 뽐내기 위한 욕구를 충족시키되, 이를 사회적으로 용인이 되는 방향의 행동이 될 수 있게 가르쳐야 하는 것이다. 그렇기 때문에 친구의 말을 듣기만 하기보다 친구의 말을 끝나면 '내 얘기도 들어볼래?'라고 말할 수 있도록 가르쳐야 한다. 중재는 주의력 결핍 과잉 행동장애 아동의 충동성 조절 중 특히 '끼어들어 말하기 행동'을 감소시키는 데 큰 효과를 보인 것으로 증명된 '신호 제공하기' 절차의 3단계를 활용해 볼 것이다.

- **(대처 반응 지도)** 엄마는 철수가 자신이 좋아하는 대상에 대한 이야기가 나왔을 때 '상대방의 말을 끊지 않고 기다리기'와 '친구 말이 끝나면 "내 얘기도 들어볼래?"라고 말하기'를 지도하기로 한다.
- **(1단계: 시각적 주의 환기와 목표 설정)** 먼저 아이가 목표 행동이 무엇인지 명확히 인지하도록 엄마는 '상대방의 말을 끊지 않고 기다리기' 배지와 '내 얘기도 들어볼래?'라고 말하기 배지를 준비한다. 배지를 준비하기 어렵다면 문구점에서 파는 이름 견출지를 활용하여 두꺼운 펜으로 목표를 적어도 좋다. 이러한 시각적인 환기는 신호 제공하기 절차의 첫 번째 수단이다. 두 가지 목표가 있기 때문에 하나씩 중재를 시작해볼 것이다. 먼저 엄마는 '상대방의 말을 끊지 않고 기다리기' 배지(혹은 견출지)를 아동의 가슴과 붙여주고 엄마의 가슴에도 붙인다. 첫 번째 목표가 잘 완수되면 그 이후 두 번째 목표인 "내 얘기도 들어볼래?"라고 말하기를 시도하도록 한다.
- **(2단계: 자기 평가)** 두 번째 신호 제공하기 절차로, 5분마다 타이머를 사용하여 매번 아동이 개별적으로 스스로 평가를 하도록 한다. 아동이 5분동

안 몇 번 목적을 이루었는지(혹은 목적을 달성하지 못했다면 왜 그러하였는지) 스스로 기록하도록 요구한다. 이러한 자기 평가의 과정은 스스로의 변화과정을 체감하고 모니터링 할 수 있는 능력을 키워주는 효과가 있다.

– **(3단계: 정적 강화)** 세 번째 신호 제공하기 절차로, 긍정적 강화가 있다. 아동이 목적을 이루었을 때 칭찬을 해주고 미리 알려준 스티커 보상을 제공한다. 아동이 완전히 목표 행동을 달성했을 때는 스티커를 2개 주고, 목표 행동을 하기는 했지만 완전히 달성하지 못했을 때는 스티커를 1개 주도록 한다. 목표 행동의 완성도를 판단하는 결정권자는 엄마이다. 엄마는 아동에게 칭찬과 격려를 반드시 하면서 동시에 목표행동이 어느 부분이 부족했던 것 같은지 함께 고민하고 이야기해보는 시간을 갖는다.

라. 중재 실행

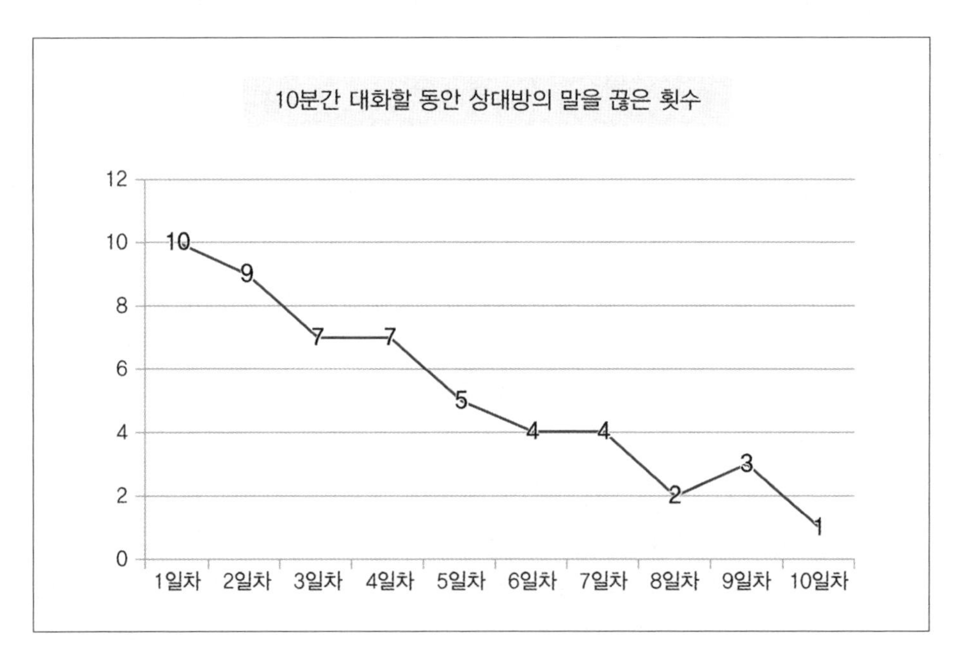

(2) "같이 놀자."라고 말해요.

문제 행동과 목표 행동

문제 행동	친구들이 하는 놀이에 참여하지 못함
목표 행동	친구들에게 끼워달라는 허락을 구해서 놀이에 참여하기

가. 기능평가/기초선 측정

먼저, 아동이 왜 그런 행동을 보이는지 원인을 이해해야 한다. 여기에서 우리는 ABC 관찰 기록을 활용해본다.

날짜/시간	A(배경사건/선행사건)	B(문제 행동)	C(후속결과)
2020.11.2. 16:23	철수가 좋아하는 우노 게임을 친구들이 하고 있음.	주변에 앉아있다가 "아니 그게 아니고!"라면서 참견함	친구들에게 "너가 왜 참견이야!"라고 질타받음.
2020.11.9. 16:10	철수가 좋아하는 잡기놀이 게임을 친구들이 하고 있음.	철수는 뛰어들어가며 이미 놀이에 참여함.	친구들에게 너는 왜 놀이에 꼈나고 질타 받음.

ABC관찰기록을 통해 보았을 때 – 철수는 여러명이 함께하는 놀이 상황에서, 자기가 재미있어 하는 놀이를 누군가가 할 때면, 허락을 받지 않고 놀이에 참여하려는 문제행동을 통해 허락 구하기를 회피하는 모습을 보이는 것으로 보인다.

ABC 관찰 기록을 활용하여 아동의 기능을 평가하고, 3일 동안 총 3회 기저선을 측정한다. 기저선은 하루 종일 아동이 학교에 가 있는 동안 쉬는 시간에 친구들과 함께 놀이에 참여하고자 하는 상황에서 '같이 놀자'라고 말하는 횟수가 몇 번이었는지를 측정할 것이다.

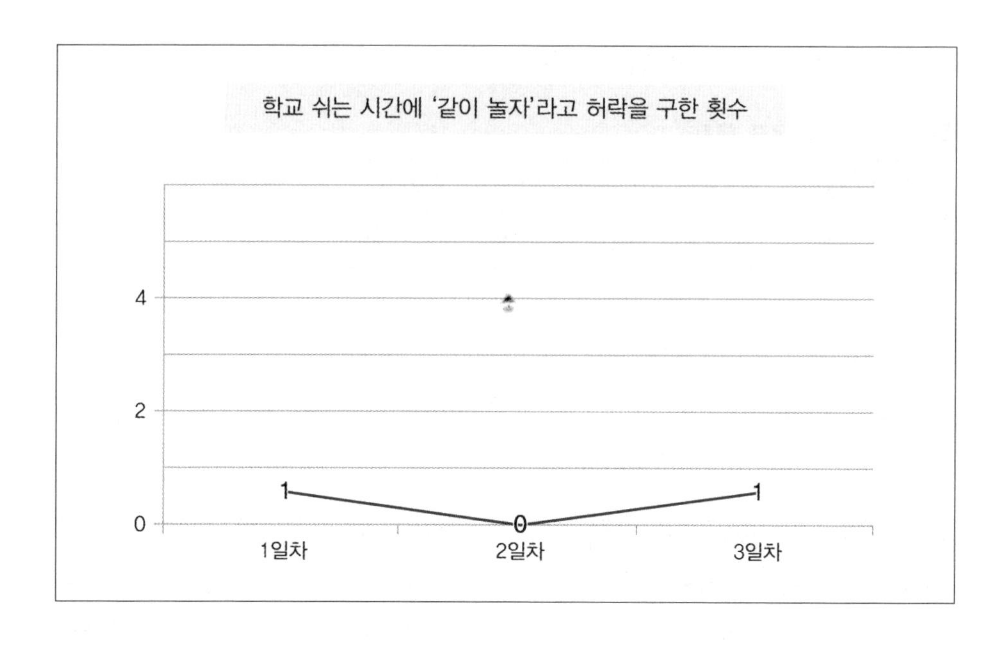

나. 가설 세우기

철수의 '허락 구하기'와 관련하여 다음과 같은 가설을 세울 수 있다.

- 철수는 여럿이 함께하는 놀이 상황에서(배경사건), 자기가 좋아하는 놀이를 친구들이/누나가 하면(선행사건), 놀이에 참여하기 위해(기능), 허락을 구하지 않고 놀이에 참여한다(문제행동).

다. 중재 계획 세우기

기능평가를 통해 문제행동의 원인을 파악하고 행동 예측을 해본 이후 예상되는 행동이 발생하지 않도록 적절한 행동 지원계획을 수립해보았다.

- **(반복 따라하기를 통한 지도)** 친구들과 놀이를 하는 상황을 맞이하기 전에 엄마는 철수에게 허락을 구하는 말(나도 끼워 줄래? 나도 같이 놀자!)을 지도하기로 한다.
- 허락을 구해야 하는 상황을 함께 생각해보고, "나도 끼워줄래?", "나도 같이 놀자"라는 말을 여러번 따라 말하도록 한다.
- 매번 놀이할 때마다 허락을 100프로 구하는 것으로 목표를 두지 않는다.

- **(정적 강화)** 가정에서 먼저 연습할 수 있도록 철수가 누나에게 먼저 연습해볼 수 있도록 한다. 누나가 하는 놀이를 참여하고 싶을 때 철수가 허락을 구하는 말을 하면 철수가 원하는 강화물을 준다(강화물은 생각해봄).
- 가정에서 누나에게 먼저 연습하고 난 이후에 가정 밖에서 친구들과 노는 상황에서도 적용할 수 있도록 한다. 놀이터나 키즈카페 등 아이가 여러 명의 친구들과 노는 장소에서 엄마는 철수를 예의주시해서 유심히 관찰하도록 하고, 놀이를 참여하고 싶을 때 철수가 허락을 구하는 말을 하면 칭찬 등 언어적 강화와 함께 철수가 원하는 강화물을 준다.
- **(셀프 이미지 촬영을 통한 자기 모델링)** 철수가 성공적으로 허락을 구하는 모습을 이미지로 촬영하여 함께 비디오를 돌려보고 칭찬과 강화하며 자기 모델링을 이루도록 한다.

라. 중재 실행

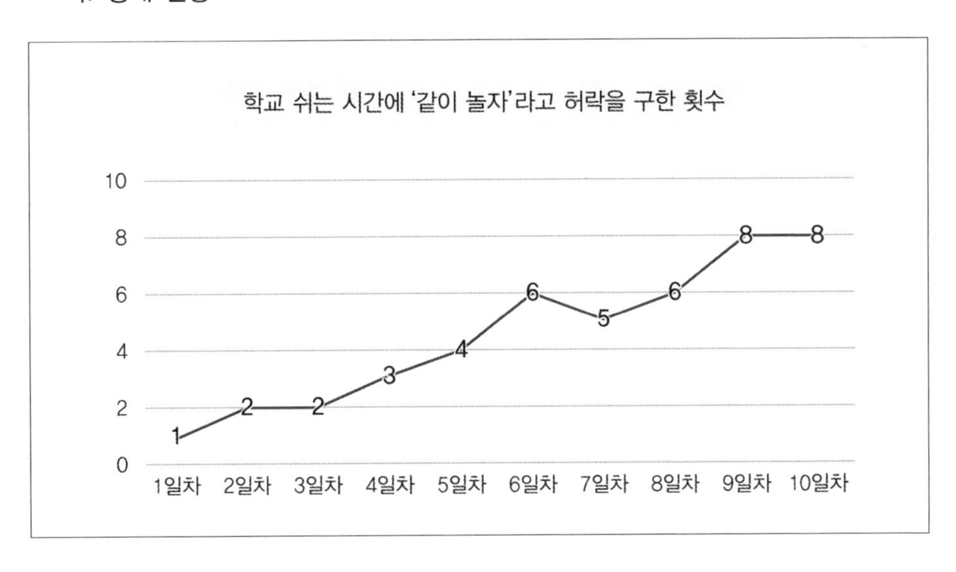

(3) 밀거나 쳤을 때 사과해요.

문제 행동과 목표 행동

문제 행동	실수로 밀거나 쳤을 때 변명하거나 상대의 잘못만 지적함.
목표 행동	실수로 친구를 밀거나 쳤을 때 먼저 사과하기.

가. 기능평가/기초선 측정

먼저, 아동이 왜 그런 행동을 보이는지 원인을 이해해야 한다. 여기에서 우리는 ABC 관찰 기록을 활용해본다.

날짜/시간	A(배경사건/선행사건)	B(문제 행동)	C(후속결과)
2020.10.11. 16:23	철수가 뛰어가다가 모르고 친구의 어깨를 쳤음.	'일부러 그런거 아니야!'라고 말을 함.	사과하지 않냐고 친구가 화를 냄.
2020.11.9. 14:10	철수와 친구가 잡기 놀이 중에 좁은 공간을 지나가려다가 서로를 모르고 쳤음.	'너가 왜 먼저 와서 쳐!' 라고 말하며 노려봄.	상대 친구가 먼저 사과하자 그제서야 사과함.
2020.11.17. 15:30	철수가 잡기놀이에서 술래에게 쫓기다가 친구들이 쌓아놓았던 레고 블록을 무너트림.	'아니 그게 아니고! 쟤가 나를 쫓아와서 그런거야!'라고 말함.	여러명의 여자 아이들이 함께 철수에게 화를 내자 당황해하며 사과함.

ABC 관찰 기록을 통해 보았을 때－철수는 자기가 생각하였을 때 의도성이 없었던 상황에 대해서는 자기가 잘못을 비록 하였을지라도 사과하는 말을 하기보다는 변명을 하거나 오히려 상대방의 잘못을 지적하는 문제행동을 보인다. 이러한 문제행동을 통해 '미안한 상황에서 상대에게 사과하기'라는 중요한 과제를 의도적으로 피하는 모습을 보이는 것으로 보인다.

ABC 관찰 기록을 활용하여 아동의 기능을 평가하고, 3주 동안 총 3회 기저선을 측정한다. 기저선은 아동이 일주일 동안 미안해야 할 상황에서(밀거나 쳤을 때) '미안해'라고 자발적으로 말하는 횟수가 몇 번이었는지를 측정할 것이다.

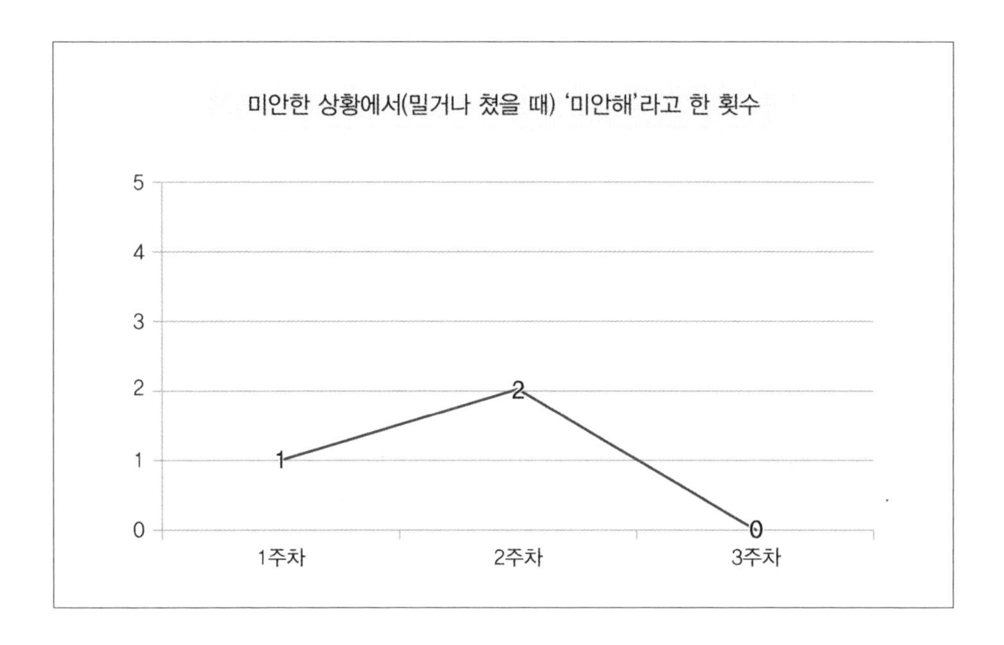

나. 가설 세우기

철수의 '변명하기'와 관련하여 다음과 같이 원인을 파악할 수 있다.

- 철수는 실수로 친구를 치게 되면(선행사건), 사과하는 것을 피하기 위해서(기능) 자기 잘못이 아님을 강조하며 변명한다(문제행동)

다. 중재 계획 세우기

기능평가를 통해 문제행동의 원인을 파악하고 행동 예측을 해본 이후 예상되는 행동이 발생하지 않도록 적절한 행동 지원계획을 수립해보았다.

– **(미안해 해야 할 상황이 어떤 것인지 지도하기)** 엄마는 철수가 '미안하다'고 말해야 하는 상황적인 맥락에 대해서 개념적인 이해가 부족하다는 생각이 들었다. 특히, 철수 자신이 의도성이 없을 경우에는 사과할 필요성을 느끼지 못하고 있다고도 생각이 되었다. 이러한 철수의 기저선을 파악한 엄마는 미안해라는 말이 필요한 상황에 대한 인식을 철수에게 지도하기로 한다.

- **(상대의 마음 생각해보기: 감정 정서 지도)** 미안하다는 말을 지도하기 위해서는 그 상황에서 상처를 받았을 상대방의 마음에 대한 공감과 이해가 필요하다. 엄마는 철수를 행위의 객체로 바꾸어서 "철수야, 만약에 누나가 실수로 철수를 넘어트려서 철수가 아프면 철수는 어떤 말이 듣고싶을 것 같아?"라고 물어서 입장을 바꿔서 아픈 사람의 마음을 공감할 수 있도록 지도해본다.
- **(미안해 말하기 반복 지도하기)** 미안함을 느끼고 사과를 구하는 맥락과 상황에 대해서 다시 한번 복습해본다. 엄마는 "내가 지나가다가 실수로 친구의 팔을 툭 쳐서 친구 연필이 부러졌어. 어떻게 해야 할까?"와 같이 가상의 상황을 철수에게 제공하여 철수를 연습시킨다. 한 번의 연습을 통해 이루어지지 않는다. "내가 미안해", "괜찮아?"라는 말을 여러 번 따라 말할 수 있도록 지도한다.
- **(정적 강화)** 가정에서 먼저 연습할 수 있도록 철수가 누나에게 먼저 연습해볼 수 있도록 한다. 누나와 부딪혔을 때, 누나의 물건을 실수로 만졌을 때 철수가 핑계를 대거나 상대방의 잘못을 찾는 말을 하지 않고, '미안해'라는 사과하는 말을 먼저 하면 언어적 정적 강화와 스티커판 모으기용 스티커를 1개 준다. 핑계 대는 말이나, 상대의 잘못을 지적하는 말이 나오면 강화를 제공하지 않되, "철수야, 그렇게 하면 진정한 사과라고 느껴지지 않을 것 같은데. 어떻게 바꿔야 하지?"라고 물어봄으로써 철수에게 수정할 수 있는 시간과 기회를 주고, 두 번째 시도에서 성공했으면 강화를 제공한다.
- **(토큰 경제)** '미안해~'라는 말을 하고 정적 강화물인 스티커를 3회 이상 모은 날은 토큰을 제공하기로 약속을 하였고, 철수는 토큰을 모아서 "컴퓨터 게임하기" 쿠폰과 맞바꾸었다.

라. 중재 실행

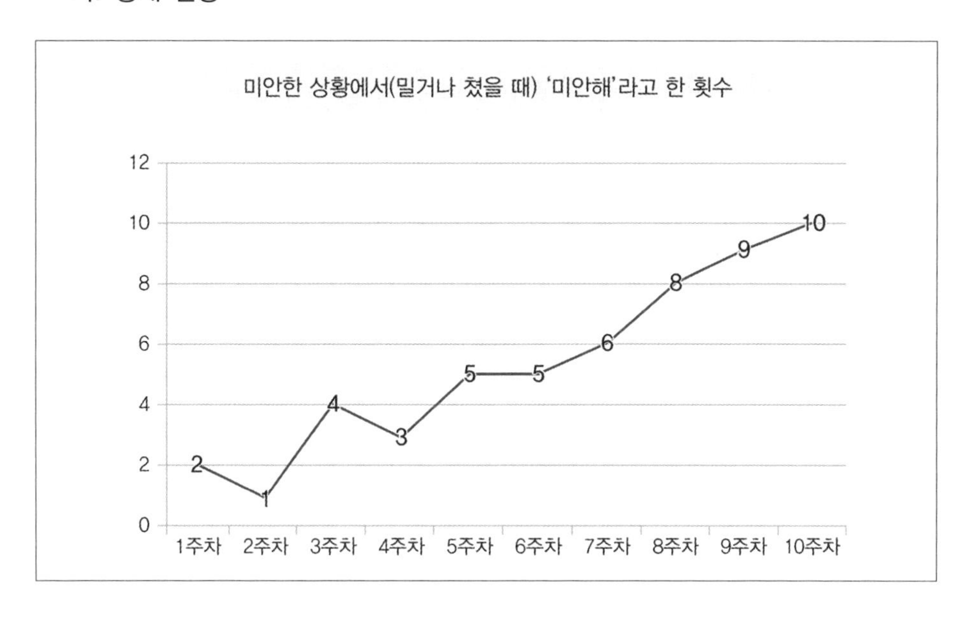

(4) "고마운 일이 있을 때 고맙다고 말해요"

문제 행동과 목표 행동

문제 행동	고마운 상황에서 고맙다는 말을 잘 하지 않음.
목표 행동	고마운 상황에서 고맙다고 매번 말하기

가. 기능평가/기초선 측정

먼저, 아동이 왜 그런 행동을 보이는지 원인을 이해해야 한다. 여기에서 우리는 ABC 관찰 기록을 활용해본다.

날짜/시간	A(배경사건/선행사건)	B(문제 행동)	C(후속결과)
2020.1.11. 16:23	외국에서 온 이모가 철수에게 최신 유행 로봇 선물을 줌	로봇을 구경하느라 정신이 없고 '고맙습니다'라는 말을 하지 않음.	이모가 머쓱해하고 엄마가 "고맙습니다라고 해야지" 라고 말하게 됨 .
2020.11.17. 14:10	누나와 철수 둘 다 화장실에 가고 싶을 때 누나가 철수에게 화장실을 먼저 가라고 양보함	빠르게 화장실에 들어가고, '고맙다'는 말을 하지 않음.	누나가 "고맙다는 말도 안 하냐?"라고 언짢아 함.

ABC 관찰 기록을 통해 보았을 때－철수는 타인이 자신에게 호의적인 행동을 해주었음에도 “고맙습니다” 혹은 “고마워”라고 말하지 않는 문제행동을 보인다. 이러한 문제행동은 매번 나타나기보다는, 때로는 고맙다는 말을 잘 하지만 때로는 하지 않는 등 비정기적으로 나타나는 모습을 보였다. 이러한 점을 통해 볼 때 **'고마운 일이 있을 때 고맙다고 말하기'**라는 중요한 과제를 의도적으로 피한다기보다는 “고마워”라는 말을 표현하는 것이 자동적으로 나오도록 훈련되지 않았다는 생각이 들었다.

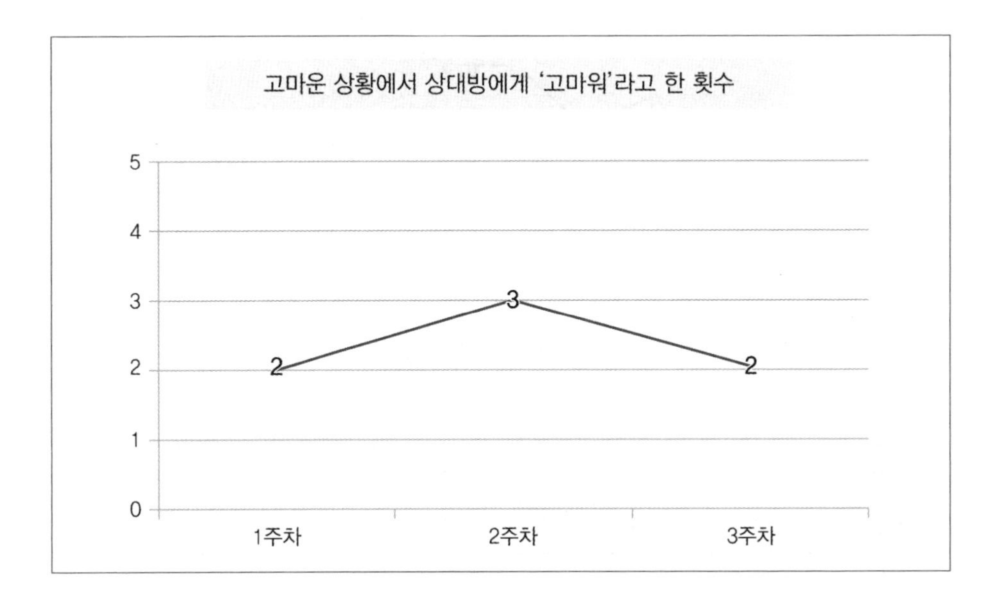

ABC 관찰 기록을 활용하여 아동의 기능을 평가하고, 3주 동안 총 3회 기저선을 측정한다. 기저선은 아동이 일주일 동안 고마움을 느낄 수 있는 상황에서 상대방에게 '고마워'라고 자발적으로 말하는 횟수가 몇 번이었는지를 측정할 것이다.

나. 가설 세우기

철수의 '고맙다고 말하기'와 관련하여 다음과 같이 가설을 세울 수 있다.

• 철수는 어른이 선물을 주면(선행사건), 선물을 빨리 보기 위해서(기능) 고맙다고 말을 하지 않는다(문제행동).

다. 중재 계획 세우기

기능평가를 통해 문제행동의 원인을 파악하고 행동 예측을 해본 이후 예상되는 행동이 발생하지 않도록 적절한 행동 지원계획을 수립해보았다.

- **(고마워라는 말의 필요성과 고마워해야 할 상황이 어떤 것인지 지도하기)** 엄마는 철수가 '고맙습니다' 혹은 '고마워'라고 말해야 하는 상황적인 맥락에 대해서 개념적인 이해는 어느 정도는 되어 있다고 생각했다. 왜냐하면 고맙습니다/고마워를 말하지 않는 문제행동이 매번 나타나기보다는, 빨리 선물을 보거나, 빨리 화장실에 가는 등 철수가 이후의 행동을 빨리 하고 싶어할 때 고맙다는 말을 하지 않는다. 이에 엄마는 철수에게 "누군가 선물을 줄 때 고맙다는 말을 들으면 또 선물을 주고 싶어진다."고 교육시키고, "이모가 나한테 선물을 주셨네, 무슨 말을 해야 할까?"와 같이 가상의 상황을 철수에게 제공하여 철수에게 고마워를 말해야 하는 상황에 대해 지도한다.
- **(고마워 말하기 반복 지도하기)** 엄마는 "고맙습니다/고마워"라고 말해야 하는 맥락과 상황에 대해서 다시 한번 복습해본 후, 가족 구성원들을 매개로 활용하여 실제 상황 속에서 연습시킨다. 과일 깎은 접시를 철수에게 주며 "엄마한테 뭐라고 말해야 하지?"라고 철수에게 발문을 던져 실제 상황 속에서 "고맙습니다"를 누적 학습시킨다. 엄마 자신뿐 아니라 누나가 양보를 하는 상황에서 "누나에게 뭐라고 말해야 하지?"라고 발문을 던져 제 상황 속에서 "고맙습니다"를 누적 학습시킨다. 한 번의 연습을 통해 이루어지지 않는다. "고맙습니다", "고마워"라는 말을 여러 번 따라 말하기 할 수 있도록 지도한다.
- **(정적 강화)** 가정에서 먼저 연습할 수 있도록 철수가 누나에게 먼저 연습해볼 수 있도록 한다. 누나가 양보를 했을 때, 철수가 즉시 "고마워"라고 말하면 언어적 정적 강화와 스티커판 모으기용 스티커를 1개 준다. 고맙다고 말하는 것을 아예 까먹으면, 강화를 제공하지 않되, "철수야, 아까 누나한테 어떤 말을 까먹은 거 같은데?"라고 물어봄으로써 철수에게 수정할 수 있는 시간과 기회를 주고, 두 번째 시도에서 성공했으면 강화를 제공한다.
- **(토큰 경제)** "고맙습니다/고마워"라는 말을 하고 정적 강화물인 스티커를

5회 이상 모은 날은 토큰을 제공하기로 약속을 하였고, 철수는 토큰을 모아서 "놀이터 가서 1시간 놀기" 쿠폰과 맞바꾸었다.

라. 중재 실행

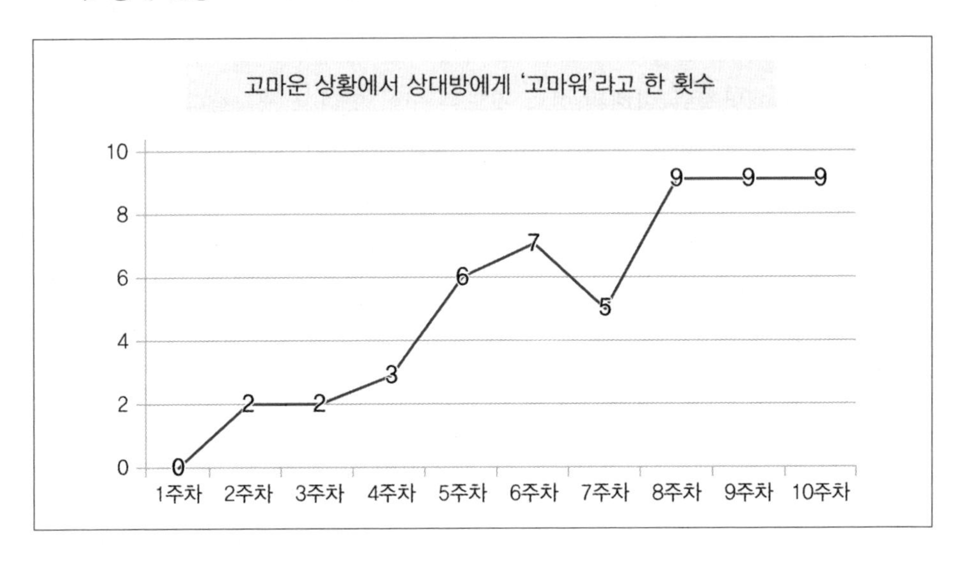

(5) 화가 났을 때 말로 표현해요.

문제 행동과 목표 행동

문제 행동	화가 나는 상황에서 충동적이고 폭력적으로 반응함(때리거나, 밀침)
목표 행동	화가 나는 상황에서 충동적이고 폭력적으로 반응하지 않고, 말로 표현하기

가. 기능평가/기초선 측정

먼저, 아동이 왜 그런 행동을 보이는지 원인을 이해해야 한다. 여기에서 우리는 ABC 관찰 기록을 활용해본다.

날짜/시간	A(배경사건/선행사건)	B(문제 행동)	C(후속결과)
2020.12.11. 07:45	아침에 학교 가기 전 일어나서 밥을 먹지 않고 핸드폰을 사용하여 엄마가 뺏을 때	아동이 "엄마, 바보!"라고 말하며 손으로 엄마의 팔을 때림	엄마에게 팔을 제압당하고 혼남.

날짜/시간	A(배경사건/선행사건)	B(문제 행동)	C(후속결과)
2020.12.14. 07:45	아동이 아침에 학교 가기 전 씻지 않고 TV시청을 하여 엄마가 리모컨을 뺏고 끌 때	아동이 리모컨을 달라고 소리를 지름	엄마가 리모컨을 주지 않음.
		아동이 씩씩대다가 소리를 지르며 엄마를 밀침	엄마가 소리를 지르며 혼냄
2020.12.15. 20:10	엄마가 아동의 물음(엄마, 내일은 일찍 와? 엄마, 나 오늘 이거 했어)에 대답하지 않을 때	아동이 같은 질문을 반복적으로 계속하다가 엄마에게 소리를 지름	엄마는 아동에게 소리를 지르며 혼냄.

ABC 관찰 기록을 통해 보았을 때 – 철수는 화가 차오르는 상황에서 타인에게 말로 대응하지 않고 밀거나 때리거나 소리지르는 등 폭력적으로 대응하는 문제 행동을 보인다. 이러한 문제 행동은 자기가 하기 싫은 일을 해야 하거나 충분한 관심을 받지 못했을 때 나타나는 모습을 보였다. 이러한 점을 통해 볼 때 **'화가 났을 때 충동적이고 폭력적으로 대응하지 않기'**라는 중요한 과제를 한번도 제대로 훈련해보지 않았다고 생각이 들었다.

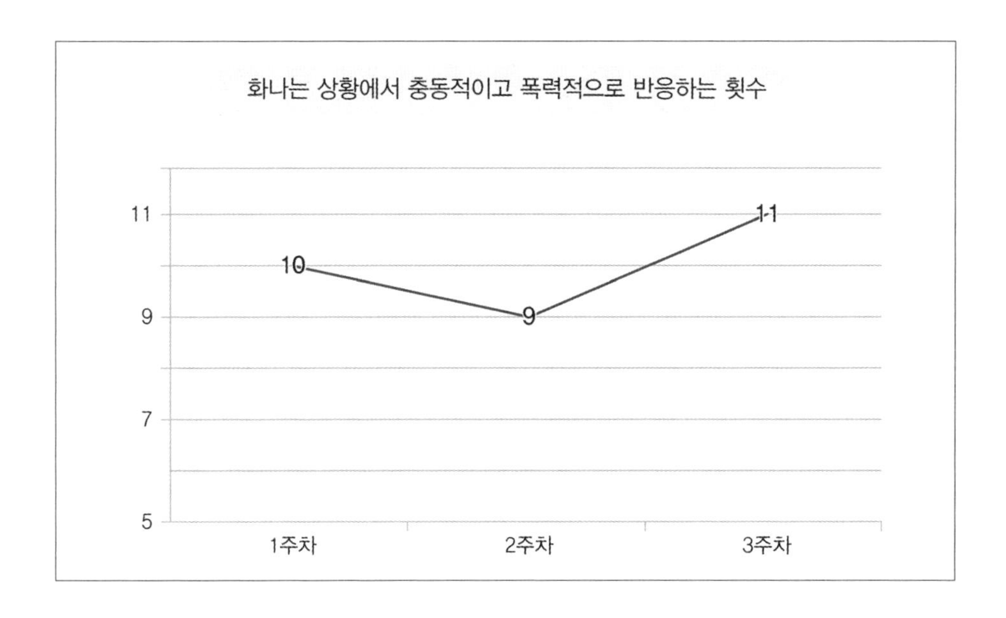

ABC 관찰 기록을 활용하여 아동의 기능을 평가하고, 3주 동안 총 3회 기저선을 측정한다. 기저선은 아동이 일주일 동안 화가 나는 상황에서 충동적이고

폭력적으로 반응하는 횟수가 몇 번이었는지를 측정할 것이다.

나. 가설 세우기

관찰 기록을 통해 아이의 문제 행동의 원인에 대해 이해할 수 있다.

• 철수는 자기가 하고 싶은 행동(핸드폰보기)이 저지되면(선행사건), 화를 즉시적으로 해소하려고(기능) 상대에게 소리를 지르며 밀친다(문제행동)

다. 중재 계획 세우기

기능평가를 통해 문제 행동의 원인을 파악하고 행동 예측을 해본 이후 예상되는 행동이 발생하지 않도록 적절한 행동 지원계획을 수립해보았다. 어머니 코칭을 활용한 긍정적 행동지원으로 주된 중재로 활용할 예정이다.

- **(고립시키기)** 아동이 분을 참지 못하고 친구에게 주먹을 날리는 행위를 하는, 충동적인 반응이 일어나는 순간, 엄마는 빠르게 아동을 고립시켜야 한다. 고립이란, 아동이 또 다른 자극을 받지 않도로 돌아서서 벽을 보게 하거나 의자에 앉히는 방법을 의미한다. 이 순간 아동이 심리적으로 상처받지 않도록 주의하여 고립시키는 것 외 다른 처벌이나 지시는 하지 않도록 한다.
- **(자기통제법)** 엄마는 집 안에 촬영을 위한 카메라를 설치해두고, 아동의 평상시 우발적으로 발생한 충동성 반응 행동을 비디오로 촬영해서 아동에게 직접 보여주면서 자신의 행동을 점검하도록 한다. 엄마는 아동의 자신의 충동적인 행동이나 문제행동의 횟수를 스스로 기록하게 해서 자신의 문제를 정확하게 인식하게 한다.
- **(행동계약)** 엄마는 감정카드를 활용한 행동계약을 시도해볼 수 있다. 먼저 냉장고 앞 감정카드를 부착하고, 아동에게 화가 나거나 속상할 때 냉장고 앞 감정카드를 사용해서 이야기하도록 유도한다. 이러한 훈련은 아동의 뇌 속에게 즉각적인 충동적 반응을 순간적으로 멈추게 하는 빨간 신호등 역할을 하며, 동시에 추후 자연스러운 의사 표현으로 변경되어 화가 나게 한 대상에게 말로 표현하게 하는 목표행동에 도달하도록 하는 징검다리

역할이 될 수 있다. 엄마가 먼저 이 대체행동을 보여주는 모델링을 보여주어야 한다.

- **(토큰 경제 및 대체행동 차별강화)** 엄마는 아동이 충동적으로 반응하지 않고 감정카드를 사용하여 냉장고 앞에서 표현할 때 스탬프 1개를 지급하고, 더 나아가 화가 난 상황에서 그 대상에게 화가 났음을 말로 표현하면 스탬프 2개를 지급한다. 스탬프 10개가 모이면 용돈 5000원으로 교환해준다. 스탬프를 받는 모든 행동들에 대해서 어머니는 아동을 3초 동안 안아주고 격려, 지지해줌으로써 대체행동을 차별적으로 강화하여 아동의 긍정적인 행동빈도를 높일 수 있다.
- **(분노 조절 훈련)** 화가 날 때 마음 속으로 '다섯' 세기를 지도한다. 또한 화가 날 때 "난 괜찮아"라고 스스로에게 10번 말하는 자기교수법을 지도한다. 엄마는 왜 이런 기분이 드는 것인지 그 이유에 대해서 생각해보게 하고, 이어서 기분 좋은 일을 상상하도록 한다. 모든 과정은 어머니가 보여주는 행동을 모델링함으로써 훈련하게 된다.
- **(배경 사건 중재로서 엄마의 소진 관리)** 엄마는 하루의 절대다수의 시간을 아동과 함께 보내고 있다. 아동의 여러 가지 문제 행동을 저지하거나 교육하는 순간들이 엄마에게도 신체적·정신적 피로감을 불러일으킨다. 이러한 신체적·정신적 피로감을 통틀어 소진이라고도 하는데, 엄마의 소진이 높을수록 자녀의 공격성 및 충동성과 같은 부적응 행동 특성이 높다는 연구결과(초은아, 고희선, 2016)에서도 보았듯이, 자녀의 부적응 행동 감소를 위해서 부모 소진 관리가 필요하다. 부모 소진 관리를 위한 방안으로 초은아(2016)는 바디스캔, 마음챙김 명상 등을 활용하여 엄마의 신체적 소진의 관리를 제안하며, 둘째로 일주일의 정기적인 상담을 통한 경제적 도움을 얻거나 양육부담을 해소할 수 있는 일과 가정의 양립을 통해 소진을 관리하는 방안도 제안한다.

라. 중재 실행

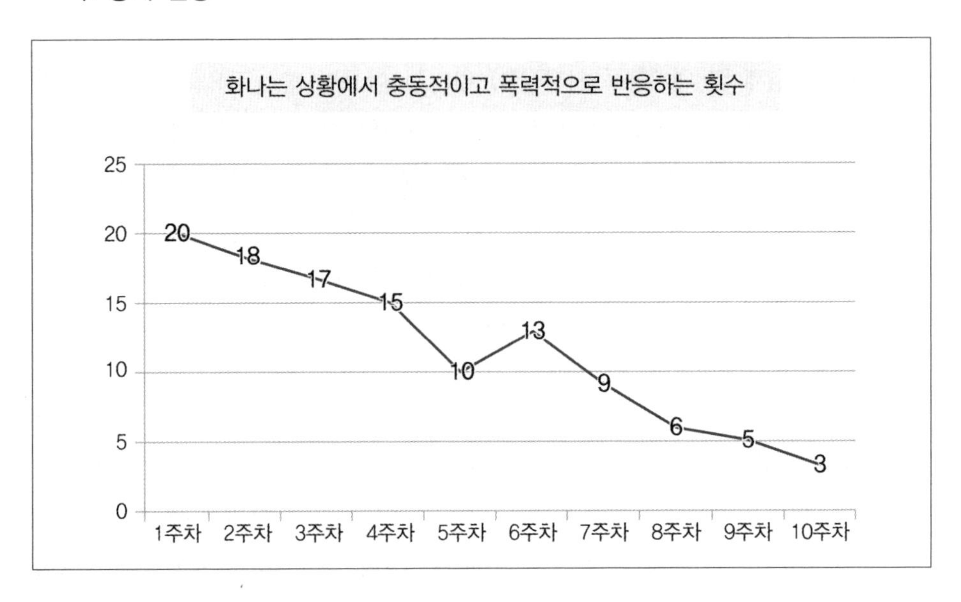

(6) "위험 상황에서 어른이 내린 지시를 듣고 즉각적으로 따라요"

문제 행동과 목표 행동

문제 행동	위험한 행동을 할 때 하지 말라는 어른의 지시를 즉각 따르지 않음.
목표 행동	위험한 행동을 하지 말라는 말을 들었을 때 듣고 즉시 멈추기.

가. 기능평가/기초선 측정

먼저, 아동이 왜 그런 행동을 보이는지 원인을 이해해야 한다. 여기에서 우리는 ABC 관찰 기록을 활용해본다.

날짜/시간	A(배경사건/선행사건)	B(문제 행동)	C(후속결과)
2020.11.13. 10:43	• 헬륨 풍선을 잡기 위해 높은 사물함 위에 의자를 받침대 삼아 올라감. • 사물함에 올라가 있는 철수를 보고 학교 선생님이 "위험해! 내려와!"라고 소리쳤으나	철수는 선생님의 말을 듣지 않음.	선생님이 4~5번 소리치며 혼냈을 때야 내려옴.

날짜/시간	A(배경사건/선행사건)	B(문제 행동)	C(후속결과)
2020.11.28. 20:10	• 자전거길과 사람길이 있는 중랑천에서 곤충을 좋아하는 철수가 잠자리를 발견하고 쫓아다님. • 엄마가 "자전거 길로는 가지마~" 라고 말함	철수는 엄마의 말을 무시함.	자전거 길에서 자전거와 부딪혀 사고가 남.

ABC 관찰 기록을 통해 보았을 때 – 철수는 위험 상황을 저지하는 어른의 반응에 즉각 순응하지 않고 흘려듣거나 무시하며 위험 행동을 멈추지 않는 문제 행동을 보인다. 이러한 문제 행동은 특히 철수가 무언가에 홀린 듯 집중하였을 때 더욱 빈번히 나타났다. 철수의 안전과 직결되어 있다는 점을 생각하였을 때 **'위험한 행동을 하지 말라는 말을 들었을 때 경청하여 즉시 멈추기'**라는 중요한 과제는 신속히 훈련되어야 한다.

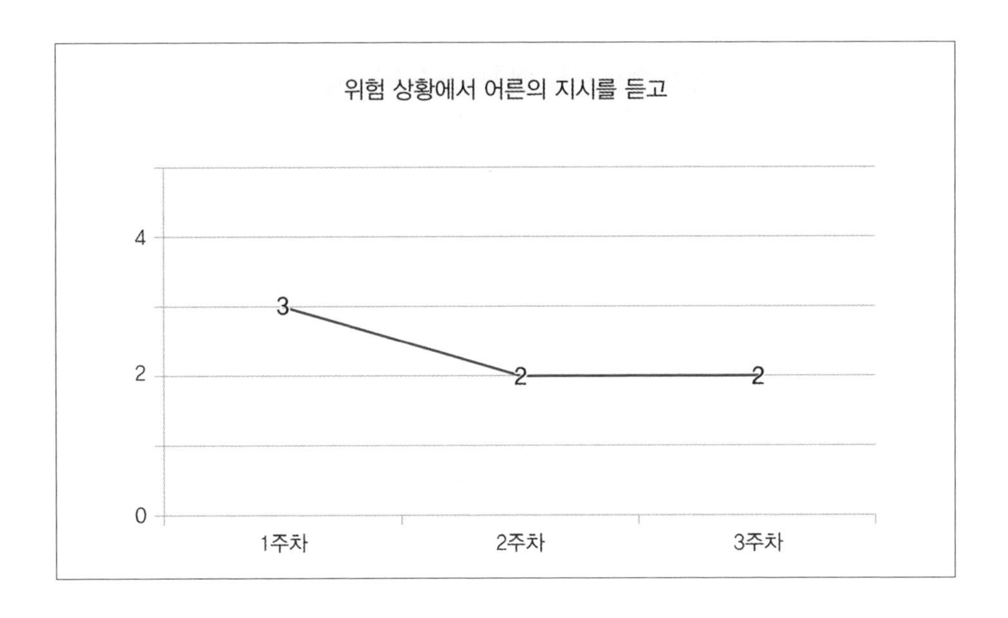

ABC 관찰 기록을 활용하여 아동의 기능을 평가하고, 3주 동안 총 3회 기저선을 측정한다. 기저선은 아동이 일주일 동안 위험한 상황에 놓였을 때, 어른의 지시를 듣고 즉각적으로(한번에) 행동을 즉시 멈추는 횟수가 몇 번이었는지를 측정할 것이다.

나. 가설 세우기

철수의 문제행동과 관련하여 다음과 같은 가설을 세워볼 수 있다.

- 철수는 위험하다고 내려오라는 선생님이 말씀했을 때(선행사건) 풍선을 가지기 위해(기능) 선생님의 말을 무시한다(문제행동).

다. 중재하기

– **(놀이치료를 통한 경청 훈련(가라사대 놀이))** 엄마는 아동이 자연스럽게 엄마의 말에 경청하도록 훈련할 수 있는 가라사대 놀이를 한다. 먼저 엄마는 활동을 시작하기 전에 규칙과 토큰에 대해 설명한다. 게임 방법은 “OO 가라사대”라는 말을 한 사항에 대해서만 지시를 수행하는 것이다. 엄마가 먼저 여러 차례에 걸쳐 시연을 하면서 동기를 유발한다. 아동이 게임에 참여해본다. 가라사대 놀이를 통해 아동은 엄마의 작은 말 하나하나에 집중하고 경청하는 훈련을 할 수 있다.

– **(정적 강화)** 가정에서 먼저 연습할 수 있도록 철수가 엄마와 먼저 연습해보도록 한다. 위험 상황에서 엄마의 “위험해!”라는 말이나 “하지마!”라는 경고의 메시지를 들었을 때, 철수가 즉시 행동을 멈추면 언어적 정적 강화와 스티커판 모으기용 스티커를 2개 준다. 즉각적으로 멈추지 않았어도 2번 이내에 성공했으면 스티커판 모으기용 스티커를 1개 주며 칭찬해준다.

– **(토큰 경제)** 위험 상황에서 어른의 말을 듣고 멈추기를 수행한 결과로 정적 강화물인 스티커를 5회 이상 모은 날은 토큰을 제공하기로 약속을 하였고, 철수는 토큰을 모아서 “하고 싶은 놀이하기” 쿠폰과 맞바꾸었다.

라. 중재 실행

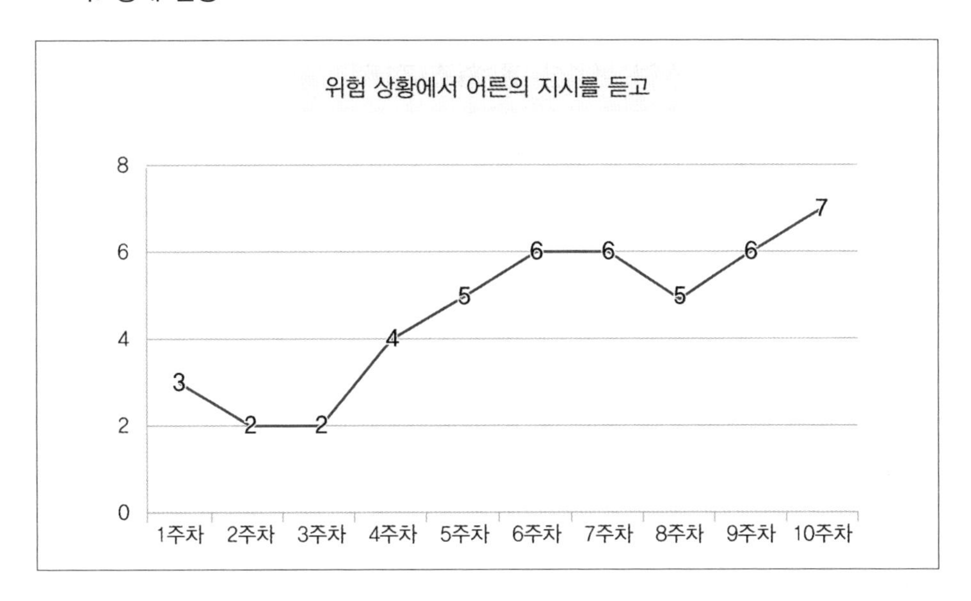
위험 상황에서 어른의 지시를 듣고
8
6
4
2
0
3
2
2
4
5
6
6
5
6
7
1주차
2주차
3주차
4주차
5주차
6주차
7주차
8주차
9주차
10주차

04
생활 규칙 기술 향상시키기

지호는 초등학교 3학년(9년 6개월) 남학생이다. 지호는 3.2kg의 정상체중으로 태어났으며, 13개월 시점에 걸음마를 시작하는 등 운동발달에서 특이점은 발견되지 않았다. 그러나 36개월이 되기까지도 한 단어로 제한적 발화를 하는 등 언어발달은 약간 늦은 편이었다. 그러나 발달 전반적으로 눈에 띄게 느리기보다는 늘 정상 범위 경계에 있곤 했다. 또한 매우 활발하고 성격이 급한 아이였다.

어떤 고민이 있나요?

A 부모는 지호를 마트에 데려 갈 때면 늘 마음을 졸이며 경계하는데, 이리저리 뛰어다니면서 지호가 길을 잃은 적이 많았기 때문이다. 부모는 지호와 마트에서 실랑이 없이 장을 보는 게 소원이라고 말할 정도이다. 그리고 매일 횡단보도를 건너야 하는데, 주변을 살피지 않고 무조건 뛰고 보기 때문에 부주의한 지호가 사고라도 날까봐 지호의 부모님은 늘 마음을 졸인다. 부모는 지호가 집중하지 못하고 산만하고 부주의하다고 생각되어, 진로, 안전 등에 대해서 고민이 많다. 부디 안전사고 없이 잘 자라나서, 정상적인 직장생활을 할 수 있기만을 바라고 있는데, 이것조차도 사치스러운 바람인가 하는 생각이 들어 속상한 마음이 든다.

지금까지 어떤 노력을 해왔나요?

A 전문가의 도움을 받아본 적은 없지만, 부모는 지호의 행동을 고쳐주려고 많은 노력을 기울여왔다. 달래도 보고, 기다려도 봤지만 잘 되지 않았다. 언제부턴가 부모도 지쳤는지 지호가 그런 행동을 할 때마다 "안돼, 하지마"라는 말로 통제함으로써 문제행동을 금지하려는 방식을 택하게 되었다. 학교에서는 친구들 앞에서 공개적으로 혼이 난 적도 여러 번 있다고 한다.

지호는 어떤 특성을 가진 아이인가요?

A **(인지적 특성)** 초등학교 입학 전에 한글을 떼지 못해서 1학년 때 겨우 한글을 읽고 쓸 수 있게 되었다. 집중력이 약해서 짧은 동화책 한 권을 읽는 데에도 오랜 시간이 걸린다.

(행동 및 정서적 특성) 지호는 소파와 침대에서 너무 뛰어서 스프링이 망가진 경우가 많았고, 층간소음 문제로 이웃과 갈등을 빚은 적이 많아서 결국 1층 생활만 하는 중이다. 부모는 교육에 관심이 많아서 어린 시절부터 값비싼 전집을 많이 구매하였지만, 한 권을 끝까지 읽어 본 적이 거의 없다. 반면에 신체활동에는 적극성을 보여 부모는 활동적인 아이인가 보다라고만 생각하고 있었다. 한편, 초등학생이 되면서 부쩍 스마트폰으로 게임을 하는 시간이 늘었다. 집에서는 식사 시간에도 핸드폰을 놓지 못하는 등, 무절제한 모습을 보인다. 학교에서는 부주의하고 세심하지 못하여 준비물을 깜박하고 가져가지 않거나, 물건을 두고 오는 일이 잦다. 종종 교실이나, 극장 등 조용해야 하는 공간에서 큰 소리로 트림을 한다거나, 식당에서 뛰어다니는 등 공공질서를 지키지 않아서 타인의 눈살을 찌푸리게 하는 일이 많다. 횡단보도에서도 신호를 제대로 보지 않고 뛰어가는 바람에 사고가 날 뻔 했다.

(의사소통 특성) 상대방의 말에 집중하지 않고, 본인이 하고 싶은 말 위주로 하는 경향이 있다. 원하는 물건이 있으면 허락을 구하지 않고 가져올 정도로 일방적인 의사소통을 자주 한다.

지호는 어떤 강점을 가지고 있나요?

A 지호는 산만한 만큼 호기심이 많고, 사람을 좋아하는 아이이다. 새로운 일에 대한 도전 정신도 있고, 승부욕도 있다. 활달하고 운동을 좋아해서 체육실기 과목에는 두각을 보인다.

1) 도입

중재 목표와 전략

1. 행동을 금지하기보다는, 환경 및 행동에 대한 반응을 변화시켜 주기: 아동에게 "안돼"보다는 그렇게 하지 않아도 되는 환경을 제공하고, 해도 되는 대안행동을 알려주는 것이 효과적입니다.
2. 놀이를 통한 중재: 아동이 재미를 느끼고, 부모의 관심을 받는다 느낄 때 행동의 변화가 시작됩니다.
3. 올바른 칭찬과 적절한 강화: 결과중심적 칭찬이 아닌, 과정에 대한 칭찬과 강화는 중재 효과를 더 상승시킵니다.

2) 중재 프로그램 개요

회기	주제	내용(2~3줄)
1	"우리 집 규칙을 함께 정해요"	• 목표: 규칙은 함께 지켜야 할 약속임을 알기/가정에서 지켜야 할 규칙을 함께 정하기 • 개입: 규칙이란 무엇이며, 규칙을 왜 지켜야 하는지, 규칙을 어길 때 일어나는 불편함이 무엇인지 등을 충분히 이야기 나눈 후, 가족 규칙을 3-5가지 정하고, 규칙에 대한 상과 벌을 설정하여 지켜본다.
2	"마트에서 걸어다녀요."	• 문제 행동: 마트에서 이리저리 뛰어다님 • 목표 행동: 마트에서 뛰지 않고 부모 곁에서 걸어다니기 • 개입: 모방기법(부모모델링)/칭찬을 통한 강화/토큰경제/모방기법(자기모델링)
3	"허락을 받고 물건을 만져요."	• 문제 행동: 타인의 물건을 허락없이 만지거나 가져옴 • 목표 행동: 타인의 물건을 만질 때 허락을 구하기 • 개입: 우리 집 물건들도 주인이 있음을 알기/부모 모델링/대안행동/칭찬을 통한 강화
4	"어른에게 존댓말을 사용해요."	• 문제 행동: 어른들에게 반말을 사용함 • 목표 행동: 어른을 만났을 때 존댓말을 사용하기 • 개입: 부모 모델링/역할극 놀이/존대어 퀴즈대회/칭찬을 통한 강화

회기	주제	내용(2~3줄)
5	"횡단보도에서는 안전하게 건너요."	• 문제 행동: 횡단보도에서 신호등과 도로를 살피지 않고 건넘 • 목표 행동: 횡단보도 앞에서 신호등과 도로를 살피고 건너기 • 개입: 횡단보도에서 일어난 실제 사고 기사 함께 보기/교통규칙의 이해/횡단보도 노래 만들기/횡단보도에서 연습하고, 칭찬을 통한 강화
6	"바른 말을 사용해요."	• 문제 행동: 대화 중에 비속어를 사용함 • 목표 행동: 비속어를 사용하지 않고 대화하기 • 개입: 환경 통제/비속어를 사용하는 상황에 대한 이해/바른말 동기 형성하기(미래의 내 모습 그려보기)/대안 언어 및 행동 연습/모델링-바른말 대화 시간 늘리기/칭찬을 통한 강화
7	"약속한 시간만큼만 게임할래요."	• 문제 행동: 게임 시간의 절제가 되지 않음 • 목표 행동: 한 번에 약속한 시간(1시간)만 게임을 하기 • 개입: 더하기 빼기 활동/자율적 목표 설정/게임을 할 때마다 아동이 정한 시간만큼 알람 켜기/부적 강화(기존의 정적 강화 금지)/칭찬을 통한 정적 강화 & 토큰 경제

3) 세부 중재 내용

(1) "우리 집 규칙을 함께 정해요"

지호는 아직까지 "함께 지켜야 할" 규칙을 만드는 데에 참여하거나, 왜 규칙을 잘 지켜야 하는지에 대해 대화해 본 적이 없다. 지호가 집을 떠난 공간에서 모두 함께 지켜야 할 규칙을 준수할 수 있도록 지호의 부모님은 가정에서 함께 규칙을 만들어 보고 규칙은 함께 지켜야 하는 약속이라는 것에 대해 알려주고자 한다.

목표 행동	• 규칙은 함께 지켜야 할 약속임을 알기 • 가정에서 지켜야 할 규칙을 함께 정하기

본 주제의 진행은 규칙에 대해 생각 나누기－규칙 정하기－규칙 지키기로

진행된다. 본 회기는 이후 회기와는 달리 문제 행동에 근거하여 설계되는 회기가 아니다. 함께 지켜야 할 규칙들을 학습해 나감에 있어 근간이 되는 것은 가정에서의 규칙을 지키는 것이다. 이를 위하여 아이의 참여하에 규칙을 정해봄으로써 아이 스스로 주인의식을 가지고 규칙을 준수하면서 성취감을 느끼게끔 하고자 한다.

가. 규칙에 대해 생각 나누기

이 단계에서는 먼저 규칙이란 무엇이라고 생각하는지에 대해 아동과 부모가 충분한 대화를 나누는 것이 전제되어야 한다. 규칙을 정하는 이유는, 단순히 가정의 질서를 위함이 아니라 아동에게 규칙의 개념을 익히게 하고 함께 지켜가는 공공의 약속임을 체험적으로 습득할 수 있도록 하는 것이다. 단, 이 과정은 부모가 아동에게 무엇인가를 가르치려고 하는 과정이 될 수 있으므로, 이를 피하기 위해서는 아동의 이야기를 끌어내기에 앞서 부모가 규칙을 잘 지키지 못했던 사례를 이야기해 줄 필요가 있다. 그리고, 그 당시에 어떤 결과가 일어났고, 그 때 부모가 느꼈던 기분은 어떠했는지까지 함께 이야기를 나눔으로써, 아동이 규칙에 대해 조금은 더 접근성 높게 생각할 수 있도록 도울 수 있다. 예를 들어, 지호의 아빠는 과거에 너무 급한 일이 있어서 신호등을 확인하지 않은 채 급히 횡단보도를 건넌 일이 있었는데, 이 때 차 한 대가 급정거를 하였고, 다행히 아무도 다친 사람은 없었으나 운전자와 아빠 모두 크게 놀랐으며, 만약 뒤따라오는 자동차들이 더 있었다면 큰 사고로 이어질 수도 있었던 아찔했던 사건이었다. 이로인해 지호의 아빠는 부끄러운 마음과 하마터면 큰 사고로 이어질 뻔 했음에 대한 아찔하고 긴장되는 마음, 사고가 나지 않아서 안도하는 마음 등을 느꼈다. 이에 대해 아이와 나누고, 이 때 아빠가 지켰어야 할 규칙 등에 대해 함께 이야기해 볼 수 있다. 동시에, 아동에게는 학교 등에서 어떤 경험이 있는지를 함께 이야기 나눠 봄으로써 규칙이란 무엇인지를 함께 생각해 보고 부모가 아동 나름의 정의를 내릴 수 있을 것이다. 이 때 함께 합의되어야 할 방향은 "규칙이란 함께 지켜야 할 약속이고, 나 하나쯤이야 하는 마음으로 규칙을 지키지 않았을 때 나도 어려움을 겪을 수 있지만, 여러 사람이 불편함과 어려움을 겪게 될 수 있음"에 대해 동의하고 공감하게 되는 것이다.

- 부모의 규칙을 어긴 경험, 이 때의 결과 및 느꼈던 감정
- 규칙이란 무엇일까? 왜 지켜야 할까? 그렇지 않을 때 어떤 결과가 일어날까? 등에 대해 이야기 나누기

나. 규칙 정하기

- 준비물: 규칙을 적어서 걸어둘 수 있는 종이 혹은 액자 등
- 규칙을 제안하면서 그 규칙이 왜 필요하고 지켜지지 않았을 때 무엇이 불편해지는지 이야기하기
- 주의: 가족 모두가 함께 지킬 수 있는 규칙을 정할 것

규칙을 정하는 활동을 하기에 앞서 아동 스스로가 규칙을 생각해 내는 것이 중요한데, 처음부터 아동이 규칙을 생각하기는 어려울 수 있으므로 부모가 먼저 제안을 시작하여 모델링을 할 수 있도록 도와줄 수 있다. 예를 들어, 엄마는 "양말을 뒤집어 벗지 않고, 제대로 벗기"를 제안할 수 있다. 양말이 뒤집어져 있을 때 빨래하기 전에 힘든 부분을 이야기하여 공감을 유도할 수도 있다. 이런 식으로 부모가 먼저 시작하되 가족 구성원이 돌아가면서 한 가지씩 말하기 등을 함으로써 모두가 한 번 이상은 규칙을 생각해 내고 발언할 수 있도록 하는 것이 바람직하다. 이 때 주의할 사항은 한 사람에게만 요구하는 듯한 규칙을 정해서는 안 되며, 정해진 규칙에 대해서는 모두가 함께 지켜야 한다는 것이다. 예를 들어, 텔레비전을 저녁 7시까지만 보기라고 정했다면 부모도 함께 지켜주어야 한다.

규칙을 정하고 쓸 때, "우리 가족의 규칙"이라는 제목이 적힌 A4 용지나 혹은 특별히 제작한 규칙판이나 액자 등을 준비한다. 거창할 필요는 없으나 활동 이후에 잘 보이는 곳에 걸어두고 가족들이 함께 지킬 수 있도록 하기 위함이다.

다. 규칙 지키기

규칙을 정하고 나면, 규칙을 잘 지킨 이에게 주는 상을 정하도록 한다. 예를 들어, 가족 구성원의 이름과 칸을 만들고, 규칙을 지킬 때마다 스티커를 하나 씩 붙이도록 해서, 10개의 스티커가 모였을 때 원하는 야식 시켜먹기라던지, 원하는 곳(예 놀이동산)에 가기 등을 정하여 규칙을 잘 지킨 것에 대한 보상을 받을

수 있도록 해 준다. 이는 정적 강화물로 작용할 수 있다.

(2) "마트에서 걸어 다녀요."

지호의 부모님은 마트에만 가면 뛰는 지호를 잡느라 식은땀을 흘리기 일쑤이다. 몇 번이나 지호를 잃어버려서 가급적이면 마트에는 잘 가지 않게 된다. 사실 지호는 마트뿐만이 아니라 학교 등과 같이 공공장소에서 통제가 잘 되지 않는 경향이 있다. 걷지 않고 뛰어다니기 때문에 위험한 일들이 자주 발생하곤 한다. 마트에서는 뛰다가 넘어지는 일이 매번 발생하였다. 뛰어다니다가 다른 사람과 부딪히거나, 물건을 쏟아서 민폐를 끼치는 일도 두 번에 한 번꼴로 일어나는 것 같다.

지호 부모님은 가급적 공공장소에 가지 않으려고 노력하지만, 언제까지고 공공장소를 피해다니며 살 수는 없는 노릇이기에 걱정이 이만저만이 아니다. 뛰지 말라는 다그침이나 애원으로는 잘 통제가 되지 않고, 공공장소에서 자꾸 화를 내는 것도 민망하고 지쳐서 다른 어떤 방법이 있을지 고심 중이다.

문제 행동	마트에서 이리저리 뛰어다님
목표 행동	마트에서 뛰지 않고 부모 곁에서 걸어다니기

가. 기능 평가 및 기초선 측정

날짜/시간	A(배경사건/선행사건)	B(문제 행동)	C(후속결과)
2020.10.31. 19:23	마트 주차장에서 주차하는 시간이 오래 걸림. 지호가 지루해 함	마트로 들어가자마자 신나게 뛰어다님	사람이 많아서 엄마는 빨리 지호를 잡거나 제재하지 못함
2020.11.10. 16:33	마트까지 가는 길에 차 안에서 지루해했고, 언제 차에서 내리냐며 소리를 지름	주차가 채 되기도 전에 문을 열고 나가서 이리저리 뛰어다님	엄마는 쩔쩔매며 아이를 잡으러 다님
2020.11.28. 16:45	학교 하교 후 바로 마트에 감. 지호는 배가 고프다고 함	마트에 들어서자마자 큰 큰대며 뛰어서 식품코너를 찾아 들어감	엄마는 다급히 지호를 붙잡으러 가고, 지호는 도망감

지호는 마트에 들어가면 신나게 뛰는데, 보통 직전에 지루함을 느꼈거나, 오랫동안 한 자세로 있었어야 한다는 공통점이 있다. 그리고 나서는 차량이 주차되자마자 뛰어내리거나, 마트에 뛰어들어가는 등의 행동을 보이며, 지호 엄마는 아이를 잡으러 다니거나 쩔쩔매는 모습을 보였다. 게다가 밖이기에 집에서처럼 아이를 훈육하기 어려워했다.

상황에 대한 판단을 마쳤으면, 지호가 구체적으로 얼마나 뛰어다니는지 관찰하는 시간이 필요하다. 예를 들어, 지호가 마트 입장 10분 후부터 5분 동안 "뛰어다니는 시간의 합"이 몇 분이나 되는지(반대의 경우도 측정 가능) 정확히 파악해야 한다. 또한 마트의 어느 장소에서 가장 많이 뛰는지, 혹은 모든 장소에서 일관되게 뛰어다니는지를 파악해 볼 필요도 있다. 이 외에도 마트에서 뛰어다니는 지호의 특징을 발견함으로써 지호가 갖는 현재의 문제를 정확히 파악하고 지호에게 적절한 목표를 설정할 수가 있다. 이를 우리는 "기초선 측정"이라고 한다. 정확한 기저선 파악을 위하여 5분 간의 텀을 두고 5분씩 3회를 측정하도록 한다.

마트에서의 모습에 대한 관찰이 완료되었으면, 점진적 변화를 위한 적절한 목표를 설정할 필요가 있다. 지호의 예를 들어보자면, 관찰결과 마트 입장 10분 후, 5분 동안 지호는 단지 2분 정도만 걸어 다녔고, 나머지 3분을 뛰어다녔다. 세 번을 관찰한 결과 평균 2분 정도 걸어 다녔고, 3분은 뛰어다니는 모습을 보였다. 이런 지호에게 처음부터 "5분 내내 걸어다니기"라는 목표를 제시하면 당연히 불가능한 목표가 될 것이다. 그러므로 지호의 수준에 맞추어 "5분 정도 걸어다니기"와 같이 현재의 모습보다 약간 더 변화된 모습을 목표로 하는 것이 적절하다.

나. 가설 세우기

기능평가를 통해 지호의 문제행동에 대한 가설을 세운다.

다. 중재 계획 수립

기능평가 및 기초선 측정 후에 아동을 위한 적절한 행동 지원계획을 수립한다.

이번 장에서는 환경 수정 및 교육을 통해 선행사건을 중재하고, 모방기법(부모 모델링)과 칭찬을 통한 강화, 토큰경제, 모방기법(자기 모델링)을 통해 중재하도록 한다.

- (배경/선행사건 중재): (환경 수정) 자동차를 이용하여 큰 마트를 가는 대신, 걸어서 동네의 작은 마트를 감으로써, 이동하는 시간 동안 가만히 있어야 하거나 행동이 제한되는 상황을 피하도록 한다. 차로 이동하는 경우, 차 안에서 노래를 부르는 등 정적인 느낌보다는 동적인 느낌을 갖도록 돕는다.
- (배경/선행사건 중재): (환경 수정) 마트에 갈 때는 가급적 지호가 배고프지 않은 상태를 유지하도록 한다. 하교 후 가게 될 때는 우유나 간단한 간식을 섭취하게 함으로써 지호가 배고픔으로 인한 돌발행동을 하지 않도록 미연에 방지한다.
- (배경/선행사건 중재): (교육) 차로 이동하여 마트를 가는 경우, 내리기 전에 마트에서 사야 하는 물건을 아이와 함께 이야기 나누며 하이파이브를 하고 마트에서 어떻게 해야 하는지에 대해 교육한다. 그리고, 아이가 그렇게 한다면 "엄마(아빠)는 너무 기쁘고 ○○이가 대견할 것 같다"라고 이야기한다.
- (문제행동 중재): 모방기법–중재놀이를 통한 부모 모델링
  아동과 "발 맞추기" 놀이를 실시해 볼 수 있다. 아동에게 "이렇게 걸을 수 있나요~?"라고 말하면서 일반적인 걷기가 아닌 천천히 걷기, 보폭을 크게 해서 걷기, 뒤로 걷기, 엇박자로 걷기 등을 하면서 아동이 따라하도록 유도한다. 아동이 엄마(아빠)를 잘 따라했을 경우 "이번엔 엄마가 ○○이를 따라해 볼까?"라고 하면서 역할을 바꾸어 부모가 아동을 따라하게 해 본다. 이와 같이 놀이를 통해 아동이 걷는 것에 재미를 느낄 수 있도록 할 수 있다. 시간이 지날수록 아동이 걷기 놀이를 리드하고, 부모가 따라하게 하는 방향으로 진전되는 것이 바람직하다.
- (문제행동 중재): 모방기법–동영상 촬영을 통한 자기 모델링
  아동이 뛰어다니지 않고 걸어다니는 순간을 사진이나 동영상으로 촬영하여 집으로 돌아가서 함께 봄으로써, 아동 스스로 바람직하게 행동하고 있는 자신의 긍정적인 모습을 보면서 행동이 강화될 수 있다. 동영상을 보면서 부모는 이렇게 질문할 수 있다. "지금 ○○이는 무엇을 하고 있니?", "이 모습을 보니 ○○이 마음이 어떠니?", "네가 어때 보이니?" 또한 부모

는 "여러 사람이 함께 사용하는 공간에서 뛰지 않고 걷는 ○○이를 칭찬할 수 있어서 엄마(아빠)는 참 기쁘단다"와 같이 바람직한 행동을 하고 있는 아동의 모습에 대한 부모의 기쁘고 대견한 감정을 전달할 수 있다. 이 또한 아동에게 정적 강화물로 작용한다.

– (후속결과 중재): 칭찬을 통한 강화 정적 강화 및 토큰경제
  놀이를 한다고 해서 한순간에 아동이 뛰지 않게 될 수는 없다. 그렇기에 정적 강화를 통하여 걷기 행동을 늘릴 수 있다. 아동이 뛰는 행동을 보일 때 혼내던 반응을 멈추고, 이제는 걸어다니는 행동을 보일 때 보상을 주는 것이다. 이 때 핵심은 "아동의 걷기와 아동이 원하는 긍정적 반응 혹은 보상을 연합하는 것"이다. 그렇기에 직접적으로 아동의 걷기에 대해 칭찬을 할 수도 있고, 혹은 아동이 특정 시간 이상 걸어다니기를 일정 횟수 반복할 때 토큰을 제공하는 방법을 사용할 수도 있다. 예를 들어, 지호의 경우, 처음 목표로 했던 5분 동안 걷기를 3회 이상 달성한 날은 토큰을 제공하기로 약속을 하였고, 지호는 토큰을 모아서 "주말에 게임하기" 쿠폰과 맞바꾸었다.

라. 중재 실행

아동의 행동 변화를 위하여 우리는 앞서 이야기 나누었던 방식들을 실행해 볼 수 있다. 또한 귀가 전 5분 동안 기초선을 평가하였던 것과 마찬가지 방식으로 1회 실시하여 진전도를 평가한 후, 기초선을 그렸던 그래프에 이어서 작성한다.

[그림 3-2] 중재진행 예시

Day1	마트입장	기초선 측정	자유롭게 장보기		귀가
	10분	(5분 측정/ 5분 쉬고) X 3			
Day2	마트입장	놀이 모방 중재	자유롭게 장보기	진전도 측정	귀가
	10분	10분		5분	
Day3	마트입장	놀이 모방 중재	자유롭게 장보기 정적 강화 2회	진전도 측정	귀가
	10분	10분		5분	
Day4	마트입장	놀이 모방 중재	자유롭게 장보기 정적 강화 3회+a	진전도 측정	귀가
	10분	10분	(3회 이상 성공시, 토큰 제공)	5분	
Day 5-6	마트입장	놀이 모방 중재	자유롭게 장보기 (정적 강화 3회+a) + 동영상(사진)촬영	진전도 측정	귀가
	10분	10분	(3회 이상 성공시, 토큰 제공)	5분	
Day?					

진행에 대한 예시는 [그림 3-2]와 같다. 그림을 보면 놀이 모방 중재는 규칙적으로 진행되는 반면, 정적 강화는 점진적으로 늘려가며 진행하는 것을 볼 수 있다. 즉, 아동에게 강화할 상황이 발생해야 강화가 가능하므로 아동의 진전에 따라 진행되는 부분이 있으며, 5회 이상 너무 잦은 강화는 오히려 강화의 힘을 저하시키므로 지양하는 것이 좋다. 동영상 촬영을 통한 자기 모방 기법의 경우, 부담 갖지 않고 자유롭게 장보는 과정 중에 언제든지 촬영할 수 있다. 이 그림에서 제시된 중재일은 예시이며, 아동의 상황에 따라서 중재일이 더 늘어날 수도 줄어들 수도 있다. 즉, 7회 만에 꾸준한 진전이 확인될 수도 있으나, 때로는 15회 이상 진행되어야 하는 경우도 있을 수 있으므로, 부모는 조급해하지 않고 마트에 갈 때마다 꾸준히 진행해 보는 것이 좋다. 또한, 가급적 마트에 가는 날을 매주 정해두고, 중재를 정기적으로 진행하는 것이 효과를 높일 수 있다. 기초선 및 진전도 그래프 작성 예시는 [그림 3-3]과 같다.

[그림 3-3] 기초선 및 진전도 그래프 작성 예시

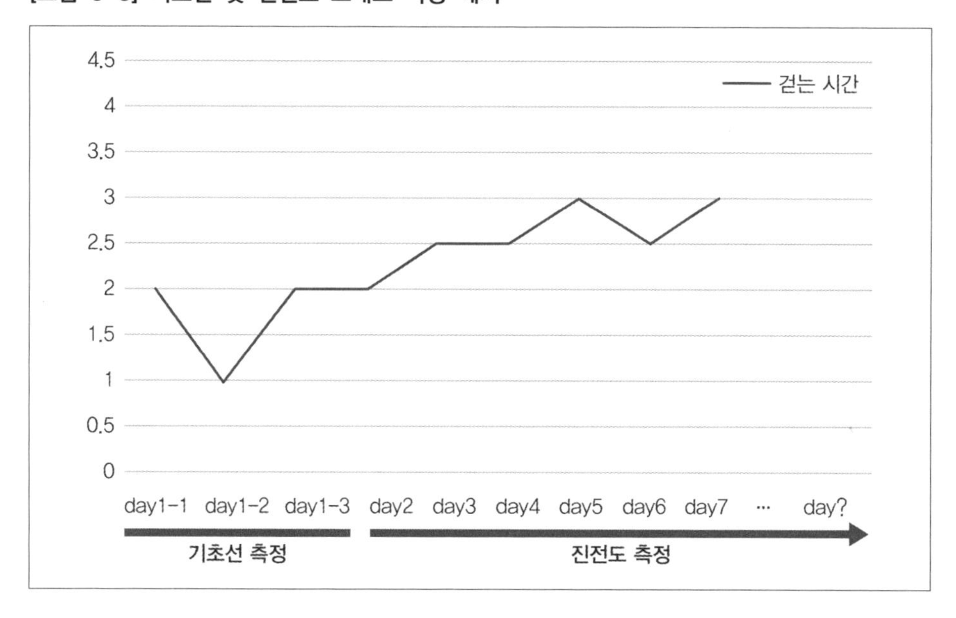

(3) "허락을 받고 물건을 만져요."

지호 부모님은 학교 선생님으로부터 걸려오는 전화가 두렵다. 지호가 학교에서 친구들의 물건을 함부로 만졌거나 가져갔다는 이야기를 듣게 되는 경우가 많기 때문이다. 지호는 갖고 싶거나 궁금한 것이 있으면 충동적으로 허락 없이 함부로 만지는 경향이 있어서, 학교에서 친구들과 다툼이 종종 있어 왔다. 유치원 시절보다는 이런 행동이 감소했으나, 초등학교에서는 기본 예절과 규칙이 더 중요하므로 친구들과의 갈등이나 학교 선생님의 부정적 평가는 더 심해졌다. 지호에게 물어보면 집에서는 다 내 물건인데 학교에 가면 함께 공유하는 물건이나 타인의 물건을 마음껏 만지거나 가지고 놀 수 없어서 스트레스를 받는다고 한다.

지호 부모님도 규칙을 설명하거나 다그치기는 하지만, 이와 같은 문제를 집에서 발견하기는 쉽지 않다. 외동인 지호에게 집안의 물건은 모두 다 지호 것처럼 느껴지기 때문이다. 하지만, 학교와 같은 공공장소나 집 밖에서는 타인의 물건에 대한 소유권을 지켜줘야 한다는 것을 가르쳐야 할 것 같기는 한데 어떻게 가르쳐야 할지 모르겠고 막막한 마음이다. 학교 선생님이 전화가 오면 지호 부모님도 기분이 상하고, 집에서 가정교육을 잘 해 달라는 말처럼 들려서 부끄러운 마음도 든다.

문제 행동	타인의 물건을 허락없이 만지거나 가져옴
목표 행동	타인의 물건을 만질 때 허락을 구하기

가. 기능 평가 및 기초선 측정

날짜/시간	A(배경사건/선행사건)	B(문제 행동)	C(후속결과)
2020.10.01. 12:20	점심시간에 마실 물을 챙겨오지 않음	친구의 물을 그냥 가져가서 마심	친구가 선생님에게 알렸고, 혼이 남
2020.10.05. 10:30	매우 지루한 수업시간을 보냄	쉬는 시간에 친구의 지우개를 허락없이 던지고 놈	친구가 화를 냈고, 다툼이 발생함. 그리고 선생님에게 혼이 남
2020.10.06. 13:35	점심시간 이후 지루해 함	의자에 걸려있던 친구 옷을 던져서 옷이 땅에 떨어짐	친구가 화를 냈고, 다툼이 발생함. 그리고 선생님에게 혼이 남

먼저, 아동이 왜 그런 행동을 보이는지 이해할 필요가 있다. 만약, 학교에서 주로 이런 모습을 보이는 것이라면, 학교 선생님의 인터뷰를 통해 파악해 볼 수 있다. 학교 선생님과의 통화를 부모에 대한 지적이나 핀잔으로 듣기보다는, 집에서는 보이지 않는 학교에서의 지호 모습을 잘 파악할 수 있는 기회로 여기고 활용할 수 있다.

지호의 경우, 선생님에게 양해를 구하여 학교에서 있었던 문제 행동에 대해 전해 들었다. 학교 선생님은 주로 지호가 쉬는 시간에 친구들의 물건을 만진다고 전해왔다. 또한 주로 심심해하다가 친구 물건을 말없이 빌려가거나 만진다고 했다. 그리고 준비물이나 필요한 물건을 잊고 왔을 때에도 친구 물건을 제 물건처럼 만진다고 전해왔다. 이러한 행동의 결과는 항상 친구의 감정을 상하게 하고, 교사에게 훈계를 듣는 것이었다. 이러한 내용들을 토대로 아동의 현재 행동 수준을 파악하고 3일 정도 선생님과 소통하고 관찰하면서 그래프에 기록해 본다.

나. 중재 계획 수립 및 실행

기능평가 및 기초선 측정 후에 아동을 위한 적절한 행동 지원계획을 수립한다. 이번 장에서는 환경 수정 및 교육을 통해 선행사건을 중재하고, 우리집 물건들도 주인이 있음을 알기, 모방기법(부모 모델링), 대안 행동, 칭찬을 통한 강화 등을 통해 중재하도록 한다.

- (배경/선행사건 중재): (교육) 우리 집 물건들도 주인이 있음을 알기
  아동과 함께 집을 돌아다니면서 각 물건은 누구의 물건인지 이야기해 본다. 식탁은 모두의 것, 인형은 지호의 것, 엄마 핸드폰은 엄마의 것, 아빠 옷은 아빠의 것 등. 이 과정을 통해, 대부분의 물건은 그 물건의 주인이 있음을 알려준다.
- (배경/선행사건 중재): (교육) 잠자기 전 준비물 확인하고 챙기기
  아동이 준비물을 챙겨가지 않아서 친구의 물건을 함부로 만지는 일이 없도록, 미리 준비물을 잘 챙기도록 한다. 함께 알림장을 확인하고, 물건 하나하나를 챙기도록 기다려 준 후, 준비가 마무리되면 아동을 칭찬하여 강화한다.
- (문제행동 중재): 모방기법(부모 모델링)
  부모가 먼저 지호 물건을 만지기 전에 지호에게 묻고 허락을 구한 후 만진다. 부모 서로의 물건도 마찬가지이다.
- (문제행동 중재): 대안 행동
  허락을 구할 때, 상대의 물건이 꼭 필요한지, 나에게도 있지는 않은지 확인하도록 한다. 예를 들어, 아동이 엄마의 핸드폰을 만져도(빌려도) 되느냐고 물을 때는 이유가 뭔지 확인하고, 단순히 "가지고 놀려고" 또는 "게임하려고" 등의 대답을 할 경우에는 "이것은 엄마의 핸드폰이니, ○○이의 물건 중 가지고 놀 수 있는 것을 함께 찾아볼까"라고 제안하고 함께 찾아보는 것이 좋다.
  학교에 갈 때 애착물건을 가지고 다닐 수 있도록 해서, 친구 물건이 더 좋아보일 때 마음의 안정을 줄 수 있는 내 물건을 찾을 수 있도록 돕는다.
- (후속결과 중재): 칭찬을 통한 강화
  위의 과정에서 아동이 허락을 구할 때, 칭찬을 통해 강화한다. 칭찬을 할 때는 "아유 착하다~" 식의 칭찬이 아니라, "우리 ○○이가 물건을 만져

보기 전에 먼저 물어보는구나~"라고 구체적이면서 과정중심적인 칭찬을 하도록 한다. 학교 선생님께도 지호가 친구에게 허락을 구할 때 칭찬을 해 주시도록 부탁한다.

위의 과정을 5주 정도 진행하면서 지호의 변화를 살펴본다. 기초선을 기록한 그래프에 이어서 지호의 변화를 기록한다.

다. 중재실행

아동의 기능수준 파악이 선행되고 나면 본격적인 중재가 시작된다. 먼저 우리 집 물건들의 소유를 파악하는 것은 아동이 속한 가장 기초단위 조직인 가정에서부터 소유가 있음을 알게 함으로써 가정 밖으로 이러한 인식이 확산될 수 있는 초석을 마련하는 것이라고 할 수 있다. 하루 이틀 정도는 시간을 내어 집 안을 돌아다니면서 누구의 것인지 이야기하는 것을 게임하듯 할 수 있다. 그리고 나서, 이후에는 시간을 내어 하기 보다는 일상 속 대화에서 소유권을 넣어 대화를 나눌 수 있다. 이를테면 "엄마 옷이 여기 있네~", "아빠 핸드폰 좀 가져다 줄래?" 등과 같이 대화를 나눌 때, 그 물건이 누구의 것인지를 이야기하면서 자연스럽게 아동이 물건의 주인이 있음을 생각할 수 있도록 해 준다.

이 과정에서 중요한 것은 부모 모델링이다. 부모가 하루에 몇 번 정도는 자녀의 물건을 만질 때 먼저 자녀의 동의를 구하는 것이 좋다. 예를 들어, "지호 방에 들어가도 될까?", "지호 책상 위 물건을 엄마가 정리해도 될까?" 등이 있다. 부모 간에도 서로의 물건을 만질 때 허락을 구하는 모습을 자녀가 볼 수 있도록 해 준다.

자녀가 부모의 물건을 만질 때 허락을 구하는 순간이 포착된다면, 이 순간을 놓치지 않도록 한다. 너무 과하게 반응하지는 말되, 자녀가 자신의 행동에 뿌듯함을 느낄 수 있을 정도로 언급하고 칭찬함으로써 동기부여가 될 수 있게 한다.

기본 원칙은 아동이 스스로 자신에게 동기부여가 되도록 이루어져야 한다는 것이다. 그러므로 부모는 자녀를 기다려주는 마음을 항상 기억하며 아동이 잘 생각해내지 못하거나 하기 싫다고 반항적인 모습을 보일 때, 강제로 하게 해서는 안 된다. 또한, 그간 부모가 해 왔던 행동들 중 효과가 없었던 모습(예 야단치기, 소리지르기 등)을 하지 않음으로써 이러한 행동의 부작용을 방지할 수 있다.

위의 과정을 5주 이상 진행하면서 기초선을 그렸던 그래프에 이어서 진전도를 평가해 보도록 한다. 자녀가 처음부터 긍정적인 반응을 보이지 않거나, 아니면 처음엔 좋아지다가도 중간에 다시 약간 흐트러지는 모습을 보일 수도 있다. 이런 경우에 중요한 것은 일관성이다. 상황에 따라 오락가락하는 중재원칙이 아니라 일관적으로 자녀가 스스로 수행해 낼 수 있도록 기다려 주는 것은 중재의 지속가능성을 증대시키는 방법이라고 할 수 있다.

(4) "어른에게 존댓말을 사용해요."

지호는 학교 선생님과 머리가 희끗한 어르신들에게는 존댓말을 사용하지만, 부모님과 부모님의 친구들, 친구들의 부모님에게 반말을 사용해 당황스러울 때가 있다. 집에서 부모님에게 반말을 사용하는 것에 대해서는 크게 문제되지 않을 수 있지만, 집 밖에서 존댓말을 사용하지 않는 것은 문제가 될 수 있다. 종종 친구 집에 놀러갔을 때 반말을 사용하는 지호로 인해 친구의 부모님이 당황하게 되었고, 이러한 사실을 지호 부모님도 알게 되었다. 지호의 부모님은 지호에게 부모님 외의 다른 어른들에게는 꼭 존댓말을 사용해야 한다고 이야기하지만 지호는 잘 이해하지 못하는 눈치이다.

문제 행동	어른에게 반말을 사용함
목표 행동	어른을 만났을 때 존댓말을 사용하기

가. 기능 평가 및 기초선 측정

날짜/시간	A(배경사건/선행사건)	B(문제 행동)	C(후속결과)
2020.11.10. 19:23	친구 집에 간다고 기분이 들떴다.	친구집에 들어서자마자 친구와 친구의 가족들에게 "안녕"이라고 인사한다.	엄마는 당황하고, 친구의 부모도 당황하지만 멋쩍게 미소짓는다. 엄마는 사과한다.
2020.11.12. 16:33	하굣길에 동네 슈퍼에 우유를 사러 들렀다. 지호는 하굣길이라 신이 났다.	슈퍼에 들어서자 주인 할아버지에게 "안녕"이라고 인사한다.	엄마는 당황하고 사과한다.

날짜/시간	A(배경사건/선행사건)	B(문제 행동)	C(후속결과)
2020.11.15. 16:45	집에 손님이 놀러오기로 해서 지호는 기분이 좋다.	손님이 오자 마자 "안녕"이라고 인사한다.	엄마는 당황하고 손님에게 인사한다.

먼저, 아동이 존댓말을 사용하는 경우를 모르거나, 존댓말을 몰라서 문제행동이 나타나는지, 아니면 다른 심리적 인지적 원인이 있어서 그런 것인지 알아볼 필요가 있다. 예를 들어, 학교 선생님에겐 존댓말을 사용하지만, 이외의 어른들에게는 존댓말을 사용하지 않는 지호에게, "지호야, 지호는 누구에게 존댓말을 해?"라고 물어본다면 지호는 "선생님"이라고 답할 수 있다. 즉, 지호는 어른에게 존댓말을 사용하는 것이 아니라 "선생님"이라는 특정 대상에게 사용하는 말이 존댓말이라고 생각하고 있을 수 있는 것이다. 한편, 지호가 부모님에게 반말을 사용하고 있기 때문에, 지호는 부모님과 유사한 어른들에게는 자연스럽게 집에서처럼 반말을 사용하고 있을 수도 있다. 또한 지호의 경우를 살펴보면 주로 기분이 좋을 때 인사하면서 어른에게 반말을 하는 것을 발견할 수 있다. 그리고 매번 엄마는 지호에게 단호히 주의를 주기보다는 당황해서 상대방에게 사과하느라 그때 그때 훈육의 시기를 놓치는 모습을 발견할 수 있다.

지호가 존댓말을 사용하지 않는 원인에 대해 어느 정도 파악이 되었다면, 집에서 부모님에게 얼마나 존댓말을 사용하는지를 살펴보고 기초선을 측정하도록 한다. 부모와 함께 있는 순간들 중 몇 회나 존댓말을 사용하는지 세어보도록 한다. 이를 3일간 진행하고 기초선 그래프에 표시한다.

나. 중재 계획 수립

아동의 기능 평가가 완료되었다면, 중재를 위한 계획을 수립하도록 한다. 이번 장에서는 환경 수정 및 교육을 통해 선행사건을 중재하고, 모방기법(부모 모델링), 역할극 놀이, 존대어 퀴즈대회, 칭찬을 통한 강화를 통해 중재하도록 한다.

- (배경/선행사건 중재): (교육) 손님이 오거나 어른을 만나러 가기 전에 미리 지호에게 어른에게 존댓말을 해야함을 가르치고, 부모와 연습을 해보도록 한다. 어른을 만나기 직전에 미리 연습함으로써 잊지 않고 실수를 방지할 수 있다.

- (문제행동 중재): 모방기법(부모 모델링)

  아동이 존댓말을 하도록 하려면, 존댓말 사용을 직접 보거나, 존댓말의 대상이 됨으로써 직접 경험하는 것이 가장 효율적이다. 지호의 예를 보면, 지호의 부모님은 어른들에게 존댓말을 해야 한다고 계속 가르쳤지만, 정작 집에서 부모님에게 반말을 사용하고 있으므로 집 밖에서도 존댓말을 사용하기는 어렵다. 그러므로 먼저 부부가 서로에게 존댓말을 사용하도록 한다. 동시에 자녀에게도 존댓말을 사용하여 아동이 자연스럽게 존댓말 어휘를 습득하도록 도와줄 수 있다.

- (문제행동 중재): 역할극 놀이

  아동과 역할극 놀이를 통해 존댓말을 경험하고 연습하도록 할 수 있다. 집에 있는 인형으로 역할극 놀이를 해도 좋고, 아동과 부모가 직접 역할이 되는 소꿉놀이도 괜찮다. 역할극에는 어른과 아동이 존재할 수 있도록 하고, 아동이 어른의 역할을 할 수 있도록 하여 아동 역할을 맡은 부모님이 어른 역할을 맡은 아동에게 존댓말을 사용하는 모습을 계속 접할 수 있도록 할 수 있다. 이는 아동이 놀이를 통해 자연스럽게 존댓말을 사용하는 상황에 노출되고, 존댓말을 익힐 수 있는 방법이다.

- (문제행동 중재): 존대어 퀴즈대회

  아동이 평소에 부모님과 존댓말을 사용하고, 역할극 놀이를 함으로써 상황과 어휘에 익숙해졌다면, 이제는 존대어 맞추기 퀴즈를 할 수 있다. 예를 들어, 나이는 높임말로 연세, 생일은 생신이다. 이와 같이 반말과 높임말이 다른 어휘들을 퀴즈로 출제하여 높임말 어휘를 더 많이 습득하도록 돕는다.

- (후속결과 중재): 칭찬을 통한 강화

  아동이 집에서 부모님에게 얼마나 높임말을 사용하는지 지켜보고, 높임말을 사용하지 않았을 때 걱정하기보다는 높임말을 사용했을 때 기뻐하고 칭찬해 줄 수 있다. 이는 아동에게 높임말 사용의 동기를 강화해줄 수 있다.

다. 중재 실행

먼저 중요한 것은 부모의 존댓말 사용이다. 가정에서 전체가 다 존대어를 사용하게 되면, 자녀는 자연스럽게 존댓말에 익숙해지게 된다. 가정에서 반말이 낯설어지면, 가정 밖에서도 어른에게 존대어를 사용하기가 수월해진다. 이 과정에서 일주일에 한 번 정도 인형 역할극을 통해 친구 간에 반말을 하지만, 어른과 아이 사이에는 존댓말이 오감을 3인칭 시점에서 관찰할 수 있다. 관계에 따라 사용하는 용어가 변화하는 것을 관찰할 수 있는 장이 생기는 것이다.

일주일의 또 다른 날에 존댓말 게임을 할 수 있다. 인형극과 게임을 한 날에 할 경우 자녀는 부모의 의도적인 행동에 대한 과한 느낌을 받을 수 있으므로 가급적 서로 다른 날, 둘 다 놀이로서의 기능을 충분히 하게끔 재미있게 할 수 있도록 한다.

이러한 의도적인 에피소드 이외에도, 자녀가 존댓말을 스스로 사용할 경우 칭찬을 통한 강화를 한다. 자녀가 반말을 할 때 혼을 냈던 행동을 하지 않고, 반대로 존댓말을 할 때 칭찬을 함으로써 행동이 강화될 수 있다.

중재의 기본 원칙은 아동이 스스로 자신에게 동기부여가 되도록 이루어져야 한다는 것이다. 그러므로 부모는 자녀를 기다려주는 마음을 항상 기억하며 아동이 잘 생각해내지 못하거나 하기 싫다고 반항적인 모습을 보일 때, 강제로 하게 해서는 안 된다. 또한, 그간 부모가 해 왔던 행동들 중 효과가 없었던 모습(예 야단치기, 소리지르기 등)을 하지 않으면서 이러한 행동의 부작용을 방지할 수 있다.

위의 과정을 5주 이상 진행하면서 기초선을 그렸던 그래프에 이어서 진전도를 평가해 보도록 한다. 자녀가 처음부터 긍정적인 반응을 보이지 않거나, 아니면 처음엔 좋아지다가도 중간에 다시 약간 흐트러지는 모습을 보일 수도 있다. 이런 경우에 중요한 것은 일관성이다. 상황에 따라 오락가락하는 중재원칙이 아니라 일관적으로 자녀가 스스로 수행해 낼 수 있도록 기다려 주는 것은 중재의 지속가능성을 증대시키는 방법이라고 할 수 있다.

(5) "횡단보도에서는 안전하게 건너요."

지호 부모님은 횡단보도를 건널 때마다 아찔한 경험을 하곤 한다. 지호가 평소에도 워낙 걸어다니지 않고 뛰어다니는 아이다 보니, 횡단보도 앞에서는 너무 위험한 상황이 연출된다. 특히 신호등이 없는 횡단보도에서는 아찔한 상황이 여러번 연출되었다. 자동차가 급정거하는 끼익 소리에 지호도 놀라서 그 자리에 멈춰서는 일이 여러 번 있었다. 아직은 부모와 함께 다니는 상황이라 그나마 낫지만, 앞으로 점점 지호 혼자 다니는 일이 많아졌을 때, 부모는 혹시라도 일어날 사고가 염려되어 의뢰하게 되었다.

지호의 부모님은 항상 소리를 지르거나 손을 꼭 잡고 가려고 노력하지만, 지호가 뿌리치고 뛰어가면 말리기가 너무 어렵다. 부모님의 노력은 대부분 야단을 치거나 다그치거나, 애원하는 방식이 대부분이었다. 이런 상황에서 지호가 횡단보도를 좀 더 안전하게 건너도록 하기 위한 방법을 고안해 보았다.

문제 행동	횡단보도에서 신호등과 도로를 살피지 않고 건넘
목표 행동	횡단보도 앞에서 신호등과 도로를 살피고 건너기

가. 기능 평가 및 기초선 측정

날짜/시간	A(배경사건/선행사건)	B(문제 행동)	C(후속결과)
2020.09.10. 19:23	하굣길이라 신이 남	횡단보도에 도착했을 때 신호등도 보지 않고 건너감	사고위험이 있었고, 엄마는 놀라서 지호를 혼냄
2020.09.15. 16:33	친구 집에 놀러가는 길이라 신이 남	신호등 없는 횡단보도에서 좌우 보지 않고 건넘	사고위험이 있었고, 엄마는 놀라서 지호를 혼냄
2020.09.18. 16:45	하굣길에 친한 친구와 함께 오면서 장난을 침	횡단보도에 도착해서도 장난을 치며 그냥 건너려 함	사고위험이 있었고, 주변 어른들에게 꾸지람을 들음

먼저, 아동이 왜 그런 행동을 보이는지 이해할 필요가 있다. 모든 횡단보도에서 다 그런지, 아니면, 특별히 지호가 흥분하고 뛰어가는 상황이 있는지 등, 위험한 상황이 연출되는 경우의 패턴을 파악할 필요가 있다. 지호의 경우 부모님이 살펴보았을 때, 오전에 학교 가는 길에는 잘 뛰지 않지만, 하굣길에 주로 앞

뒤 살피지 않고 뛰어가는 경향이 있었다. 또한, 마트를 가는 길이나 지호가 원하는 곳에 가는 경우에 뛰는 경향이 있었다. 항상 그런 것은 아니었지만 대체로 이른 아침에는 뛰지 않았고, 오후 시간에 뛰었으며, 본인이 가고 싶어하는 곳을 갈 때 얼른 가고 싶은 마음 때문에 뛰어가는 모습을 보였다.

지호의 현재 행동 수준을 파악해 본다. 지호는 하루에 횡단보도를 건널 일이 등하굣길 2회, 학원을 오가는 길 2회 정도 있으며, 종종 마트를 가거나 할 때 2회 정도 추가된다. 마트를 가지 않고 학교와 학원만 가는 경우를 기준으로 4번 중 몇 번을 위험하게 건너려고 하는지 살펴보았다. 3일을 살펴본 결과 이른 아침을 제외하고 3번은 항상 앞뒤 살피지 않고 뛰는 모습을 보였다. 이에 대해 그래프에 기록하도록 한다.

나. 중재 계획 수립

기능평가 및 기초선 측정 후에 지호를 위한 적절한 행동 지원계획을 수립해 보았다. 아이와 함께 횡단보도에서 일어난 실제 사고 기사를 함께 보며 위험성을 익히고, 교통규칙을 이해하는 교육을 실시하며, 횡단보도 노래를 만들고, 연습 및 칭찬을 통해 강화한다.

- (배경/선행사건 중재): (교육) 횡단보도에서 일어난 실제 사고 기사 함께 보기

  지호가 횡단보도에서 부주의했을 경우에 일어날 수 있는 상황에 대해 현실감있게 알 수 있도록 하기 위하여, 횡단보도에서 실제로 일어난 사고를 검색하여 살펴보도록 한다. 기사를 출력하거나 온라인으로 함께 살펴보는 것도 도움이 된다. 특히 지호 또래의 아이에게 사고로 인해 어떤 일이 일어났는지를 살펴보면 더 와닿을 수 있다. 이 과정을 통해, 부모는 아동의 의견을 묻고 답하며 상호작용하면서, 아동이 자연스럽게 횡단보도에서 부주의하면 매우 위험한 일이 나에게도 닥칠 수 있음을 현실감 있게 느낄 수 있도록 돕는다.
- 중재 목표(배경/선행사건 중재): (교육) 교통규칙의 이해

  횡단보도에서 안전하게 건너는 것은, 모두가 지켜야 할 교통규칙이다. 아동이 도로와 관련하여 지켜야 할 교통법규, 규칙들이 많이 있으며, 횡단보도 규칙은 그 중 일부임을 알게 할 수 있다. 아동에게 먼저 "도로 위에

서 지켜야 할 규칙에는 무엇이 있을까?"를 질문하면서 시작하도록 한다. 아빠 차를 타고 다니면서 아빠가 빨간 불일 때 멈추고 초록 불일 때 가던 것, 횡단보도에서 언제 멈추어 섰는지, 차가 다니는 길, 사람이 다니는 길이 어떻게 다른지 등을 이야기 나누면서 아동에게 익숙한 규칙들을 함께 나누고, 횡단보도에서 좌우를 살피고 초록불일 때 건너는 것 또한 이러한 도로 위의 규칙 중 하나임을 이야기한다. 이것이 지켜지지 않았을 때 어떤 일이 벌어질 수 있는지 함께 이야기하고, 지키면 무엇이 좋은지도 이야기 나눠본다.

- (문제행동 중재): 횡단보도 노래 만들기

  아이가 평소에 좋아하는 노래의 노랫말을 횡단보도에서 지켜야 할 규칙과, 그 규칙을 지켰을 때 어떤 점에 좋은지, 왜 지켜야 하는지 등을 아동의 언어로 바꾸어서 아동이 직접 가사를 만들어 볼 수 있도록 하여 개사해 본다. 그리고 아이와 함께 노래를 불러 본다. 한편, 간단한 멜로디를 활용하여 횡단보도를 만나면 불러볼 수 있는 노래를 만드는 것도 도움이 된다. 예를 들어, "왼쪽 오른쪽, 초록불을 확인해요"와 같은 짧은 문구를 반복적으로 부를 수 있도록 하는 것도 도움이 된다.
- (문제행동 및 후속결과 중재): 횡단보도에서 연습하고, 칭찬을 통해 강화하기

  아동과 횡단보도를 건널 때, 함께 만든 노래를 부르고 규칙을 잘 지켰을 때, 칭찬을 통해 강화할 수 있다.

다. 중재 실행

미리 부모가 인터넷으로 검색해 놓은 횡단보도 사고 사진(아동 연령에 맞추어 너무 심각하지 않은 것)을 도화지에 스크랩하여, 아동이 평소 횡단보도에서 부주의하게 건널 때 염려가 되었던 부모의 마음을 나눈다. 이어서 도로 위에서 지켜야 할 규칙을 이야기 나누어 자녀가 스스로 생각을 해볼 수 있는 기회를 주도록 한다. 횡단보도 노래 만들어 부르기 활동의 경우도 앞선 활동에 이어 바로 진행해도 무방하다. 이 과정에서 중요한 것은, 아동이 심각성을 스스로 이해하고, 횡단보도에서 지켜야 할 규칙을 노래를 통해 자연스럽게 생각을 자주 해 보고 숙지가 되게끔 하는 데 있기 때문이다. 매일 두 번 이상 함께 노래를 부르고 1주

정도 지나고 나서 직접 횡단보도에 가서 연습해 보는 시간을 갖는다.

중재의 기본 원칙은 아동이 스스로 자신에게 동기부여가 되도록 이루어져야 한다는 것이다. 그러므로 부모는 자녀를 기다려주는 마음을 항상 기억하며 아동이 잘 생각해내지 못하거나 하기 싫다고 반항적인 모습을 보일 때, 강제로 하게 해서는 안 된다. 또한, 그간 부모가 해 왔던 행동들 중 효과가 없었던 모습(예 야단치기, 소리지르기 등)을 하지 않으며 이러한 행동의 부작용을 방지할 수 있다.

위의 과정을 5주 이상 진행하면서 기초선을 그렸던 그래프에 이어서 진전도를 평가해 보도록 한다. 자녀가 처음부터 긍정적인 반응을 보이지 않거나, 아니면 처음엔 좋아지다가도 중간에 다시 약간 흐트러지는 모습을 보일 수도 있다. 이런 경우에 중요한 것은 일관성이다. 상황에 따라 오락가락하는 중재원칙이 아니라 일관적으로 자녀가 스스로 수행해 낼 수 있도록 기다려 주는 것은 중재의 지속가능성을 증대시키는 방법이라고 할 수 있다.

(6) "바른 말을 사용해요."

지호 부모님은 지호가 친구들과 하는 대화를 듣거나, 게임 속에서 채팅하는 장면을 볼 때마다 깜짝 놀란다. 어리다고만 생각했던 아들의 입과 손에서 비속어가 흘러나오고 있기 때문이다. 집에서 부모님과의 대화 중에는 비속어 사용이 거의 없어서 모르고만 있었는데, 학교 선생님과 학부모 상담 중에 지호가 학교에서 욕설을 많이 사용한다는 사실을 알게 되었다. 그러고 나서 지호를 살펴보니 학교에서뿐만이 아니라 일상 속에서 비속어가 이미 익숙해져 있었다. 부모님은 이 사실에 화가 나고 속이 상했다. 그리고 아이가 크면서 친구나 형과 어울리며 비속어에 노출되기가 쉬운데, 이런 상황에서 어떻게 하면 지호가 비속어를 사용하지 않게 할 수 있을지 고민하게 되었다.

문제 행동	대화 중에 비속어를 사용함
목표 행동	비속어를 사용하지 않고 대화하기

가. 기능 평가 및 기초선 측정

날짜/시간	A(배경사건/선행사건)	B(문제 행동)	C(후속결과)
2020.11.10. 19:23	집에서 게임을 함	채팅에서 비속어를 사용함	몰입하여 3시간 동안 게임을 함
2020.11.11. 18:33	집에 친구가 놀러왔고, 장난감을 두고 친구와 다툼	다투다 비속어를 사용함	엄마는 무작정 욕한 것에 대해 혼을 냄
2020.11.12. 16:45	집에 친구가 놀러왔고, 대화를 나눔	대화 중에 비속어를 섞어서 사용함	엄마는 무작정 욕한 것에 대해 혼을 냄

먼저 아동이 얼마나 비속어를 사용하며, 주로 언제 비속어를 사용하는지 파악해 볼 필요가 있다. 또한 비속어를 함으로써 갖는 순기능이 있으므로 아동이 비속어를 왜 사용하게 되었는지를 확인해 볼 필요가 있다. 지호의 경우, 주로 게임에서 다른 사용자들과 대화를 할 때 비속어를 사용하였으며, 학교에서는 남자 친구들과 대화를 나눌 때, 화가 났을 때 등의 상황에서 비속어를 사용한다는 것을 확인하였다. 각 상황에 대하여 아동의 비속어 사용 의도와 기능을 파악해 볼 필요가 있다. 지호의 경우를 예를 들어, 파악해 보자면 아래와 같다. ?부분에는 아동이 언급할 것 같은 순기능과 역기능을 함께 생각해 보도록 한다.

상황	순기능	역기능
게임 도중 비속어를 섞어 대화를 나눔	• 게임을 하는 사용자들과의 소속감을 느끼고 싶음 • 나이가 어리므로 어려보이지 않고 싶은 마음 • 싸우는 게임이므로 더 호전적이고 강해 보이고 싶은 마음 • ?	• 조절이 되지 않고 시도 때도 없이 비속어를 하게 될 줄 몰랐음 • ?
친구들과 대화를 나누면서 비속어를 사용함	• 세보이고 싶은 마음 • 친구들이 얕잡아 보지 못할 것 같음 • 비속어를 사용하는 친구들과 어울리므로 소속감을 느낌 • ?	• 조절이 되지 않고 시도 때도 없이 비속어를 하게 될 줄 몰랐음 • ?
화가 났을 때	• 화가 난 기분을 표출하여 마음을 전달함 • 상대방으로부터 나를 지켜주기도 함 • ?	• 친구와 멀어짐 • 이미지가 나빠짐 • ?

나. 중재 계획 수립

아동의 기능 수준을 파악하였다면, 중재 계획을 수립해 본다. 이번 장에서는 환경통제 및 비속어를 사용하는 상황에 대한 이해를 통해 선행사건을 중재하고 바른말 동기 형성하기(미래의 내 모습 그려보기), 대안 언어 및 행동 연습, 모방기법(바른말 대화 시간 늘리기), 칭찬을 통한 강화를 통해 중재하도록 한다.

- (환경 수정) 아동이 비속어를 사용하는 환경에 대한 통제를 할 수 있다. 예를 들어, 폭력적인 게임과 함께 비속어를 사용한다면, 폭력적이지 않은 게임을 함께 찾고 새로운 게임을 해볼 수 있도록 도와줄 수 있다. 또한, 게임 시간을 조절하는 등 게임에 덜 노출되도록 하는 방법을 사용할 수 있다. 이에 대해서는 (7) "약속한 시간 만큼만 게임 할래요."에서 자세한 설명이 제시되어 있다.
- (교육) 비속어를 사용하는 상황에 대한 이해
  아동이 왜 비속어를 사용하는지 충분한 관찰 및 아동과의 충분한 대화를 통해 이해하는 과정을 갖는다. 이 과정은 부모도 아동에 대해 이해하는 과정이지만, 아동 스스로도 자신의 비속어 사용에 대해 이해할 수 있는 과정이다. 아무 의식 없이 습관적으로 비속어를 사용하던 아동이, 자신의 비속어 사용 패턴이나 장면을 객관적으로 볼 수 있도록 도와줄 수 있다.
- (문제행동 중재): 바른말 동기 형성하기: 미래의 내 모습 그려보기
  아동이 바라는 미래의 꿈이나 직업을 생각해 보고, 이를 그림으로 그려본다. 그리고, 미래의 ○○이는 어떤 모습이었으면 좋겠는지를 함께 이야기 나누고 그림 옆에 적어 본다. 외모, 성격 등과 함께 언어, 생활 습관 등도 적어 본다. 미래의 내가 그런 모습을 갖기 위해 지금부터 어떻게 생활을 하면 좋을지, 지금 만든 습관이 얼마나 바꾸기 어려운지 등을 이야기 나누면서 자연스럽게 지금부터 바른 언어를 사용하고자 하는 동기를 형성하도록 한다.
- (문제행동 중재): 대안 언어 및 행동 연습
  아동이 비속어를 사용하는 상황에 따라 대안 언어 및 행동을 습득하도록 도와줄 수 있다. 화가 나서 비속어를 사용할 경우, 비속어 속에 감추어져 있는 화가 난 마음, 그래서 어떤 상황이 되면 좋겠는데 등을 자각할 수 있도록 도울 필요가 있다. 화를 내고 나서 결과가 어떠했는지 객관적으로 따져보면서, 결국 ○○이 바랬던 결과는 무엇이며, 지금까지 원하는 것을

이루는 데에 비속어가 순기능을 잘 해 왔는지 등을 객관적으로 살펴볼 필요가 있다.

- (문제행동 중재): 모방기법 – 바른말 대화 시간 늘리기
  무엇보다 중요한 것은, 가정에서 부모와 아동의 건강하고 바른 대화를 늘리는 것이다. 부모가 대화를 나눔에 있어 정서적 표현을 사용하여 마음을 잘 전달함으로써 아동은 이러한 문제로 인해 감정 표출 용도의 비속어 사용을 줄여나갈 수 있게 된다.
- (후속결과 중재): 칭찬을 통한 강화
  아동이 바른말을 사용할 때 아동의 언어가 변화했음과 바른말이 귀에 잘 들어오고 ○○이를 더 잘 이해할 수 있겠음을 언급하면서 칭찬하도록 한다. 아동은 부모님의 언어에 가장 큰 영향을 받으므로 부모가 칭찬을 바르게 활용하면 큰 유익을 얻을 수 있다.

다. 중재 실행

자녀는 비속어를 일상적으로 사용하고 있고, 보통 이런 경우에 주변 친구들도 비속어를 많이 사용하는 경우가 많기 때문에, 이런 자신에 대해 진지하게 생각해 본 경험이 없거나 적을 수 있다. 또한 비속어 사용이 나쁘다는 것은 상식적으로 알고 있기 때문에, 부모가 이에 대해 이야기를 나누자고 하면 어색하기도 하고 혼나는 것처럼 느껴져서 대화의 자리를 피하거나 원하지 않을 수 있다. 그러므로 자녀와 부모 간의 분위기가 충분히 좋을 때 기회를 보아서 비속어를 사용하는 자신과 친구들의 모습에 대해 조망할 수 있도록 한다.

꿈에 대해 그림과 글로 표현하는 활동의 경우, 자녀가 어리다면 쉽사리 가능한 활동이지만, 초등학교 고학년만 되어도 사춘기에 접어들어서 쉽지 않을 수 있다. 이 활동의 목표는 아동이 미래의 자신이 되고 싶은 모습을 상상 속에 그려보고, 그 모습과 비속어를 연결하여 생각해 볼 수 있도록 하는 데 있으므로, 자녀가 활동을 원치 않는 경우는 대화도 대신할 수 있다.

부모의 모델링은 모든 중재가 시행되기 앞서 반드시 선행되어야 하는 요소이다. 부모 자신의 언어가 바르지 못하다면 자녀에게 바른말을 사용하자고 말 할 수 있는 명분이 없어진다. 또한 자녀가 비속어를 사용하는 순간, 그 때 비속어로 표현하고자 했던 감정이나 생각을 다른 언어로 표현하여 되돌려주는 반응을 하

루에 2~3회 정도만 실시해 준다.

이 과정에서 자녀의 비속어 사용 빈도가 줄어들었거나 바른말로 생각과 감정을 표현하는 경우에 "○○이의 이야기가 참 잘 이해가 된다", "○○이의 원하는 바가 무엇인지 잘 알겠어서 엄마 아빠도 더 ○○이가 원하는 것을 들어주고 싶어진다" 등의 표현을 통해 강화할 수 있다.

중재의 기본 원칙은 아동이 스스로 자신에게 동기부여가 되도록 이루어져야 한다는 것이다. 그러므로 부모는 자녀를 기다려주는 마음을 항상 기억하며 아동이 잘 생각해내지 못하거나 하기 싫다고 반항적인 모습을 보일 때, 강제로 하게 해서는 안 된다. 또한, 그간 부모가 해왔던 행동들 중 효과가 없었던 모습(예 야단치기, 소리지르기 등)을 하지 않음으로써 이러한 행동의 부작용을 방지할 수 있다.

위의 과정을 5주 이상 진행하면서 기초선을 그렸던 그래프에 이어서 진전도를 평가해 보도록 한다. 자녀가 처음부터 긍정적인 반응을 보이지 않을 수도 있고, 처음엔 좋아지다가도 중간에 다시 약간 흐트러지는 모습을 보일 수도 있다. 이런 경우에 중요한 것은 일관성이다. 상황에 따라 오락가락하는 중재원칙이 아니라 일관적으로 자녀가 스스로 수행해낼 수 있도록 기다려 주는 것은 중재의 지속가능성을 증대시키는 방법이라고 할 수 있다.

(7) "약속한 시간 만큼만 게임 할래요."

지호의 부모님은 학교에서 돌아오면 잠들기 직전까지 게임만 하는 지호를 보며 화를 참을 수가 없다. 처음에는 걱정이 되었고, 이제 그만하라고 여러 번 다그쳐 보았으나 잘 고쳐지지 않아서 자꾸 혼을 내는 것이 이제는 힘들다고 보고한다. 지호는 핸드폰이나 컴퓨터로 게임을 시작하면 절제가 되지 않고 계속 하는 경향이 있다. 초등학교 2학년 때 처음으로 게임을 접하였으며 서서히 게임을 하는 시간이 증가했다. 3학년이 된 지금은 절제가 되지 않고 밤 12시 이후 잠들기 직전까지 게임을 하느라 아침 등교 시간에 맞추어 일어나기를 매우 힘들어한다. 게임을 많이 한 날에는 신경질이 많아지고 저녁식사를 거부하는 경우도 종종 있다고 한다. 또한 게임에서 대화하는 사람들과 비속어가 섞인 대화를 하는 모습을 발견하기도 하였다. 언행이 게임을 하기 이전에 비해 많이 거칠어진 것을 느낄 수 있으며, 학교 선생님도 지호가 학교에서 욕설을 종종 사용한다는 피드백을 주었다.

지호가 컴퓨터를 하지 않도록 하기 위해 다그치거나 혼을 내보았으나, 이는 지호가 새벽에 몰래 게임을 하게 만들었다. 다그칠 때 부모에게 대들거나 화를 내는 경향도 보인다. 지호가 컴퓨터 게임을 할 때 오히려 무관심해 보았으나, 오히려 더 마음껏 컴퓨터 게임을 하게 되어 부모로서 어떻게 해야할지 막막한 상황이다.

문제 행동	게임 시간의 절제가 되지 않음
목표 행동	한 번에 약속한 시간만 게임을 하기

가. 기능 평가 및 기초선 측정

먼저, 하교 후 게임을 하는 패턴을 측정한다. 연속으로 얼마나 오랫동안 게임을 하는지, 그 빈도가 몇 번인지, 이를테면 한번을 하지만 4시간을 하는지, 1시간씩 3–4번을 하는지 등을 측정하며, 3일에 걸쳐 측정한다. 또한 어느 시간대에 가장 많이 하는지를 확인할 필요가 있다. 학교에 다녀오자마자 게임을 하는지, 잠자리에 들기 전 가장 많이 하는지, 아니면 둘 다인지 등을 확인한다. 이외에도 아이가 하는 게임의 종류 및 종류별 게임 시간 등을 확인하도록 한다.

- 하교 후 게임하는 패턴의 측정(3일간). 예 [1일] 1시간–저녁식사(20분)–1시간–TV시청(1시간)–3시간–잠자리에 듦
- 어느 시간대에 가장 많이 하는지 확인(연속 시간이 가장 긴 시간대 측정). 예 21~24시
- 게임의 종류 및 종류별 시간 확인. 예 LOL 3시간–서든어택 2시간

자녀의 게임 패턴에 대한 관찰이 완료되었으면, 점진적 변화를 위한 적절한 목표를 설정할 필요가 있다. 지호의 예를 들어보자면 관찰결과 지호는 학원을 다녀온 5시부터 1시간 동안 게임을 하였고, 저녁 식사 후에 또 1시간, TV시청 후에는 3시간을 연속으로 게임을 하였다. 이런 지호에게 처음부터 하루에 1시간만 게임하기라는 목표는 실현 불가능할 수 있다. 그러므로 처음에는 연속시간이

가장 짧은 1시간을 기준으로, “한 번에 1시간만 게임하기”라는 목표를 설정할 수 있다. 이런 경우에는 하루에 3회 게임을 하더라도 연속 게임시간이 1시간이 된다면 목표를 달성한 것이 될 수 있다. 이 목표를 달성하고 나면 한 번에 하는 시간을 줄이는 목표 혹은 전체 게임 횟수를 줄이는 목표 등을 설정할 수 있을 것이다.

나. 중재 계획 수립

아동의 기능 수준을 파악하였다면, 중재 계획을 수립해 본다. 이번 장에서는 아동 주도적 행동 조절을 위해 더하기 빼기 활동과 자율적 목표 설정, 게임할 때마다 아동이 정한 시간만큼 알람을 켜기 등의 중재를 활용하고, 부적 강화(기존의 정적 강화 금지), 칭찬을 통한 정적 강화 및 토큰 경제를 통해 중재하도록 한다.

이 과정에서 아동 스스로 자신의 목표를 설정하도록 하는 것은 중요하다. 아동에게 자신의 행동을 결정할 주도권이 있음을 알리고, 그 행동의 결과가 어떤 결과가 될 수 있는지 스스로 생각해 볼 수 있는 충분한 대화를 나눠야 한다. 가능하다면 게임하는 것과 관련된 신체적 정신적 문제들을 아동과 함께 인터넷으로 검색해 보는 것도 도움이 된다.

- (문제행동 중재): 더하기 빼기 활동

  아동과 더하기 빼기 활동을 실행해 본다. 종이에 더하기와 빼기를 그리고, 게임을 하면 아동에게 무엇이 좋은지, 좋지 않은지를 주관적인 느낌과 객관적인 자료 등을 토대로 적어본다. 그동안 무조건 “그만해”, “안돼” 등의 이야기를 들어오면서 막연한 반감을 가지고 있던 아동이라면, 게임의 장점을 함께 생각해 보는 시간을 갖는 것은 부모로부터 자신이 게임을 하는 것에 대해 이해받는 느낌을 갖게 되므로 스스로 게임을 줄여나갈 내적 동기를 형성하는 데에 도움이 될 수 있다. 이 활동을 통해 아동은 스스로 자신이 게임을 왜 하는지 돌아볼 수 있으며 알고 있으면서 무시하고 있던 부작용들도 있는 그대로 살펴보게 된다. 즉, 이 활동을 도구 삼아 부모는 내 자녀가 게임을 왜 하는지 이해하는 시간이 반드시 동반되어야 함을 기억해야 한다. 게임은 무조건 하면 안되는 것이 아니라, 과하게 할 때 문제가 되는 것이기 때문이다. 게임을 적당히 하면 취미가 되지만, 과도하게 하면 뇌 발달 및 건강한 일상이 무너짐을 아동 스스로 깨달을 수 있도록 도와주는 것이 이 게임에서 부모의 역할이다.

더하기 빼기 활동은, 하루에 끝나는 작업이 아니다. 적어도 일주일은 일정한 시간에 매일 새롭게 떠오르는 장·단점을 계속해서 적어나갈 수 있다. 이는 아동에게 게임에 대해 다방면으로 생각해 보게 함으로써 스스로 게임을 적당히 해야겠다는 내적 동기를 형성할 수 있도록 해준다.

– (문제행동 중재): 자율적 목표 설정

이번 중재에서 특히 중요한 것은 아동 주도적인 동기와 목표의 형성이다. 앞 단계의 중재를 통해 아동이 게임을 적당히 하는 것이 중요하며, 현재 자신의 상태가 과도한 상황임을 인지하게 되었다면, 스스로 자신의 수준은 어느 정도라고 생각하는지, 한 번에 얼마의 시간씩 하루에 몇 번이나 할지 스스로 정할 수 있도록 돕는다. 아동 주도적으로 결정하게 함으로써 스스로 목표를 정하고 목표를 달성해 보는 연습을 해 보도록 돕는다. 그러나, 부모가 보기에 처음부터 목표가 너무 이상적이거나 과도해 보이면, 현실적인 목표인지 점검할 기회를 주도록 한다.

– (문제행동 중재): 게임할 때마다 아동이 정한 시간만큼 알람을 켜기

아동과 함께 핸드폰이나 시계를 활용하여 게임을 시작하기 전에 자신이 정한 시간 후에 알람이 울리도록 설정한다. 알람이 울렸을 때 게임을 더 할지 멈출지는 아동의 선택이다.

– (후속결과 중재): 부적 강화(기존의 정적 강화하지 않기)

알람이 울린 후, 더 하고 싶어서 참을 수 없을 때는 이야기하고 규칙을 정한다. 단, 혼내거나 혀를 차는 등의 행위는 하지 않는다. 아동이 알람이 울린 후에도 게임을 더 하고 싶다고 조르거나, 목표를 지키는 데에 실패했을 때는 게임이 끝난 후, 이 상황에 대해 부모와 이야기를 나눌 기회를 갖는 것은 매우 중요하다. 아동이 이러한 상황에서 숨거나 은폐하려는 시도를 하지 않고 정직하게 자신을 돌아볼 수 있도록 할 수 있는 좋은 기회이고, 이것이 잘 되었을 때 아동은 자기 자신을 있는 그대로 바라볼 수 있는 용기를 가질 수 있다. 이를 위하여 그동안 하던 방식으로 혼내거나 혀를 차는 행동을 하지 않도록 주의한다. 즉, 그동안 하던 행동을 하지 않음으로서 목표 달성의 가능성을 높이는 것이다(부적 강화).

– (후속결과 중재): 칭찬을 통한 정적 강화 & 토큰 경제

아동이 스스로 정한 목표를 잘 지켰을 경우, 이것이 연속으로 세 번 지속되면 잘 절제했음을 칭찬하고 토큰을 제공하도록 한다. 칭찬을 할 때는 앞서 언급하였듯이 구체적이고 과정중심적으로 하도록 한다. 결과 중심적이고 두루뭉술한 칭찬은 아동으로 하여금 또 다른 기준을 충족시켜야 할 것만 같은 부담감을 심어주어 실패에 대한 두려움을 키울 수 있기 때문이다. 또한 토큰경제를 실시할 때 보상으로 무엇을 정할지는 아동과 상의하여 결정하도록 한다.

다. 중재 실행

아동의 게임 패턴 파악 및 기능수준 파악이 선행되고 나서, 더하기 빼기 게임으로 중재는 시작된다. 보이는 곳에 큰 종이를 붙여두고 +와 −로 공간을 구분한 후, 일주일 정도 게임에 대한 생각을 보완해 나가도록 한다.

이후 목표 설정을 할 때 중요한 것은 실천 가능한 목표를 설정하는 것이다. 목표의 목적은 자녀가 성취감을 느끼면서 점점 행동이 수정되도록 하기 위함이다. 누적된 성취감은 이후 행동 변화의 원동력으로 작용하므로, 스스로 동기부여를 하기 위한 효과적인 도구라고 할 수 있다.

목표설정 후 매일 정해진 시간에 알람을 설정하도록 한다. 알람이 울리고 나서 게임을 멈추는 것은 자녀의 몫이다. 이 상황에서 게임이 멈춰지지 않더라도 이러한 상황을 받아들이고 수정해 나가는 것을 자녀가 수행할 수 있도록 한다. 동시에 하루에 한 번씩 함께 정한 규칙을 지키는 과정에 대해 피드백을 듣고, 목표를 잘 지켰던지 못 지켰던지 노력하는 모습에 대해 칭찬을 함으로써 강화를 한다. 그리고, 잘 지키지 못하고 있다면 목표의 현실성이 어느 정도인지 함께 파악하고 목표를 수정해 보도록 한다. 이 과정에서 자녀가 잘 수행할 때에는 아동의 노력과 성취에 대해 대화를 나누고, 이에 대한 관심과 칭찬으로 보상을 제공한다. 3회 이상 성공했을 시에는 토큰을 제공하여 아동이 원하는 보상을 얻을 수 있도록 해 준다.

중재의 기본 원칙은 아동이 스스로 자신에게 동기부여가 되도록 이루어져야 한다는 것이다. 그러므로 부모는 자녀를 기다려주는 마음을 항상 기억하며 아동이 잘 생각해내지 못하거나 하기 싫다고 반항적인 모습을 보일 때, 강제로 하게 해서는 안 된다. 또한, 그간 부모가 해 왔던 행동들 중 효과가 없었던 모습

(예 야단치기, 소리지르기 등)을 하지 않음으로써 이러한 행동의 부작용을 방지할 수 있다.

위의 과정을 5주 이상 진행하면서 기초선을 그렸던 그래프에 이어서 진전도를 평가해 보도록 한다. 자녀가 처음부터 긍정적인 반응을 보이지 않거나, 아니면 처음엔 좋아지다가도 중간에 다시 약간 흐트러지는 모습을 보일 수도 있다. 이런 경우에 중요한 것은 일관성이다. 상황에 따라 오락가락하는 중재원칙이 아니라 일관적으로 자녀가 스스로 수행해 낼 수 있도록 기다려 주는 것은 중재의 지속가능성을 증대시키는 방법이라고 할 수 있다.

PART

4

부모 마음 토닥토닥

01
양육 스트레스가 무엇인가요?

1) 양육 스트레스란?

스트레스는 일상생활에서 자주 쓰이는 말이다. 그렇다면 스트레스란 무엇일까? 스트레스는 개인에게 내적으로 또는 외적으로 어떠한 요구가 발생했는데, 그 요구를 내가 해결(대처)하기 어렵다고 인식하면 생기는 심리적, 행동적, 생리적 반응이라고 할 수 있다. 우리는 스트레스를 받으면 생리적 반응으로 두통, 피로, 과한 식욕을 느끼기도 하고, 심리적 반응으로서 불안, 우울을 느끼기도 하며, 머리를 쥐어뜯거나 경련을 일으키는 행동을 보이기도 한다. 적정한 수준의 스트레스는 긍정적인 면도 있을 수 있으나, 심한 스트레스가 쌓일 경우, 자아 기능이 저하되고 적응 능력이 제한을 받아 분노, 무력감, 수치감을 느끼게 된다.

양육 스트레스는 자녀 양육과정에서 부모가 일상생활에서 경험하는 스트레스다. 부모는 자녀의 특성을 알고 있으며, 자녀의 발달과정에 따라 어떤 어려움을 겪게 될지 알고 있기 때문에, 자녀가 편식문제로 식탁 앞에서 어떤 일이 발생할지, 자녀가 초등학교에 입학하면 어떤 어려움이 있을지 예상 가능하다. 그러나 이러한 양육 스트레스를 예측하는 것이 가능하다고 해도 부모나 자녀가 새로운 변화에 적응하는 데 어려움을 겪거나, 자녀 양육에 대한 부모의 스트레스가 이를 대처할 수 있는 자원보다 더 크게 되면 부모와 자녀 간의 갈등의 원인이 되기도 하며, 편안하고 행복한 가족의 삶을 방해한다.

흔히 가정에서 스트레스를 경험한다고 하면, 가족원의 죽음, 이혼, 질병, 장애, 사고 등과 같은 주요 생활사건을 떠올릴 수 있다. 그러나 양육 스트레스를 이해할 때는 이것이 일상적으로 경험하는 스트레스임을 이해하는 것이 중요하다. 여러 양육 스트레스 연구에서도 이러한 사건들은 가족원들에게 자주 일어나는 일이 아니기 때문에, 생활에서 매일 경험하는 일상적인 스트레스가 더 큰 영향을 미칠 수 있음을 시사하고 있다. 생활에서 매일 경험하는 일상적 스트레스의 누적은 주요 생활사건으로 인한 스트레스보다 개인의 심리적 건강이나 복지를 더 잘 예측한다는 연구도 있다(Lazarus & Folkman, 1984).

개개인이 경험하는 양육 스트레스의 정도에는 차이가 있을 수 있지만, 모든 부모는 자녀를 양육하면서 양육 스트레스를 경험한다. 특히 현대사회에서는 자녀 양육과 일의 병행으로, 양육 부담이 더 가중되고 양육 스트레스를 더 많이 경험하고 있는 것으로 나타났다. 특히, 자녀가 영유아일 경우에는 신체적, 정신적인 변화뿐만 아니라 가족 안에서의 역할, 환경에 대한 변화 등의 복합적인 변화를 경험하므로 양육 스트레스가 더 커진다(송연숙, 김영주, 2008).

부모의 양육 스트레스는 자녀에게 영향을 준다. 어머니의 양육 스트레스가 높은 경우에는 아이의 정서· 행동 발달뿐 아니라 부모-자녀의 관계 형성에도 부정적인 영향을 미친다. 또한 양육 스트레스는 부당한 양육 행동을 하는 중요한 원인이 되어, 과도하게 아이를 훈육하고 통제하거나, 아이에 대한 기대감이 낮아질 수 있다. 더 나아가 유아의 발달에 직접적인 영향을 미친다는 연구(Silver et al., 2006; Zhang, Cubbin, & Ci, 2019)도 있다. 부모가 양육과정에서 느끼는 일상적인 스트레스가 누적되면 부모의 행동에 영향을 줄 수 있다. 양육자가 자신이 양육에서 스트레스를 느끼고 있다고 지각하게 되면 역기능적인 양육행동으로 이어질 수 있다(Abidin, 1990). 국내의 연구(박응임, 1995)에서도 양육 스트레스는 양육에 대한 부모의 관심을 약화시켜 부당한 양육행동을 하게 된다고 나타났다. 그 밖에도 어머니가 지각하는 스트레스가 높을수록 아동 행동에 대해 부정적으로 지각하며, 양육행동에 강압적이며 명령이나 비난을 많이 사용한다는 연구 결과가 일관적으로 보고되었다(박성연 외, 1996; 신숙재, 1997; 유우영, 이숙, 1998; 안지영, 2001). 그러므로 내가 왜 이렇게 스트레스를 받는지 이해하고 해결하는 것은 자녀 양육과 가족의 행복한 삶을 유지하는 데 매우 중요한 일이다.

2) 양육 스트레스의 원인

Abidin(1992)는 부모가 느끼는 양육 스트레스의 정도는 부모 자신의 인지적, 정의적 특성에 따라서 주관적으로 지각될 수 있으며, 이는 부모 역할과 관련된 재능, 지식, 그리고 기질적인 성향의 정도에 따라 달라짐을 이야기하며, 부모영역 스트레스, 아동영역 스트레스, 생활영역 스트레스를 중심으로 양육 스트레스 모델을 구성하였다. 자녀의 발달에 지대한 영향을 미치는 부모의 양육 스트레스에 영향을 미치는 요인은 다양하게 존재할 수 있으나, 본 장에서는 부모 개인의 측면, 자녀의 측면, 부모 환경의 측면으로 나누어 살펴보고자 한다.

(1) 부모요인

동일한 상황에서도 부모가 받게 되는 양육 스트레스는 부모마다 다를 수 있다. 이러한 개인차를 부모의 양육태도와 성격으로 설명하기도 한다. 초등학생의 부모를 대상으로 한 연구에서 애정적 양육태도와 자율적 양육태도를 보이는 부모는 양육 스트레스와 부적 상관이 있었지만, 거부적 양육태도와 양육 스트레스는 정적 상관을 보였다(고효정, 권윤희, 김민영, 2009). 한편, 같은 연구에서 MBTI 검사를 활용하여 네 가지의 기능별 성격유형과 네 가지의 기질별 성격유형으로 구분하여 연구한 결과, 기질별 성격유형에 따라서는 양육 스트레스에서 유의한 상관이 발견되지 않았으나 기능별 성격유형에 따라서 양육 스트레스의 유의한 차이가 있었다. 직관적 사고형이 가장 스트레스가 높았고, 직관적 감정형의 스트레스가 가장 낮았다. 같은 연구에서 부모의 성격과 양육태도와의 관련성을 통해 부모의 성격과 양육 스트레스의 간접적 관련성 또한 찾고자 하였다. 기질별 양육태도가 양육 스트레스와 직접적 관련은 없었으나, 양육태도와는 직접적 상관이 있었으며, 직관적 감정형이 애정적 양육태도가 가장 높았다. 반면 직관적 사고형은 애정적 양육태도에서 가장 낮은 점수를 보였다. 결과를 종합하여 보면, 애정적이고 자율적인 양육태도를 보일수록 양육 스트레스는 적으며, 감각 및 감정적 특성이 있는 성격 유형의 양육 스트레스가 가장 낮거나 애정적 양육태도를 보이는 것으로 보였다.

한편, 부모의 교육수준과 관련하여서는 일관되지 않은 결과가 보고된다. 부모의 교육수준이 높을수록 양육 스트레스가 낮다는 연구결과(손수민, 2010)와 반대로 더 높은 수준의 스트레스를 경험한다는 결과(김기현, 조복희, 2000) 등이 그 예이다.

부모의 어떠한 특성도 단독으로 양육 스트레스에 영향을 주지 않는다. 부모의 특성과 아동의 특성은 서로 상호작용하면서 양육 스트레스에 영향을 미치고, 이 과정을 거치면서 역기능적 상호작용이 일어나고, 다시 아동의 행동과 적응에 역기능적인 영향을 줄 수 있다(박명숙, 2002).

(2) 아동 요인

부모의 양육 스트레스의 원인을 자녀의 기질 특성에서 설명하기도 한다. 일반적으로 까다롭고 예민한 기질을 보이는 자녀는 그렇지 않은 아동에 비해 불안해하고, 공격성을 보이는 등의 행동화 문제를 일으킬 가능성이 높고, 기분이 쉽게 불쾌해지는 등의 부정적 정서를 느낄 가능성이 높아서 모의 정서에도 부정적인 영향을 미친다. 한편, 아이의 활동성이 지나치게 높은 경우에도 부모를 체력적으로 지치게 만듦으로서 양육 스트레스에 부정적인 영향을 미친다(Abidin, 1992). 이와 같이 까다롭고 예민한 유아는 그렇지 않은 아이들에 비해 문제행동 및 정서적 장애를 많이 보이고, 이로써 사회 적응 또한 어려움을 겪을 수 있다.

(3) 환경 요인

부모 요인과 아동 요인 못지 않게, 양육 스트레스에 큰 영향을 미치는 요인으로 환경 요인이 있다. 부모를 둘러싸고 있는 환경으로는 배우자와의 관계, 경제적인 여건, 주거 환경, 사회적 지지, 취업 여부 등이 있다. 특히 경제적으로 어려움을 겪고 있을 때 안전 및 건강의 위협을 느낄 수 있으며 이로 인해 사회적인 소외감을 느끼게 된다. 많은 연구들이 경제적 여건과 모의 양육 스트레스 간의 상관관계를 밝혀 왔다(임현주, 2013; 임순화, 박선희, 2010). 그러나 배우자와의 관계와 사회적 지지는 양육 스트레스를 줄일 수 있는 요인으로 작용한다. 배우자와의 관계가 긍정적이고, 양육에 대한 사회적 지지가 많은 경우에는 자녀와의 상호작용이 긍정적으로 발전하게 되고 결국 양육 스트레스도 덜 느낀다.

양육 스트레스와 관련이 있는 이러한 변인들은 서로 상호작용을 통해 복합적으로 작용한다. 부모의 특성과 자녀의 특성, 환경 요인들이 양육 스트레스에 영향을 미치고, 이는 부모의 양육행동과 유능감 등에 영향을 미치며, 이는 다시 양육 스트레스에 영향을 미치게 된다(손영지, 박성연, 2011).

02
교육사각지대 학습자 부모의 양육 경험

1) 장애 자녀의 양육

교육사각지대 학습자는 특정 장애의 유무로 구분되지는 않으나, 장애 아동의 부모의 양육 경험과 어려움을 살펴보는 것은 인지적, 정서적, 행동적인 어려움이 있는 아이를 키우는 부모의 양육 경험을 이해할 수 있는 바탕이 된다.

장애 아동이 가정에 존재한다는 것은 가족 구성원 모두의 삶을 바꿔놓는다. 우선, 자녀가 장애를 가졌음을 확인했을 때, 부모와 가족은 모두 충격을 받게 되며, 양육 과정에서도 이전에는 상상하지 못했던 다양한 어려움을 맞닥뜨리게 된다. 주변 사람들의 시선과 싸워야 하고, 아이가 살아가면서 겪을 어려움에 대해 앞서 고민하고 준비해야 하는 끝없는 긴장을 경험하게 된다. 어쩌면 보통의 부모가 상상하는 것 이상의 어려움과 스트레스일 수 있다. 장애아의 부모는 사회의 기준과 자녀의 현실적인 능력 사이의 격차를 감내하며 압박 사이에서 긴장감을 늘 경험하게 된다(노진아 외, 2011).

장애를 가진 자녀를 양육하는 것은 하루, 이틀, 한 달, 두 달로 끝나는 문제가 아니다. 평생 지고 가야 하는 길고 긴 양육 과정에서 경제적, 정신적 부담을 안고 가야 한다. 더군다나 매일이 상상 밖의 새로운 갈등이 연속이며, 쉽사리 나아지지 않는, 혹은 나아지길 기대하기 힘든 상황에서 겪어가야 하는 문제이기에 심각한 심리적인 소진을 경험할 수 있다. 장애 아동이 첫 아이가 아닌 경우에도, 이전의 육아를 통해 예상할 수 있는 종류의 어려움이 아닌 전혀 새로운 어려움이 찾아오며, 보통의 아이라면 쉽게 가능했을 일들, 이를테면 어린이집에 보내는 일 등의 기본적인 일들에도 많은 제약이 따르게 된다.

장애 아동의 부모는 이러한 상황에서 아이의 장애가 내 책임인 것만 같은 죄책감으로 힘들어한다. 아이도 부모도 장애를 선택해서 태어나지 않았기에, 그런 아이를 바라보면서 죄책감도 느꼈다가, 너무 힘들어질 땐 한켠으론 원망감이 들기도 하고, 그 마음 때문에 다시 죄책감을 느끼는 늪에 빠지게 되기도 한다. 이런 과정에서 우울장애와 같은 기분장애를 경험하게 되기도 한다. 또한 아이의 발달 단계마다 장애의 종류에 따른 차이뿐만 아니라 같은 장애군 안에서도 아동에 따른 개인차를 보이기 때문에, 이에 대한 적절한 대처와 지식의 부족으로 인해 부담감과 무력감을 동시에 느낄 수 있다(임재웅, 2018).

이런 상황에서 자녀를 양육하고 있기에, 장애 아동의 부모는 일반 아동의 부모에 비해 더 낮은 심리적 안녕감을 보고하는 것으로 조사되었다(정대영, 최정아, 2010). 뿐만 아니라, 장애아동의 부모를 대상으로 한 연구에서는 일반 아동의 어머니들보다 장애 아동의 어머니들이 보이는 스트레스 대처 능력이 더 낮다고 보고하고 있다(임지향, 박승탁, 송정은, 2001).

그러나 장애 아동을 양육하는 모든 부모들이 절망감 속에서 부정적인 경험만을 하는 것은 아니다. 이들의 개인 특성과 주변 환경적 특성들에 따라서 장애 아동의 부모들의 경험은 상이한 결과를 보이기도 한다. 양육 스트레스를 얼마나 느끼는가에 대한 차이는 양육행동의 차이를 가져온다. 양육 스트레스가 높은 부모는 거부적이고 방임적인 양육의 모습을 보이지만(손영지, 박성연, 2011), 양육 스트레스나 낮은 부모는 자녀를 합리적으로 지도하고, 육아에 적극적으로 참여하는 등의 긍정적인 양육의 모습을 보였다(도현심, 2013). 또한, 자녀의 장애 심각도와 공식, 비공식적인 사회적 지원에 따라서도 부모들은 장애 아동 양육의 경험을 달리 해석하였다(차혜경, 2008).

또한, 장애 아동의 양육에 긍정적인 영향을 미치는 요소들을 살펴보면, 배우자의 지지 및 지원, 어머니의 성격특성, 사회가 장애를 수용하는 정도, 장애에 대한 사회의 인식, 사회가 가지고 있는 복지 및 지지체계 등에 따라서도 장애아 양육의 경험은 부정적이기만 할 수도, 또는 충분히 감당할 만한 일이 될 수도 있는 것으로 나다났다(정선아 외, 2015; 한경임 외, 2003). 즉, 장애 아동을 양육하게 된 상황을 위기라고 한다면, 이에 대한 대처는 위기 상황 자체와 그 상황을 해석하는 개인의 평가, 그리고 제공되는 다양한 자원의 상호작용의 결과로 나타나는 일이다(서경희, 1998). 또한, 아이가 가지고 있는 어려움의 특성과 아이의 성격 및 기질, 상호작용 환경, 양육자의 특성 모두가 양육에 영향을 미치는 것이다.

2) 경계선 지능 자녀 양육

인구의 13.59%가 경계선 지능의 범주에 속하여, 아동청소년 중에는 약 80만 명, 한 학급당 세 명 정도는 경계선 지적 기능에 해당한다. 2장에서 살펴보았듯이 경계선 지적 기능 학습자들은 학습과 정보를 습득하는 과정이 느리고, 다른 사람들이 말하는 것을 이해하고 기억하는 능력이 부족하여, 의사소통 과정에서 어려움을 겪는다. 또한 자신이 경계선 지적 기능을 가지고 있다는 사실을 받아들이는 과정에서 열등감을 갖게 되거나 부정적인 행동을 보이기도 하며(권영주, 1999), 그 결과로 또래 집단에서 문제 행동으로 나타나게 될 가능성 또한 높게 보고되었다(Mishna, 2003). 이러한 면은 부모가 경계선 지적 기능 학습자를 양육하는 과정에서 겪는 어려움과 연결되어 있다.

경계선 지적 기능 학습자의 어머니들은 먼저, 자녀가 경계선 지적 기능임을 몰랐을 때 자녀의 행동을 보며 양육과정에서 스트레스를 겪는다. 부모의 말, 상황에 대한 이해를 잘 하지 못하는 것, 행동이 느리고, 고집이 센 점, 공부에 집중하지 못하고 자꾸 틀리는 것을 보며, 자녀에게 '게으른 아이', '말을 잘 듣지 않는 아이', '공부하기를 싫어하는 아이' 등 자녀에 대한 부정적 인식을 가지게 된다. 학교에 들어가 본격적으로 학습을 시작하면, 아이가 겪는 어려움을 자녀의 지적 기능의 문제로 보지 않고 태도에 대한 문제로 보고 더욱 혼을 내거나 무리하게 학습을 시키거나 하는 경우도 있다(이재연, 한지숙, 2003). 또한 청소년기에 접어들면 왕따를 당하거나 친구 때문에 비행에 휩쓸리는 등의 어려움을 겪으며 걱정이 커지기 시작한다.

아이가 경계선 지적 기능임이라는 진단을 듣고 나서 이러한 자녀의 어려움을 수용하기까지 복잡한 심리적 적응 과정을 겪게 된다(박숙자, 2016). 하늘이 무너져 내리는 듯 절망하기도 하고, 억울함, 분노, 슬픔, 무력감 등 오랜 기간 혼란스럽고 복잡한 마음이 든다. 자녀에 대해서도 자녀가 안쓰러워 자녀가 어려워하는 것을 챙겨주고, 과잉보호를 하기도 하다가 때때로 심한 분노를 느끼기도 한다. 자녀의 한계를 수용하기 어려운 마음에 여러 번 재검사를 받고, 학원, 과외 등을 보내며 어떻게든 해보려고 하다가 무기력해지기도 한다. 특히 어려움을 겪는 자녀로 인해 위축이 되며 사회적 소외를 경험하고, 여러 치료를 지속적으로 시키며 경제적인 부담도 느끼게 된다(박숙자, 2016).

그러나 점차 자녀의 어려움을 수용하면서 자신의 양육 태도를 반성하고 여러 지지그룹의 도움과 위로를 통해 창피함, 지나친 책임감과 죄책감, 두려움 등에서 편안해지게 되면서 자녀와의 관계 변화뿐 아니라 삶을 이해하고 바라보는 태도, 주변에 대한 관심과 사랑을 가지며 봉사활동에 참여하는 등 세상을 바라보는 관점이 확장되고 성숙하게 된다(박숙자, 2016).

3) ADHD 자녀의 양육경험

ADHD는 아동기 가장 흔한 장애 중 하나로, 주의산만, 과잉행동, 충동성을 증상으로 가지고 있다. ADHD 아동 양육에서 어려운 점은 이러한 전형적인 증상 외에 다양한 공존장애(학습장애, 불안장애, 틱과 투렛 장애, 아스퍼거 증후군, 강박장애 등)를 가지는 경우가 있으며, 행동을 억제하고, 계획을 세워 실행하는 등 문제를 해결하고 행동을 조절할 수 있도록 하는 실행기능에 문제가 있다는 것이다. 주의력결핍 우세형인 경우엔 과제에 집중하지 못하고, 실수가 잦으며, 가르쳐줘도 듣지 않는 듯한 모습을 보이며 주어진 숙제 등을 제대로 수행하지 못한다. 부모는 숙제의 시작부터 마무리까지 계속 확인해야 하며, 잦은 실수에 화가 나게 된다. 과잉행동과 충동성 우세형인 경우에는 가만히 있지 못하고, 쉬지 않고 뛰어다니고 말을 끼어들어 부모는 행동을 통제하느라 계속해서 큰소리를 내게 된다. 이렇게 ADHD 아동 어머니의 스트레스는 자녀의 ADHD 증상과 관련된다(Mash & Johnston, 1990). ADHD 아동의 부모는 통제가 되지 않는다고 느껴지는 아이와의 오랜 씨름에 양육과정에서 큰 스트레스를 경험한다. 자녀의 조절되지 않는 산만함과 과잉행동 그리고 충동성은 예상 밖의 일을 자주 일으키기 때문에 부모가 시의적절하게 대처하는 것을 어렵게 만들고, 이는 양육의 큰 어려움으로 자리잡는다. 특히 ADHD의 여러 특성 중에서도 공격성과 반항성에 대한 양육 스트레스가 높은 것으로 보고된다(Anastopoulos, Guevremont, Shelton & DuPaul, 1992).

다른 교육사각지대 학습자의 특성과 마찬가지로, ADHD 자녀가 있는 가족은 구성원 전체가 과도한 스트레스를 경험하며, 가족 갈등을 많이 경험하는 등 응집력이 떨어지는 것으로 보인다(Barkley, Fischer, Edelbrock & Smalish, 1991; 김혜련, 2002). 어머니만큼이나 아버지의 양육 스트레스도 매우 큰 것으로 나타났으며(Baker, 1994), 부모 모두 양육 스트레스로 인하여 심리적 자원이 고갈되게 된다.

대부분 주 양육자는 어머니인데, 남편의 지지가 부족하거나 갈등이 있는 경우에는 어머니의 스트레스가 크게 가중되고, 결국 어머니에게 심리적 문제가 발생하기도 한다. ADHD 아동 어머니도 교육사각지대 학습자의 다른 유형군의 어머니와 마찬가지로 일반 어머니에 비해 큰 스트레스와 우울 및 불안을 경험하며, 양육 스트레스와 우울, 불안의 정도는 정비례하였다(서민정 외, 2003). 어머니의 고통과 자녀의 문제행동은 악순환의 고리를 만드는데, 어머니의 고통이 양육에 역기능적인 영향을 미치고, 그 결과 아동의 문제행동과 불안 및 우울이 함께 증가하게 되어 부모의 양육 스트레스는 더 상승하게 되는 것이다. 일반 아동을 양육하는 경우에도 높은 양육 스트레스가 양육 행동에 부정적인 영향을 미친다는 다수의 연구 결과가 존재한다(정계숙, 노진영, 2010; 이종하, 2012). 양육 스트레스의 정도가 더 크고 심각한 ADHD 아동의 부모가 양육과정에서 더 큰 어려움을 경험한다는 것은 당연한 결과라고 할 수 있을 것이다.

03
양육 스트레스 어떡하죠?: 감정 다루기

1) 인지적 대처

(1) 해결중심기법

해결중심은 상담이론의 한 분야로서 Steve de Shazer와 Insoo Kim Berg가 1978년 단기치료모델로서 해결중심치료를 개발하면서 시작되었다. 이 치료법의 핵심은 이미 가지고 있고, 일상생활에서 나타나고 있는 자원을 활용하는 것이라고 할 수 있다. 이후에 전개되는 해결중심 기법에 대한 설명은 한국 청소년 상담원의 청소년 동반자 보수교육 자료(구본용, 2011)의 내용을 기반으로 한다.

해결중심기법은 내담자가 자신이 이미 가지고 있는 자원과 강점을 발견하고 관심을 기울일 수 있게 해준다. 즉, 어떠한 사람도 자신의 문제를 해결할 수 있는 능력을 가지고 있다는 신념을 전제로 하고 있다. 이러한 관점의 전제는 다음과 같다.

- 내담자의 강점을 존중한다.
- 내담자는 많은 강점을 가지고 있다.
- 내담자의 동기는 강점을 조장할 때 증가한다.
- 상담자는 내담자의 협력자다.
- 피해자라는 생각에서 벗어나야 한다.
- 모든 환경은 자원이다.

① 해결중심 기법의 가정 및 관점

상담에서 해결중심 기법의 가정 및 관점을 양육 스트레스와 관련한 대처로 해석해 보면 다음과 같다.

가. 병리적 측면 대신에 건강한 것에 초점을 둔다.

→ 양육과정의 성공적인 경험, 장점, 강점에 초점을 두며 이를 활용한다.

나. 부모와 자녀의 강점, 자원, 건강한 특성을 발견하여 활용한다.

→ 부모가 원하는 결과를 성취하기 위해 부모와 자녀가 이미 갖고 있는 자원, 지식, 믿음, 행동, 사회적 관계망, 개인과 환경적 특성은 물론 자녀의 증상까지도 활용한다.

다. 탈이론적이고 비규범적이며 부모 자신과 자녀의 견해를 존중한다.

→ 양육과정에서 경험하는 문제에 대해 어떠한 가정도 하지 않을 뿐 아니라 특정한 이론적 틀에서 해석하거나 설명하지 않는다. 그리고 부모 자신과 자녀가 표현하는 견해와 불평방법을 그대로 수용하며, 개별성을 최대로 존중한다.

라. 작은 변화의 필요성

→ 양육 스트레스 해결이라는 달성을 위해 경제성을 추구한다. 단순한 것에서부터 복잡한 것으로 치료를 함으로써 목표를 성취하는 것이다. 따라서 목표는 부모와 자녀가 달성할 수 있는 작은 것으로 세우고 개입은 가장 단순한 것에서 출발한다.

마. 변화는 항상 일어난다.

→ 아이는 끊임없이 변화한다. 그 과정 중에 아이가 늘상 보이던 문제행동을 보이지 않는 경우가 있을 수 있다. 이런 상황을 탐색하고, 그 변화의 순간을 앞으로의 해결책으로 활용하는 것이 필요하다.

바. 현재와 미래를 지향한다.

→ 부모 자신의 과거를 깊이 연구하지 않으며, 현재와 미래에 적응하는 것을 돕는 것에 관심을 둔다.

사. 협력적 관계: 부모와 자녀의 자율적인 협력을 중요시한다.

→ 목표 성취를 위해 부모와 자녀가 함께 해결방안을 발견하고 구축하는 과정에서의 협력을 중요시한다.

아. 중심철학

→ 첫째, 아이가 이미 할 수 있는 것이 있다면, 그것을 고치려고 하지 않는다(너무 높은 잣대를 두고 지나치게 몰아붙이지 않는다). 둘째, 일단 무엇이 효과가 있는지를 알면, 그것을 더 많이 한다. 셋째, 그것이 효과가 없다면 다시는 같은 방법을 사용하지 않고 다른 방법을 사용한다.

② 해결중심 기법: 예외질문(Exception-Finding question)

성공했던 경험과 현재 잘하고 있는 것을 발견하는 질문이다. "예외"란 문제라고 생각하는 행동이 일어나지 않는 경우를 뜻한다. 자녀의 행동과 환경 속에서 중요한 예외를 찾아내고 그것을 강조하여 성공을 확대 및 강화할 수도 있고, 부모 자신의 스트레스가 덜 발생했던 예외적인 상황을 찾아볼 수 있다. 이러한 상황 및 행동을 찾고 지속시키는 과정에서 부모와 자녀는 이미 자신에게 문제를 다루는 해결책의 자원이 있었다는 발견을 하게 되어 자아존중감 또한 향상될 수 있다. 양육 스트레스와 관련하여 이를 구체적으로 적용해보면, 아이를 돌보고 있는데 스트레스가 덜 느껴졌던 상황을 생각해 보고, 그 순간이 어떤 상황이었고, 무엇이 그렇게 되도록 도왔는지를 생각해 보는 과정을 거칠 수 있다. 스스로에게 해 볼 수 있는 질문은 다음과 같다.

- 언제 스트레스가 발생하지 않았나요? 혹은 덜 발생했나요?
- 그때는 지금과 무엇이 달랐나요? 어떠한 점에서 차이가 있나요?
- 스트레스가 일어나지 않았을 때는 무엇을 하나요?

③ 해결중심 기법: 기적질문(Miracle question)

기적질문은 문제 자체를 없애고자 하는 것이 아니라, 문제와 거리를 두고 떨어져서 해결책을 상상해 보고, 해결하고자 하는 것을 구체화할 수 있는 질문이다. 즉, 원하는 목표를 현실적이며 구체적인 것으로 설정하기 위한 질문기법이다. 기적질문은 자주, 반복적으로 사용하지는 않고 스스로의 바람이나 목표를 구체화하고 싶을 때 사용할 수 있다.

기적질문을 통해서 스트레스를 주는 여러 상황 속에서 궁극적으로 자신이 무엇을 바라는지 확인할 수 있고, 이렇게 된다면 내가 어떨 것 같은지를 구체적으로 생각해 볼 수 있다. 또한 그렇게 되기 위해 내가 할 수 있는 것, 그와 유사한 경험을 했던 기억 등을 생각하고 적용해 볼 수 있다. 스스로에게 해 볼 수 있는 질문은 다음과 같다.

- 갑자기 기적이 일어나 모든 문제가 해결되었다면, 그것을 어떻게 알 수 있을까요?
- 처음 무엇을 보면 기적이 일어났다는 것을 알 수 있을까요?
- 당신이 달라진 것을 다른 가족들(배우자, 자녀)는 무엇을 보고 알 수 있을까요?
- 다른 가족들(배우자, 자녀)는 당신의 변화를 어떻게 알 수 있을까요?
- 그러한 행동들이 최근에 있었던 적이 있나요?(예외질문과 연결됨)

④ 해결중심 기법: 척도질문(Scaling question)

자신이 가진 문제의 크기와 정도, 우선순위, 관계에 대한 평가, 변화 가능성에 대한 확신 등을 수치로 표현하는 방법으로서, 스스로 생각이나 마음의 수준, 변화의 크기, 의지 등을 구체적으로 지각할 수 있도록 한다. 또한 스스로 얼마나 변화했다고 느끼는지에 대해 구체화 할 수 있다. 스스로에게 해 볼 수 있는 질문은 다음과 같다.

- 1점부터 10점까지의 척도에서 10점이 스트레스가 가장 없는 상태, 1점이 스트레스가 극심한 상태라면, 오늘은 몇 점일까요?
- 몇 점 정도까지 괜찮아지고 싶나요? 그 점수의 상태는 어떤 상태인가요?

⑤ 해결중심 기법: 대처질문

이 질문은 자신의 미래에 대해 절망하여 아무런 희망이 없는 것 같을 때 사용할 수 있다. 스스로 너무 낙담했을 때 오히려 이 상황에 대해서 어떻게 그렇게 어려운 상황에서 더 나빠지지 않고 견디고 있는지를 질문함으로써 스스로 자신의 강점 및 자원을 발견할 수 있도록 해 주는 질문이다. 또한 자녀에게도 활용해 볼 수 있는 질문이다. 활용할 수 있는 질문은 다음과 같다.

- 그 어려운 상황 속에서 어떻게 지금까지 견딜 수가 있었습니까?
- 그렇게 힘든 상황 속에서도 자녀가 건강하게 성장하였는데 어떻게 그렇게 하실 수 있으셨습니까?
- 아이를 포기하지 않고 기르는 대단한 의지력과 강한 책임감이 있는데 이를 누구에게서 배우셨습니까?
- 어떻게 모든 것을 포기하지 않고 오늘까지 지탱해 오셨습니까?

⑥ 해결중심 기법: 관계성 질문

이 질문은 나에게 중요한 다른 사람들에 대한 질문이다. 자신의 문제를 다른 사람들은 어떻게 볼 것인지에 대해 나의 지각의 틀로 생각해 봄으로써 새로운 가능성을 생각해 내고, 만들어 낼 수 있다.

스스로에게 해볼 수 있는 질문은 다음과 같다.

- 남편이 여기 있다고 가정하고 남편에게 만약 나의 육아스트레스 문제가 해결되면 무엇이 달라지겠느냐고 묻는다면, 남편은 뭐라고 말할까요?
- 남편이 여기에 있다면 부부관계에서 어떠한 점이 변화되면 부부관계가 회복되는 데 도움이 될 것이라고 말을 할까요?

기존에 문제중심적 사고 속에서 해결책이 도무지 보이지 않아 힘들었던 경우에 있다면, 해결중심상담에서 활용하는 기법들이 나 자신을 바라보는 관점과 사고에 있어 환기가 될 수 있을 것이다. 이를 통해 스스로 긍정적인 자원을 발견하고 육아 스트레스를 더욱 현명하게 대처할 수 있는 가능성을 발견할 수 있을 것이다.

(2) 인지행동기법

상담 이론의 한 분야인 인지행동치료는 A. T. Beck에 의해 창시되었다. 그는 우리가 경험하는 감정과, 행동의 모습들이 실은 객관적인 현실보다는 우리 내면에 각자 형성한 주관적인 현실에 의해 결정됨을 강조하였다. 특히 자신과 타인, 주변의 세상, 미래에 대하여 비현실적인 신념을 가지고 왜곡된 현실을 구성하였을 때 우리는 고통을 겪는다고 이야기한다. 예를 들어, "나는 모든 사람으로부터 사랑받아야 한다"라는 신념은 항상 애정에 결핍을 경험하게 하고, "내 인생에서는 치명적인 고통이 생겨서는 안된다"라는 생각은 교육사각지대 아동을 자녀로 두었을 때 우리의 마음을 절망하고 우울하게 만들며, "내 아이도 다른 아이들만큼 성취할 수 있어야 한다"라는 생각이 내 아이를 있는 그대로 받아들이지 못하고, 계속적으로 실망하며 아이를 몰아붙이게 하는 것이다. 즉, 인지행동치료에서는 상황이나 사건의 객관적인 사실이 아닌, 그에 대한 주관적인 해석에 의해 감정을 느끼고 행동을 취하게 된다는 입장을 보인다. 이러한 입장을 바탕으로 모든 심리적 문제에 대해 그 이면에 존재하는 왜곡되고 역기능적인 신념을 찾고자 노력한다.

똑같은 상황에 대해 어떤 사람은 분노와 같은 강렬한 감정을 경험하기도 하고, 어떤 사람은 안도감과 같은 상반되는 감정을 경험할 수도 있는데, 인지행동이론에서는 이러한 차이를 특정 사건에 대해 각자 부여하는 개인적인 의미의 다름으로 설명하고자 한다. 특정 사건에 대해, 다른 의미를 부여하고 해석함으로써, 감정이나 행동이 결과로 나타나는 것이다. 이는 아래의 A→B→C 도식을 통해 이러한 차이를 이해할 수 있다.

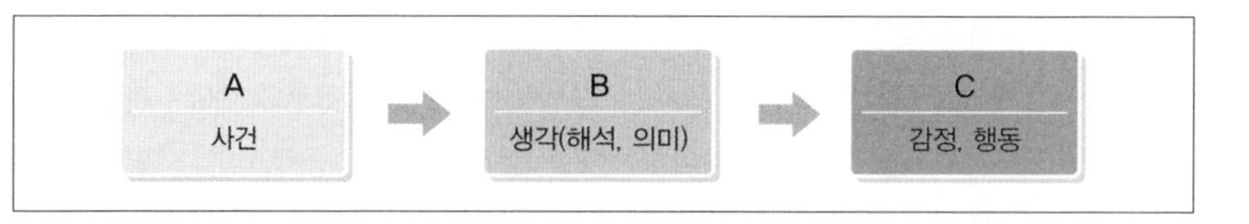

인지행동 이론에서는 이 중에서 B의 중요성과 영향력에 주목한다. 이 B를 신념이라고 한다면, 사건과 감정/행동을 매개하는 신념의 작용은 매우 빠르고 신속하게 진행되는데 이 과정에서 일어하는 생각을 “자동적 사고”라는 개념으로 설명한다. 자동적 사고의 근간이 되는 이 신념의 타당성이 결여되었을 경우 심리적 문제를 야기하고 고통을 경험할 가능성이 높아진다. 이러한 신념은 결정적인 영향을 미치면서도 쉽게 인식되지 않는, 즉 스쳐지나가는 생각의 특성을 보인다. 모든 사람이 저마다의 신념을 가지고 있으며, 이 자체로는 문제가 되지 않는다. 다만 경우에 따라 타당성과 효용성이 결여된 신념이 문제를 일으키기에, 우리는 빠르게 지나가는 자동적 사고를 붙잡아 확인하고, 그 바탕이 되는 신념을 확인하며, 현실적인 평가를 거쳐, 합리적이고 타당한 생각을 할 수 있도록 해야 한다.

이러한 과정은 단순하게 긍정적으로 사고하거나, 결심을 하는 것과 차이가 있다. 자동적 사고도 신념도 의식되지 않는 사고 과정이기 때문에, 정서적 행동적 문제를 야기하는 자동적 사고를 잘 찾아내는 것은 어려운 과정이며, 너무 서두르지 않고 주의를 기울여서 천천히 세심하게 변화해 나갈 필요가 있다. 단번에 자신의 신념을 알아내는 것을 어려우므로, 그 순간 떠오르는 자동적 사고를 확인하면 신념의 발견이 더 용이해진다. 신념의 내용은 자신의 간절한 바람을 반영하는 경우가 있어서, 스쳐 지나가는 생각인 자동적 사고를 찾고나서 자신이 그 상황에서 바라는 것을 곰곰이 생각해 보면 신념을 발견하는 데에 도움이 된다.

① 자동적 사고 발견하기

자동적 사고는 앞서 설명한 것과 같은 성격을 가지기 때문에 쉽게 의식할 수 있는 사고가 아니다. 그러나, 인지행동 기법에서 핵심적인 신념의 변화를 위해서는 자동적 사고를 인지하는 것이 매우 중요하다. 자동적 사고를 발견하기 위해서 인지치료에서는 ‘바로 지금 마음속에 스쳐 가는 것은 무엇인가?’라는 질문을 활용한다(왕영선, 2013).

교육사각지대 아동을 양육하면서 스트레스 상황을 경험할 때마다 머릿속으로 스쳐 지나가는 자동적 사고가 무엇인지 생각해 보고 발견하는 것은, 자기 자신을 이해하는 데에 큰 도움이 된다. 동시에 자녀와 자신에 대해 비현실적인 기대를 가지고 있었던 것이 발견되었다면, 현실적인 기대를 통해 마음의 고통을 줄일 수 있다.

② 인지적 오류

인지행동 기법에서는 우리의 사고가 가질 수 있는 비합리성을 인지적 오류라는 이름으로 일컫는다. 즉, 역기능적인 신념은 자동적 사고뿐만 아니라 인지적 오류 또한 일으킬 수 있는데, 많이 보이는 인지적 오류를 살펴보면 다음과 같다(권석만, 2003).

가. 흑백논리

사건 혹은 경험의 의미에 대하여 중립지대를 인정하지 않고, 양극단의 이분법적인 범주의 하나로 해석하는 오류.

예 한 번 불만족스러웠던 특수교육 및 상담 경험을 바탕으로, 모든 교육이 부질없다고 생각하는 경우

나. 과잉 일반화

한두 번의 경험이나 사건을 기반으로 일반적인 결론을 내리고, 무관한 다른 상황에도 결론을 적용하는 오류.

예 아이가 가지고 있는 장점을 무시하고, 아이가 보이는 문제행동만으로 아이를 평가하는 경우/혹은 장점을 아예 없다고 생각하고 찾지 않으려는 오류.

다. 정신적 여과

전체적인 상황이나 사건 내용을 무시하고, 일부의 특정 정보에만 주의를 기울여서 상황 전체를 해석하는 오류.

예 학교 선생님이 자녀의 학교 생활과 함께 문제행동에 대해 전화를 주시면, 선생님이 아이를 미워하는 게 틀림없다고 생각하는 것.

라. 개인화

자신과 무관한 사건을 자신과 관련된 것으로 잘못 해석하는 오류

예 학교에서 아이를 기다리는데, 아이보다 앞서 지나간 아이들이 크게 웃으며, 내 아이를 비웃었다고, 혹은 자신을 비웃었다고 생각하는 것.

마. 의미 확대/의미 축소

사건이 갖는 의미를 지나치게 확대 해석하거나, 축소 해석하는 오류.

예 아이가 보여준 변화에 대해, '이 정도로 뭘… 큰 변화도 아닌데. 또 금방 엉망이 될텐데'라고 생각하거나(의미 축소), 아이가 학교에서 일으킨 문제에 대해 '항상 문제를 일으키네. 앤 문제 덩어리야'라고 생각(의미 확대).

③ 인지적 재구성

인지행동 기법에서는 심리적 고통의 원인인 역기능적인 사고와 신념을 보다 적응적으로 바꾸는 과정을 중요시 하는데, 이를 인지적 재구성이라고 부른다. 이 과정에서 부적응적인 인지에 대한 현실검증을 하게 되고 보다 적응적인 인지로 교정하게 된다(왕영선, 2013).

인지적 재구성을 해가는 과정에는, <표 4-1>과 같이 역기능적인 자동적 사고에 대해 일일기록표를 작성하여, 매일 자신을 괴롭히는 정서를 느끼는 상황 및, 그 때의 생각을 기록하는 것이다. 이 과정에서 확인된 자동적 사고에 대해, 현실적 타당성을 살펴보고, 객관성, 유용성 등에 대해서도 생각해 볼 수 있다. 이 때, 소크라테스식 질문을 통해 스스로 질문해 볼 수 있는데, 가능한 질문은 "그렇게 생각한 근거가 무엇인가?", "다른 사람도 그 상황에서 그렇게 생각할까?", "그런 생각이 삶에 어떻게 도움이 되었나?", "다른 해석 방법은 없는가?" 등이다. 이 과정에서 자신의 사고가 인지적 오류의 하나였음을 혹은 왜곡된 사고였음을 스스로 발견할 수 있다(권석만, 2003).

〈표 4-1〉 역기능적 사고의 일일기록표

상황	자동적사고	감정	합리적 사고	결과
기분이 상했던 상황/사건	그 순간 스쳐 지나가는 생각	생각과 함께 든 감정(정도를 1~100으로 평정)	자동적 사고에 대한 합리적 반응	정서에 대한 재평정
학교 선생님으로부터 전화가 걸려왔고, 아이가 수업시간에 많이 돌아다니니 집에서도 지도 부탁드린다는 이야기를 들었다.	'또 또 … 이런 전화 좀 그만 왔으면 …	슬픔(80) 수치심(70)	'우리 아이가 조금 다른 아이이니, 학교에서 어떻게 지내는지 알 수 있는 방법의 하나구나.'	슬픔(40) 수치심(30)
	'해도 해도 안되는데 어쩌란 말이야?'	무력감(90)	'이건 나를 비난하는 소리가 아니라, 선생님도, 아이가 당장 어떻게 바뀔 수 없는 걸 알고 있을거고, 어떻게 하면 좋을지 선생님이랑 상의를 해 봐야겠다.'	무력감(40) 기대감(50)

2) 정서적 대처

(1) 마음챙김

마음챙김이란 '지금-여기에서의 현재 순간에 주의를 집중하는 것, 몸과 마음의 체험을 관찰하면서 순간순간을 느끼면서, 그러한 체험을 있는 그대로 받아들이는 과정'을 의미한다(Kabat-Zinn, 1990). 마음챙김에 대해 Goleman(1980)은 매 순간의 경험에 대해 고정관념을 버리고 처음 일어난 일처럼 바라보면서 비판단적으로 수용하고 반응하는 과정으로서, 경험하고 있는 그대로에 직면하는 것이라고 하였다.

마음챙김 전문가들은 마음챙김의 치유원리로서 '지금-여기에서의 정서에 대한 노출', '비판단적인 자세로 있는 그대로를 온전히 경험하는 것', '관찰하는 의식과 체험하는 의식'의 분리(탈동일시)'를 이야기한다(권석만, 2006; Kabat-Zinn,

1990). 여러 학자들은 마음챙김에서 거리두기, 탈동일시가 치료적인 변화에 중요한 역할을 한다고 밝히고 있다(Ingram & Hollon, 1986).

마음챙김을 통한 새로운 사고패턴의 관점에서 부정적인 감정/생각을 경험하는 것을 상위인지적 자각이라고도 하는데, '생각이 떠오르는 순간의 생각을 생각으로 경험하는 것'으로도 이야기할 수 있다. 이는 마음 속에서 떠오른 부정적 생각 또는 감정이 현상을 정확히 반영한다기보다는 마음에서 일어났다가 사라지는 일종의 정신적인 사건으로 경험하는 통찰의 한 형태라는 의미이다(용홍출, 2012). 마음챙김이란, 상위인지적 능력으로도 볼 수 있으며, 자신의 마음 속 과정을 관찰하고, 순간순간 자각하며, 수용하는 과정이라고 할 수 있다(Bishop, 2002). 이 과정을 거치게 되면, 마음 속의 두려움이나 바람으로 인해 왜곡하여 경험하는 사고와 공상을 발견할 수 있게 되고, 이러한 감정에 매몰되어 휘둘리기 보다는, 그러한 감정과 두려움, 바람을 거리를 두고 관찰할 수 있게 된다. 교육사각지대에 놓인 아동을 양육하면서 수많은 정서적 어려움과 외로움, 고립감, 무력감, 좌절을 경험하는 학부모들에게 마음챙김은 감정에 매몰되지 않고, 거리를 두고 마음 속의 감정을 바라볼 수 있게 해줌으로써 그러한 감정을 밀어내려 하기보다 수용하고 지나가는 데 유용한 방법이 될 것이다.

① 마음챙김의 일곱가지 태도

마음챙김은 순수하게 '지금 이 순간'에 느껴지는 감각에 주의를 기울이는 것으로 시작된다. Kabat-Zinn(1990)은 마음챙김을 "현재의 순간에 의도적이면서 비판단적으로 주의를 기울이는 것"이라고 정의하면서 일곱 가지 태도를 언급하였다.

가. 비판단(non-judging)

마음챙김은 자신의 경험에 대해 편견 없이 바라보는 과정을 통해 개발된다. 끊임없이 수많은 경험들을 판단하면서 그에 반응하고 있는 자신을 알아차리는 것 또한 마음챙김의 과정이며, 이것을 알아차렸을 때 물러나는 법 또한 배울 수 있게 된다. 그러므로 판단하는 마음이 알아차려졌을 때는 좋아할 필요도 싫어할 필요도 없이 아무 판단을 하지 않고 오롯이 관찰해 본다.

나. 인내(patience)

성급한 변화는 불가능하다. 우리 마음도 때가 되어서 비판단적 주의가 가능한 때를 기다리며 인내해야 한다. 인내한다는 것은 참는다가 아니라, 매 순간에 완전히 열려 있는 상태로 순간순간을 온전히 수용하는 것이며, 애벌레가 나비가 되는 과정과 같이, 계절의 흐름과 같이 모든 것은 때에 따라 전개된다는 것을 아는 기다림이다.

다. 초심자의 마음(a beginner's mind)

모든 것을 마치 처음 대하는 듯한 태도를 갖는 것이다. 과거의 경험을 바탕으로 세상을 바라보는 것이 아니라, 오히려 이전의 경험에서 자유로워져서 지금-여기에서 순간의 풍요로움을 느끼는 것이다.

라. 신뢰(trust)

여기에서 신뢰란, 타인에 대한 신뢰가 아닌 자기 자신과 자신의 느낌에 대한 신뢰를 의미한다. 이러한 신뢰가 발달되는 것은 마음챙김 명상 훈련에서 중요한 요소이다. 지도자의 가르침도 중요하지만, 결국은 매 순간 각자의 삶을 살아야 한다.

마. 비쟁취(non-striving)

우리는 목표 달성이 익숙하다. 그러나 마음챙김에서는 이런 태도가 오히려 방해물이다. 어떤 목표가 있기보다는 무슨 일이 일어나든지 그것에 주의를 기울여야 한다.

바. 수용(acceptance)

수용은 사물이든 현상이든 있는 그대로 바라보는 것이며, 매 순간순간, 오는 대로 받아들이고 그것과 온전히 함께함으로써 수용은 개발된다. 사실을 수용하기보다 부정하거나 저항하는 데 많은 에너지가 낭비되고, 여기에서 괴로움이 온다. 예를 들어, 지금 속상하고 괴로운데 이를 억압하고 강한 척 하려 하는 데서 오는 괴로움이 대표적이다. 수용은 우리의 괴로움을 줄여줄 수 있다.

사. 비집착(letting go)

우리는 자신도 모르게 마음이 좋아하는 것은 붙잡고자 하고 싫어하는 것은 부정, 배척하려고 한다. 그러나 이렇게 하기보다는 있는 그대로를 관찰해야 한다. 그러나, 마음이 붙잡는 것이 너무 강할 때는 잘 놓아지지 않을 수 있다. 이럴 때는 이러한 '붙잡음'의 느낌에 주의를 기울여 볼 수 있다. 붙잡음이 비집착의 반대이므로 이 과정을 통해 집착을 잘 알아갈 수 있다.

② 마음챙김 훈련 원리

마음챙김 명상은 마치 내가 여행자가 되어서 내 마음과 감각의 흐름대로 관찰하고 바라보는 듯한 느낌으로 진행할 수 있다. 보통 마음챙김 훈련을 시작할 때는 자신의 호흡, 걷기, 먹기와 같은 하나의 작고 특정한 활동에 주의를 기울이고 관찰할 수 있다(장현갑, 2010). 이 때 자신의 주의가 어떻게 이동하는지 관찰하며 알아차릴 수 있다. 과거의 기억이나 공상으로 빠져 들어가 방황할 때는 이를 알아차리고 원래의 관찰대상으로 부드럽게 주의를 되돌릴 수 있다. 예를 들어, 오늘 자녀의 문제행동에 대해 학교 교사에게서 또 전화를 받아서 속상할 때, 속상한 마음 자체를 관찰하고 있다가 예전에도 그런 전화를 받았고, 그래서 속상했던 과거의 기억으로 주의가 옮겨가는 것을 느꼈다면, 이를 알아차리고 다시 지금 오늘 있었던 상황에서 느끼는 나의 마음으로 다시 주의를 옮길 수 있다. 이처럼 지금-여기로 감각을 가져오는 좋은 방법 중 하나가 신체 감각에 주의를 기울여 보는 것이다. 그러한 감각이 일어났음을 조용히 살펴보면서 어느 부위에서, 어떻게 느껴지는지, 느낌이 어떻게 바뀌는지 등을 살필 수 있다.

마음챙김을 할 때는 관찰된 현상들에 대해 호기심과 흥미를 가지고 위의 일곱 가지 태도를 견지하면서 수용하는 태도를 길러야 한다. 또한 평가나 비판, 변화하고자 애쓰는 태도는 지양해야 한다(장현갑, 2010). 예컨대 교사에게 전화가 온 상황에서, 그 순간 느껴졌던 수치심과 무력감을 긍정적인 생각으로 당장 합리화시키려고 하거나, 왜곡하거나, 불쾌한 감정이니 이를 감소시키려고 애쓸 필요가 없다. 오히려 생각과 감정, 신체 감각이 일어났다가 서서히 사라지는 것을 살펴보기만 해도 된다. 마음챙김은 괴로운 감정이나 불쾌함을 느낄 때 이를 관찰하고 바라볼 수 있게 되고, 후에는 이러한 감각들을 수용할 수 있는 능력이 키워져서 그러한 괴로움이나 감정의 지배를 받지 않고 함께 공존할 수 있게 된다.

(2) 감정코칭

감정코칭 연구는 부모와 자녀의 상호작용을 살펴보고, 이것이 자녀의 성장에 미치는 영향에 대한 연구에서 시작되었다(최성애, 조벽, 2012). 즉, 부모가 자녀의 감정을 코칭하는 것에 대한 연구에서 시작되었으나, 본 장에서는 이러한 감정코칭의 원리를 부모 자신에게 적용함으로써 감정을 조절하는 것에 대하여 이야기해 보고자 한다.

감정코칭이란 감정을 인간으로서 자연스러운 현상의 하나로 바라보고, 자녀에게서 일어나는 감정을 수용하면서 이를 바람직하게 이끄는 것을 의미한다(최성애, 조벽, 2012). 앞서 마음챙김이 바라보는 시각과 마찬가지로 감정이란 자연스러운 것이기에 분노, 슬픔, 두려움과 같은 부정적 감정을 무시하지 않고 표현할 수 있도록 지지해준다. 이러한 과정은 결국 자신의 감정을 인정받고 공감받아 본 아이가 스스로도 자신의 감정을 관리 및 조절할 수 있게 된다는 원리이다. 이러한 과정은 부모 자신에게도 적용할 수 있는데, 자신의 감정을 관리할 에너지를 얻기 위하여 자기 자신의 감정 또한 인정하고 공감해 줄 필요가 있는 것이다. 특히 교육사각지대 학습자의 부모는 오랜 세월에 걸쳐 누적된 부정적 감정을 경험하고 있을 가능성이 있으며, 해결할 수 없는 것으로 체념하고 있을 수도 있다. 매번 겪어도 적응되지 않는 것만 같은 그러한 괴로운 감정을 억압하고 밀어내는 것이 아니라, 자연스럽게 관리하면서 조절할 수 있게 되어야 하는 것이다. 이러한 감정코칭의 단계를 Gottman(2007)은 5단계로 이야기하고 있다.

① 감정코칭의 5단계

1단계: 감정을 인식하기

감정코칭은 감정인식에서 시작된다. 눈에 드러나는 행동이 아니라, 그 이면의 감정을 포착해야 한다. 나도 모르게 짜증을 내게 되거나 매사에 부정적인 생각이 들 때, 아이를 돌보는 것이 지치고 힘들어 그만두고 싶은 마음이 들 때, 이 순간 느껴지는 자신의 감정을 먼저 인식해야 한다. 스스로 자신의 감정을 언어로 표현하기 어렵다면 자신의 신체가 느끼고 있는 반응(심장이 두근거림, 얼굴이 화끈거림, 가슴이 답답함, 꾹 눌리는 기분 등)으로 감정을 표현해 보는 것도 좋은 방법이다. 이 과정에서 마음챙김에서 지금 여기에서의 나를 느껴보았듯이, 지금 나의 마음이나 신체를 느껴보려고 노력할 수 있다.

2단계: 감정적 순간을 기회로 삼기

감정코칭은 감정이 드러난 그 순간에 하는 것이 좋고, 특히 감정의 강도가 강할 때가 감정코칭의 좋은 기회이다. 나 스스로 강한 감정이 올라와서 그 감정에서 회피하고 싶거나, 다른 행동으로 표출하게 될 때, 잠깐 머물러 그 감정을 느끼고 자신을 더 알 수 있는 기회로 삼을 수 있다. 이 순간은 선명한 감정을 느낄 수 있는 순간이므로, 스스로 느껴지는 강한 감정을 관찰해 보는 것은 자신을 알아갈 수 있는 좋은 기회이다. 나 스스로 지금 안전함을 느낄 수 있도록 강한 감정을 느끼는 나를 바라보는 나는 부드럽게 다가갈 필요가 있다. 예를 들어, 아이에게 너무 화가 나서 주체할 수 없을 때, 감정이 지휘하는대로 아이에게 소리를 지르려는 순간, 나의 부글거리는 화를 바라보고 뜨거움을 느껴볼 수 있다.

3단계: 감정 공감하며 경청하기

감정은 그 감정이 일어날 만한 이유가 있기 마련이다. 그러나 우리는 때론 이 이유를 무시하고 덮어두거나 회피하는 경우가 많다. 특히 자녀를 돌보아야 하고 맡겨진 일이 많을 때는 자신의 감정은 더 뒷전으로 밀리는 경우가 많다. 하지만, 자기 스스로 내 감정의 타당성을 알아주고, 그럴만하다는 것을 인정하지 않으면 감정은 어느 한구석에 머물러 계속해서 영향을 미치게 된다.

부모가 자녀의 감정을 코칭할 때 해야 할 핵심적인 역할은 비난하고 추궁하는 역할이 아니라, 그러한 감정을 느낄 만했음을 이해하고 수용하는 것, 즉 그 감정을 타당하게 느끼며 그 상황에서 자연스러운 감정이었음을 인정해 주는 것이다. 이를 자기 자신에게 적용하여서 나 스스로 느껴지는 감정에 대해 자연스러움을 인정하고 그럴만함을 공감하고 내면의 목소리에 경청하는 것이 중요하다고 할 수 있겠다.

4단계: 감정 표현하기

다음 단계는 감정을 표현하는 것이다. 감정 표현은 감정이 이름을 붙인다고 할 수 있다. 비언어적이고 경험적인 현상에 대해 "슬픔", "화", "서운함" 등으로 언어화 하면, 그 감정은 뇌가 처리하기에 조금 더 효율적인 정보가 된다. 그 결과로 우리는 그러한 감정이 가라앉는 것을 느낄 수 있다.

한편, 우리는 한 가지 감정을 느끼기 보다는 혼란스럽고 복잡한 감정을 느낄 때가 더 많은데, 그럴 때는 다양한 감정들을 나열해 볼 수 있고, 경험이 더 선명해지면서 감정의 강도가 점점 약해지는 것을 느낄 수 있다. 교육사각지대 학습자의 부모는, 화도 나지만, 속상하기도 하고, 수치스럽기도 하고, 무력감을 느끼기도 하는 등, 다양한 감정을 동시에 느낀다. 그러나 이 감정들을 분화하여 부르기 보다, 두루뭉술하게 괴로운 감정으로 안고 있으면 감정은 쉬이 지나가지 않고, 우리는 힘겨운 감정에 휩싸이게 될 수밖에 없다.

5단계: 행동적 대처(해결 혹은 한계 수용하기)

마지막 단계는 해결 혹은 한계를 수용하는 단계로서, 스스로 자신의 감정으로 인하여 지금까지 해 왔던 행동을 돌아보고, 해결이 가능한 일이라면 해결책을 찾되, 그렇지 않은 일이라면 주어진 상황에 대한 수용, 변할 수 없는 상황과 공존하며 살아가는 것에 대해 인정하는 단계이다. 이 과정을 통해 그간 감정에 휘둘려 했던 행동들에 대해 스스로 돌아보고 자신의 행동을 통제할 수 있게 된다.

이상으로 감정코칭을 살펴보면, 자기 자신의 감정을 인식하고 조망하며 이를 조절할 수 있게 된다는 점에서 마음챙김과 유사한 점을 발견할 수 있다. 이 방법들의 핵심은 자신의 감정에 휩쓸리기보다는 그 순간에 머물러 느끼고 바라볼 수 있게 되는 능력의 획득에 있다고 할 수 있다.

PART

5

즐거운 학교생활을 위한 꿀팁

아이가 즐거운 학교생활을 하기 위해서는 무엇이 필요할까? 우선, 효과적인 학습전략을 습득하여 학업 적응과정을 도울 필요가 있다. 이 과정에서 낮은 성취를 지속적으로 경험하게 되면 아이는 “나는 공부를 잘 못 해”, “나는 게을러”라는 자기에 대한 부정적인 인식과 우울 등의 정서를 경험할 수 있으며, 이로 인해 학업을 포기할 수 있기 때문에, 좋은 공부 습관과 기술을 익히는 게 중요하다. 건강한 자아개념을 발달시키기 위해 초등학교 시절 학습 시 성공 경험은 매우 중요하다. 또한 친구를 사귀는 필요한 대인관계 기술을 익힐 필요가 있다. 이러한 사회 기술은 성장 후 사회생활에도 매우 중요하나, 일상생활에서 자연스럽게 익힐 것이라 기대되어 학업에 비해 주목받지 못 해왔다. 그러나 자연스럽게 대인관계 기술을 습득할 만한 기회와 경험이 부족하거나, 인지적 어려움이 있어 이를 습득하는 데 구체적인 지도가 필요한 경우라면 부모의 지도와 도움이 필요하다. 마지막으로, 초등학교 선생님과 원만한 관계를 맺고 대화를 하는 기술이 필요하다. 교육사각지대 학습자를 돕기 위해서는 가정뿐 아니라 학교에서 담임선생님과 협력적 관계를 맺는 것이 중요하다.

01
학습 기술 향상시키기

1) 초등학생의 인지발달단계별 특징 및 과업

피아제의 인지발달이론에 따르면 초등학교 아이들은 구체적 조작기에 해당하며 조작적 사고가 발달하여 논리적으로 사고, 인과관계를 알고, 사물의 형태가 바뀌어도 양, 무게, 부피 등이 보존된다는 것을 이해할 수 있게 된다. 또한 유아 시절 자신의 관점에서만 바라보던 자기중심성에서 벗어나 다른 사람의 관점에서 이해하는 능력이 향상된다. 하지만 이 시기에는 관찰 가능하고 구체적인 대상에 대해서는 논리적으로 사고할 수 있지만 직접 경험하지 않은 추상적인 것에 대해 가설을 가지는 것은 어려운 시기이다. 즉, 아동에게 주는 정보, 설명은 구체적이고 분명하고 명확해야 한다.

에릭슨의 심리사회적 발달 단계에 따르면, 6세~12세의 시기를 사회화에 필요한 인지적, 사회적인 기술을 습득하는 결정적 시기로, 근면함을 발달시키는 시기라고 하였다. 이 시기에는 친구들과 자신을 비교하며 인정받고 싶어 하는 모습을 보이는데, 근면성을 발달시키지 못하면 자신의 학습 능력 등을 친구들과 비교하여 열등감을 느끼고, 이러한 열등감을 계속 경험하게 되면 학습에 대한 동기를 잃을 수 있다. 이러한 위기를 잘 극복하면 '유능한 나'라는 자아개념이 발달할 수 있다. 이러한 자아개념은 다양한 상황에서 지속적인 자기평가를 통해 발달하며, 사회적인 상호작용과 더불어 학교에서의 경험, 학교 밖의 경험을 통해 변화한다(Woolfolk, 1998). 특히 학업 자아개념을 높이기 위해서는 저학년 때부터 성공적인 학습 경험을 많이 제공하여 자기효능감을 높이고, 성공의 원인이 자신이 노력한 결과라는 확신을 가지도록 해야 한다(한국초등상담교육학회, 2014). 즉, 이 시기의 아동은 학습을 통해 성공, 성취를 경험할 수 있어야 하며, 그러기 위해서는 아동의 수준에 맞는 과제를 주어야 한다.

2) 학습과 정서의 관계

학습을 생각하면 지능, 노력, 동기를 떠올리기 쉽다. 그러나 학습과정은 인지나 동기, 행동으로만 이루어지는 것이 아니라 순간순간 다양한 정서적 반응이 결합되어 학습과정에서 도움이 되기도 하고, 도움이 되지 않기도 한다. 학습 상황에서 아이들은 다양한 정서를 경험한다. 행복, 기쁨, 즐거움, 희망과 같은 긍정적 정서를 경험하기도 하고, 좌절, 불안, 수치, 무력감 등 부정적인 정서를 경험할 수도 있다. 또한 학습 결과 자체에 대해 단순히 행복하거나 슬픔을 느낄 수도 있지만, 학습결과가 자기 가치와 연결되어 자부심, 수치와 같은 감정을 느낄 수도 있다. 이러한 정서는 행동에 대한 정보를 제공하고, 자신의 정서적 안녕을 위해 특정 행동을 하도록 이끌며, 동기를 일으키기도 한다. 그러므로 우리는 학습에 있어 정서조절이 얼마나 중요한지 염두에 두고, 아래의 내용에 대해 살펴볼 필요가 있다.

3) 아이의 의욕을 높여주는 대화법

부모는 학습과 관련해서 보통 좋은 의도를 가지고 대화를 시도한다. 그러나 부모와 아이들의 대화 내용을 살펴보면, 부모가 일방적으로 지시를 하거나 잔소리를 하는 경우가 있다. 이러한 말을 상호 간에 대화를 했다고 하기는 어렵다. 어른들도 어렸을 때를 떠올려보면 잔소리처럼 느껴지는 말을 귀 담아 들었던 경우는 드물 것이다. 부모는 아이를 위해 말을 했다고 하는데, 아이는 오히려 부모의 말에 기분이 나빠져 그날 공부는 하지 않게 되거나, 공부 자체에 대한 부정적인 감정이 쌓이는 경우도 있다. 그렇다면 아이의 학습 의욕을 높여주는 방식의 대화는 어떻게 할까?

(1) 대화의 기본은 경청과 공감

아이와의 대화는 어떻게 할까? 대화의 기본은 경청이다. 경청이란, 귀로는 아이가 하는 말의 내용을 듣고, 눈으로는 아이의 비언어적인 메시지를 이해하고, 마음으로 아이의 상황을 이해하는 것이다. 집안일을 하면서 아이의 말을 들을 수도 있지만, 아이가 진지한 말을 할 때는 물론이고, 즐겁고 속상했던 일상을 이야기할 때 아이를 바라보며 응대하는 시간은 의식적으로 마련해야 한다. 아이가 자신의 이야기를 잘 안 한다고 느껴진다면 부모 자신이 아이의 이야기를 경청하고 있는지 생각해보아야 한다. 경청은 상대로 하여금 자신의 이야기를 털어놓을 수 있게 하는 힘이 되며, 자신이 존중받고 수용 받는다는 느낌을 준다. 존중받고 싶은 마음은 누구나 가지고 있는 마음으로 부모와의 관계가 좋아지는 기본이 된다.

공감적인 태도 또한 대화의 기본이다. 공감은 대화를 하는 상대방이 연결된다는 느낌을 느끼게 하며, 나 자신이 있는 그대로 가치있는 존재로 존중받는다는 느낌을 준다. 공감이란, "함께 느낀다. 남의 생각이나 의견, 감정에 나도 그러하다고 느낌(동아 국어사전, 1994)"이라는 의미이다. 상담에서 공감을 강조한 심리학자 로저스는 공감한다는 것을 '다른 사람의 눈으로 세상을 바라보는 것'이라고 하였다. 이를 아이와의 대화에서 생각해보면 아이의 눈으로 세상을 바라보고, 이해하는 것이다. 아이의 말은 어른의 논리로는 엉뚱하거나 황당한 것이 있다. 부모는 그런 말을 들으면 고쳐주고 싶고, 훈계를 통해 더 나은 사람으로 성장하길 바라는 바람이 생긴다. 조급함이 생기면 아이의 말을 들어주기는 힘들다. 특히 부모 생각에 아이가 힘든 순간에 대해 이야기하면 "그게 뭐가 힘드니.", "그런 걸 왜 불안해하니.", "우울해할 필요가 없어.", "무섭다고? 그런 걸 무서워해서 세상을 어떻게 살려고 그러니."라고 말하기가 쉽다. 이 때 부모의 마음은 아이가 힘들지 않길 바라는 마음에 그게 마치 아무렇지도 않은 것처럼 이야기하게 되는데, 이런 게 습관처럼 반복이 된다면 아이는 더는 부모에게 속 이야기를 하기가 힘들어진다. 부모에게 자신의 감정을 수용받는 경험이 쌓여야 자신의 감정을 인식하고, 조절할 줄 알고, 더 나아가 "있는 그대로의 나"를 사랑하고 당당한 아이로 성장하는 밑거름이 된다. 아이가 힘들고, 어렵다면 우선 그 어려움과 힘겨움을 공감하고 위로해주는 것이 우선이다.

부모 또한 아이였던 시절이 있었다. 그러한 경험은 우리가 아이를 공감하는데 좋은 자료가 된다. 주의 깊게 들어주는 경청, 아이의 마음을 반영해주는 감정반영, 내용을 반영해준 재진술은 공감을 전달하는 좋은 방법이지만, 기본적으로 공감은 기술이라기보다 진심으로 아이의 눈높이에서 이해해주는 태도임을 기억할 필요가 있다. 이러한 공감을 언어적으로 표현하는 대화기술 중 하나가 감정반영이다. 아이가 "엄마, **가 나랑 놀기 싫다고 그랬어"라고 했을 때, "**랑 놀고 싶었을 텐데, 속상했을 거 같다."라고 아이의 감정을 반영해주는 것이다. 재진술은 아이의 말을 요약하거나 비슷한 말로 돌려주는 기술이다. 아이가 "엄마, 오늘 급식에서 내가 싫어하는 생선이 나와서 밥을 못 먹어서 배고파."라고 할 때 "아, 그래. 밥을 많이 못 먹어서 배고팠구나."라고 말하는 것이다. 이는 기계적으로 따라하는 것이 아니라 자신이 상대의 말을 잘 듣고 있음을 알려주고, 상대로 하여금 이야기를 이어나갈 수 있게 한다.

(2) 격려하기, 칭찬하기

아이가 우울해하거나 의기소침해지는 순간이 있다. 공부가 잘 되지 않을 수도 있고, 학교에서 힘든 일이 생겼을 수 있다. 위축된 아이에게 도리어 다그치는 부모가 있다. 부모가 아이가 힘든 모습을 바라보는 게 힘들어 그런 경우들이 있다. 부모는 어른이고, 자녀는 아이이다. 부모로 속상한 자신의 마음은 스스로 달래며, 자녀에게는 "많이 힘들었겠다."고 따뜻한 말과 토닥이는 행동을 통해 아이의 슬픔과 힘듦을 달래줄 필요가 있다. 또한 부모가 예전에 실패 경험이나 힘든 상황에 대해 적절히 개방하면서 어떻게 극복했는지, 어려운 순간에도 예상치 못한 새로운 길이나 일이 생길 수 있음을 알려줌으로써 아이가 이 상황을 이겨낼 힘을 북돋아주어야 한다.

아이가 잘해서 기뻐할 때는 함께 기뻐해주며, 칭찬해주어야 한다. 칭찬을 할 때는 막연하게 하기보다 무엇을 잘했는지 구체적으로 칭찬한다. "잘했다."보다는 "**가 글씨를 정말 잘 썼구나."라고 하면 이러한 구체적인 행동을 지속하게 하는 원동력이 된다. "네가 어렵다고 했던 걸 포기하지 않고 계속 했구나. 정말 쉽지 않은 일이야. 어떻게 그렇게 할 수 있었니?"라고 물어주면, 아이는 자신의 강점을 발견하고, 자신에 대한 긍정적인 상을 가질 수 있다.

(3) 대화 시 주의할 점

부모는 아이에게 고치고 싶은 점을 이야기해주고 싶거나, 부모교육과 관련된 좋은 강의, 서적, 기사 등을 보면서 자신이 깨달은 바를 실천하고 싶은 순간이 있다. 그럴 때 보통 마음이 급해지며 눈 앞에 있는 아이가 어떤 상태인지 보이지 않게 된다. 부모는 급한 마음에 하고 싶은 말을 쏟아내고, 정작 아이는 시큰둥하거나 귀담아 듣지 않는 경우가 많다. 아무리 좋은 이야기도 상대가 들을 상태인지, 이야기가 현재 맥락에 맞는지를 놓치면 안 된다.

4) 배움을 좋아하는 아이로 성장하게 하는 학습전략

(1) 학업 동기 높이기

가. 자기 효능감 높이기

앞서 3장에서도 말했듯이 초등학교 시기의 아이들은 자신의 과제를 완수하고, 학업을 해 나가며 작은 성공경험을 쌓으며, 유능한 나라는 자아개념을 발달시키고, 내가 할 수 있다는 자기효능감을 높이는 것이 중요하다. 그러므로 아이가 학습에 대해 어려워하면 학습의 난이도와 과제의 양을 조절하는 것이 필요하다. 다른 아이의 학습발달과 비교하지 않고, 우리 아이가 하지 못했던 것을 해낸 것에 집중하고 칭찬해야 한다. 부모가 아이의 노력을 알아주고, 칭찬하고 인정했을 때 아이는 유능한 나라는 느낌을 생생하게 느낄 수 있다.

나. 비전과 목표 만들기

아무런 학습 동기가 없는데 어려운 공부를 하는 건 어려운 일이다. 학습 동기와 진로는 매우 밀접한 관련이 있다. 그러나 아이들은 어른들이 생각하기에 터무니없는 진로에 대해 이야기할 때가 있다. 노래를 잘 하지도 못하는 아이가 아이돌이 되고 싶다던가, 공부를 못하는 거 같은데 의사가 되고 싶다고 이야기한다. 진로발달을 연구한 Super(1955)에 따르면 만 11세~14세가 되면 자신의 능력을 기반하여 진로에 대해 탐색하는 시기이며, 그 전에는 자신의 욕구에 기반하거나(환상기), 흥미 위주로(흥미기) 진로선택을 한다. 이를 고려하면, 대부분의 초등학교 아이들은 자신의 흥미 위주로 자신의 진로에 대해 말할 것이며, 이 점에서 노래를 잘 못하는데도 아이돌이 되고 싶어하는 아이의 모습은 자연스럽다. 그러나 아이의 이런 이야기를 들을 때 부모가 현실의 논리를 들고 이 꿈을 현실 가능한 형태로 수정하기 쉽다. “넌 노래를 잘 못하는데, 아이돌 말고 아이돌 기획자가 되는 건 어때?” 또는 “아이돌이 되는 게 얼마나 힘든지 알아? 불가능한 일이야.” 이러한 부모의 말은 누군가에 의해 계속 자신의 꿈이 수정 당하게 되면 아이는 더 이상 자신이 원하는 것을 탐색하지 않고, 결과적으로 자신의 꿈이 없는 아이로 성장할 가능성이 있다.

초등학교 시기의 아이들의 진로탐색을 도와주기 위해서는 아이가 직업과 진로에 호기심을 가질 수 있도록 부모는 자신, 그리고 친척 등 아이가 알고 있는 주변 사람들의 직업 이야기를 해 주고, 뉴스에서 나오는 새로운 직업 분야에 대해 정보를 제공함으로써 아이에게 다양한 진로와 관련된 자극을 줄 수 있도록 해야 한다. 또한 내가 하고 싶은 활동이 무엇인지, 무엇을 좋아하는지, 방학이나 주말에 하고 싶은 경험이 무엇인지를 묻고 존중해주며, 아이가 자신이 원하는 것을 인식할 수 있는 힘을 기를 수 있도록 도와야 한다.

(2) 학습환경 만들기

가. 주의가 산만해지는 환경에서 멀어지기

아이가 공부에 집중하기 위해서는 우선 공부에 집중할 수 있는 환경을 만들어주는 것이 중요하다. 일반적으로 주위가 어수선한 환경에서는 집중하기가 힘들다. 초등학생인 경우는 더욱 그러하다. 특히 게임을 할 수 있는 컴퓨터가 바로 앞에 있는 곳에서 공부에 집중하기란 어렵다. 유혹적인 것에는 쉽게 닿을 수 없게 하는 것이 좋다. 다이어트를 할 때 과자, 탄산음료를 집에서 치운다면 이런 것을 먹을 확률은 옆에 있을 때보다 낮아지게 마련이다. 학습과 관련된 도구, 책들이 잘 정리되어 있고, 아이가 공부하다가 딴짓으로 빠지게 만드는 것(피규어, 간식거리, 색종이 등 아이마다 다양하다)은 아이와 이야기하여 눈 앞에 보이지 않는 곳에 정리해두어야 한다. 아이가 정리할 수 있는 습관을 만들 수 있도록 저학년 때는 함께 정리해주는 것이 좋다. 정리하라고 잔소리로 가면 아이는 듣지 않으므로, 약속을 하고 조금이라도 정리를 할 때마다 칭찬을 해주며 작은 성공을 습관으로 만들 수 있도록 도와야 한다.

나. 아이에게 맞는 학습 환경 만들기

부모는 "우린 아인 산만해서 집중하지 못해요."라고 포기하는 것이 아니라, "어떤 환경에서 조금 더 집중하는가?"를 고민해야 한다. 학습 환경을 만들어준다는 것은 아이가 학습하는 환경, 즉 공부 공간, 시간대, 소리, 온도, 빛의 밝기 등을 아이 개인에게 맞는 형태로 만들어주는 것을 의미한다. 이를 알기 위해서는 아이에 대한 세심한 관찰과 대화가 필요하다.

어떤 아이들은 주위가 고요해야 공부가 잘 된다는 아이도 있다. 그러나 라디오나 사람들의 말소리가 있는 공간이 집중이 더 잘된다는 아이도 있다. 전자는 공부를 하러 조용한 도서관에 가는 사람들이고, 후자는 공부하러 카페로 가는 사람들이다. 영어를 공부할 때는 왔다갔다 움직이며 큰 소리로 외치는 게 집중이 잘 된다는 아이도 있다. 어떤 아이들은 혼자 공부해야 집중이 잘 되는 아이도 있고, 친구들과 함께 하는 게 다 잘된다는 아이도 있다. 아침에 집중이 잘 된다는 아이도 있고 저녁에 집중이 더 잘 된다는 아이도 있다. 단, 학습환경을 조성할 때는 아이의 건강과 생활(초등학생이 밤늦게 공부가 잘 된다고 하더라도 학교 등교, 성장 등을 생각해야 한다)을 생각하며 아이에게 맞게 조절해주어야 한다. 이를 결정할 때는 아이와 함께 대화하며 아이가 스스로 나에게 좀 더 적합한 환경이 무엇인지 스스로 생각하고 결정할 수 있는 것을 배우는 기회로 만들어주면 좋다.

(3) 시간관리하기

학습 시 시간을 낭비하지 않고 효과적으로 사용하기 위해서는 시간 계획표를 만들고 이를 실천하는 것이 필요하다. 아이에게 시간 관리의 필요성에 대해 다음과 같이 설명해줄 수 있다.

> ○○야, 우리가 가진 것 중 누가 도둑질해 갈 수도 없는 너무 소중한 재산이 있는데, 그건 바로 시간이야. 이 세상 사람은 누구나 다 하루에 24시간만 가지고 있어. 이걸 어떻게 쓰느냐에 따라 나의 삶은 변한단다. 그래서 벤자민 프랭클린이란 사람은 "인생을 사랑한다면, 시간을 낭비하지마라."라는 말도 했다고 해.
> 시간은 엄마가 너에게 주는 용돈처럼 관리할 수 있어.
> 엄마가 너에게 일주일 용돈으로 만원을 줬는데 네가 오늘 과자사먹는데 다 써버렸다고 하자. 그러면 내일이랑 그 다음날에는 어떨까?
> 시간도 마찬가지야. 오늘의 시간을 즐거움을 위해 네가 TV 보거나 친구들과 노는 데 쓸 수 있고, 미래를 위해 공부를 하는 데 쓸 수도 있어. 현재와 미래의 행복 둘 다 중요하니까 균형 있게 관리하는 게 중요하단다.

가. 시간 활용 점검하기

계획표를 짜기에 앞서 현재 자신의 생활 모습을 관찰하고 점검하는 시간이 필요하다. 시간 관리를 하는 게 어려운 아이들은 이 활동을 통해 시간을 어떻게 계획하고 사용하는 지에 대한 인식이 생길 수 있다. 아래의 그림과 같은 일주일 시간표를 아이에게 준다. 특정 활동을 언제 시작하고, 언제 마쳤는지 시간을 보고 그때그때 시간표에 내용을 적게 하면 좋다. 친구들과 놀거나 운동을 하는 등 야외 활동을 했을 때는 집에 돌아와서 체크하면 된다. 일기처럼 자기 전에 하루에 내가 어떻게 시간을 썼는지 살펴볼 수 있도록 하고, 체크하지 못한 시간도 채울 수 있도록 안내한다. 일주일이 지나면 한 주간의 시간 활용을 부모님과 함께 점검한다. 이 때 부모님은 "왜 공부를 안했니.", "하루 종일 놀기만 했구나." 등의 훈계는 삼가야 한다. 한 주간 지내본 소감을 이야기해보고, 어떻게 계획을 짜고 싶은지 들어 본다. 이 활동은 아이가 시간관리에 대한 감을 익히고, 내가 현재 어떻게 시간을 사용하는지 생각해볼 수 있는 것을 목적으로 하는 것임을 유념해야 한다.

	월	화	수	목	금	토	일
7							
8							
9							
10							
11							
12							
13							
14							
15							
16							
17							
18							
19							
20							

21							
22							
23							
24							

나. 우선순위 세우기

자신의 시간 사용에 대해 인식한 뒤에, 자신의 할 일에 대한 우선순위를 부모와 함께 의논하며, 스스로 세울 수 있게 해야 한다. 초등학교 저학년의 경우에는 스스로 하기 어려울 수 있으므로, 부모님이 순위를 정하는 것을 도와야 한다. 부모님이 제시하더라도 이게 아이의 1순위가 맞는지 동의를 구해야 한다. 말로는 동의한다고 하면서, 표정이 그렇지 않을 경우에는 아이의 시간이기 때문에 아이의 의견이 중요하다고 말하고, 이를 들어봐야 한다.

1순위: 중요하고 급한 일	예 예습과 복습, 숙제, 시험공부
2순위: 중요하지만 시급하지 않은 일	예 독서, 운동
3순위: 급하지만 중요하지 않은 일	예 메일 답장
4순위: 급하지도 않고 중요하지도 않은 일	예 인터넷 서핑, 드라마 시청, 수다

구체적으로, 먼저 일주일 동안 할 일을 생각해보며 해야 할 일 목록을 짜보게 한다. 그리고 이 일이 중요한지, 긴급한지 체크해 보도록 한다. 그리고 나서 이번주에 이 일을 반드시 해야 할지 결정한다.

해야 할 일 목록	긴급도	중요도	이번 주에 할지 결정
예시: 수학 숙제하기	ㅇ	ㅇ	ㅇ
예시: ***(책) 읽기	x	ㅇ	ㅇ
예시: 국어 예습하기	ㅇ	ㅇ	ㅇ

이 체크표를 보며 매일 해야 할 일의 우선순위를 세워 본다. 과제를 작성할 때는 범위도 적을 수 있도록 해야 한다. 이 시기의 아이들은 과제의 양, 공부의 양을 부담 없이 작게라도 정해보고 이를 실천하고 완수함으로써 성취경험을 할 수 있도록 도와야 한다. 초등학교 때 아이가 스스로를 '나는 계획대로 하지 못해.', '나는 미루는 아이야.'라는 부정적인 인식을 갖지 않도록 부모가 해야 할 일의 목록이 아이가 완수하기에 너무 벅찬 것은 아닌지 아이와 함께 검토해야 한다.

해야 할 일 목록	우선순위	예상시간	달성 여부

다. 시간 계획표 짜기

초등학교 때는 바른 습관을 길들이는 것이 중요하다. 시간 계획표를 짜서 실천하는 것을 아이들의 삶의 습관으로 만들어주면 좋다. 그러므로 이 때 많은 양의 공부를 시켜야 된다고 생각하기보다 하루에 30분의 공부계획을 짜더라도 이를 실천하고 이를 자신의 성공경험으로 받아들여, 실천에 대한 동기를 얻을 수 있도록 부모의 세심한 도움이 필요하다.

시간 계획표를 짤 때는 아이가 직접 시간 계획표를 짜고 실천하도록 해야 한다. 초등학교 저학년 때는 스스로 계획표를 짜는 것을 힘들어할 수 있기 때문에 부모가 제안해주어야 하는 경우가 있다. 그러나 그때에도 "○○야, 4~5시는 숙제 시간으로 하는 게 어떨까?"와 같이 아이의 시간에 특정 활동 등을 제안하며 아이의 동의를 구해야 한다. 이 때 아이의 표정, 태도 등 비언어적인 메시지를 확인해서 불편함을 표현하는 것이 아닌지 살펴야 한다. 아이가 스스로 시간계획표를 짤 수 있다면, 아이가 짜도록 해야 한다. 자신이 직접 계획을 세우고 실천하는 것을 경험하는 것이 중요하다. 계획표에서 공부와 활동의 순서를 정할 때는 아이가 좋아하는 것과 그렇지 않은 일을 적절히 섞어서 배치할 수 있도록 안내한다. 계획을 잘 세워서 공부를 하면 공부습관이 잘 들여지고 실력도 향상될 수 있다는 것을 잘 설명해주도록 한다.

계획표를 작성할 때는 시간 계획표와 함께 앞서 완성한 해야 할 일 목록을 보면서 작성하도록 한다. 계획표를 작성할 때는 다음의 순서대로 하면 효과적이다. 첫 번째, 학교와 학원에 있는 시간, 교회에 가는 시간 등 규칙적으로 참여하는 시간을 체크한다. 둘째, 식사, 수면, 샤워, 이동 시간 등 일상생활에 필요한 활동을 작성한다. 첫 번째와 두 번째 시간을 제외한 시간은 아래의 시간표에서 파란색으로 칠한 부분이다. 이렇게 표시를 해주면 아이는 자신이 관리할 수 있는 시간의 양을 알 수 있다. 셋째, 아이가 해야 할 일 목록을 보며, 1순위에 해당하는 예습, 복습, 과제, 시험 공부하는 시간을 체크한다. 넷째, 독서, 놀이, 운동 등 여가 시간을 기입한다. 다섯째, 공부 시간, 여가 시간 외에 필요한 것은, 갑작스러운 일로 과제를 못 했을 때 보충할 수 있는 시간을 주말에 2~3시간 정도 마련하는 것이다. 이 시간은 비상금과 같은 용도로, 아이가 주중에 과제를 다 해내면 아이의 마음껏 활용할 수 있는 선물 같은 시간이 된다. 이렇게 하면 주중에 계획을 지키고 싶은 동기부여가 되고, 몸의 컨디션이 좋지 않거나 갑작스러운 일이 생겨도 한 주 동안의 계획을 지킬 수 있다. 마지막으로 하루의 공부 계획을 얼마나 실천했는지 체크해보도록 한다. 달성할 때마다 토큰경제를 활용하여 스티커를 주는 방식으로 강화하는 것도 도움이 된다.

계획표를 실천해보면서 아이는 자신이 특정 과목의 숙제를 할 땐 좀 더 시간을 잡아야 한다거나 혹은 덜 잡아도 된다는 것을 알게 된다. 이는 다음 계획표를 할 때 반영할 수 있도록 안내해준다.

<table>
<tr><th></th><th>월</th><th>화</th><th>수</th><th>목</th><th>금</th><th>토</th><th>일</th></tr>
<tr><td>7</td><td>아침식사</td><td>아침식사</td><td>아침식사</td><td>아침식사</td><td>아침식사</td><td>아침식사</td><td>아침식사</td></tr>
<tr><td>8</td><td>학교가기</td><td>학교가기</td><td>학교가기</td><td>학교가기</td><td>학교가기</td><td></td><td></td></tr>
<tr><td>9</td><td rowspan="6">학교</td><td rowspan="6">학교</td><td rowspan="5">학교</td><td rowspan="6">학교</td><td rowspan="6">학교</td><td></td><td></td></tr>
<tr><td>10</td><td></td><td></td></tr>
<tr><td>11</td><td></td><td></td></tr>
<tr><td>12</td><td>점심식사</td><td>점심식사</td></tr>
<tr><td>13</td><td></td><td></td></tr>
<tr><td>14</td><td>##학원</td><td></td><td></td></tr>
</table>

15		**학원		**학원			
16							
17							
18	저녁식사	저녁식사	저녁식사	저녁식사	저녁식사	저녁식사	저녁식사
19							
20							
21							
22	수면	수면	수면	수면	수면	수면	수면
23							
계획한 공부시간							
실제 공부시간							
달성 여부							

✔ 경계선 지능의 초등학생 시간계획표 작성 시 참고 사항

1. 부모님과 함께 하는 독서시간
   - 부모가 책을 읽어주는 시간을 아이와 함께 논의하여 시간 계획표에 포함시킨다.
   - 구체적이고, 실생활에 연결되는 내용, 그림이 많은 책을 선정하여 설명하며 읽어주어야 한다.

2. 부모님과 함께하는 예습시간
   - 부모가 내일 수업 내용을 미리 살펴보고, 간단하게 요약해서 설명해주는 것이 도움이 되므로, 함께 공부할 수 있는 시간을 마련한다.
   - 집중시간이 짧기 때문에 예습은 10분~20분 정도로 잡는다.
   - 내용 중 어려운 단어가 있다면 쉽게 설명해준다.

참고: 박찬선, 장세희 (2015). 경계선 지능을 가진 아이들.

(4) 주의집중력 높이기

부모는 산만한 아이에게 큰 목소리로 잔소리를 하기 쉽다. 이 때 부모는 자신이 아이의ㄹ 실패한 모습에만 멈추어 있지 않은지, 아이를 산만한 아이라고 낙인을 찍은 것은 아닌지 생각해봐야 한다. '우리 아이는 ○○한 아이다.'라고 생각하면 그렇지 않은 행동은 눈에 잘 들어오지 않게 되고, 부정적 생각은 점점 굳어지기 쉽다. 이렇게 되면 자녀와 부모의 사이의 상호작용은 잔소리로 시작되기 쉽고, 행동에 대한 개선은 이루어지지 않게 된다. 인내하는 마음을 가지고 잔소리를 줄이고 산만하지 않고 주의를 집중하는 행동을 발견하여 칭찬해주는 것이 악순환의 고리를 끊는 방법이다. 주의력결핍과잉행동장애(ADHD)와 같이 치료가 필요한 산만함이라는 의심이 든다면, 전문가에게 의뢰하여 정확한 평가와 치료가 필요하다. 특히 아이가 정서적으로 불안하면 주의집중하기가 힘들다. 아이들은 정서적인 어려움을 말로 표현하거나 해결하기 위한 다양한 방법을 모르기 때문에 행동으로 이를 표출한다. 그러나 그런 경우가 아니라면 에너지 수준이 높고, 호기심이 많아서 그렇게 보이는 경우도 있다. 이런 경우에는 책상에 가만히 앉아서 공부하기보다는 소리를 내서 글을 읽거나 몸을 흔들거나 방 안을 걸으며 책을 읽는 것도 한 방법이다.

주의집중력은 연습을 통해 늘릴 수도 있다. 처음에는 10분 동안 할 수 있는 공부해야 할 양으로 나누어 준다(아이가 평소 5분 정도 집중할 수 있다고 하면 5분의 분량으로 시작해도 좋다). 아이에게 10분 뒤에 알람이 울릴 것이고, 알람이 울릴 때까지 집중해서 공부를 해야 한다고 말한다. 알람이 울리면 잠시 쉬고, 다시 10분 동안 공부하는 것을 반복한다. 아이가 잘 따라 주면 2~3주 후부터는 시간을 5분 정도를 늘려서 해본다. 부모님은 인내와 여유를 가지고 조금씩 늘려가는 게 도움이 된다. 만약 집중시간을 5분으로 시작했다면, 시간을 늘릴 때도 1분씩 천천히 늘려야 한다. 급해서 아이가 할 수 없는 시간만큼 하길 바라면 역효과이다. 또한 공부를 할 때 아이가 푼 문제를 부모가 꼼꼼히 검토하여 제대로 수행했는지를 확인하고, 잘한 경우 적절히 보상(칭찬, 또는 토큰경제에서 쓰이는 스티커 등)을 준다.

(5) 읽기 전략

가. KWL

오글(Ogle)이 고안한 방법으로, 글을 읽기 전 독자로 하여금 자신의 배경지식을 활성화시키고, 글을 읽을 때 무엇에 집중해야 하는지 방향을 설정해주고, 글을 읽고 난 후 새롭게 알게 된 내용을 정리하는 읽기 전략이다.

what I Know (알고 있는 것)	what I Want to know (알고 싶은 것)	what I Learned (새롭게 알게 된 것)
글을 읽기 전 주제와 관련해 내가 알고 있는 배경지식을 생각해보기	글을 읽는 동안 이 주제에 대해 내가 알고 싶은 것을 질문하며 읽기	글을 읽고 나서 내가 새롭게 알게 된 지식을 정리하기

나. SQ3R

로빈슨(Robinson)이 고안한 방법으로, 가장 많이 활용되는 읽기 전략 중 하나이다. 이 전략은 아래의 5단계로 진행된다.

첫째, 훑어보기(survey) 단계에서는 읽을 내용에 대한 전체적인 그림을 그리기 위해 미리 살펴보는 단계이다. 이 단계에서는 단원의 제목, 그림, 지도, 요약 내용을 중심으로 훑어보며 대략적으로 어떤 내용이 나올지를 추측하고, 전체적인 구조를 예상한다.

둘째, 질문하기(question) 단계에서는 1단계에서 본 내용을 기반으로 질문하는 단계이다. 왜 그럴까? 누가 그랬을까?와 같은 질문을 하면서 글을 읽는 동안에 답을 찾기 위해 적극적으로 읽도록 하는 동기를 부여하고 내용에 흥미와 관심을 갖게 한다.

셋째, 읽기(read) 단계에서는 앞에서 사신이 생각한 질문에 대한 답을 찾는다고 생각하며 처음부터 책을 읽으며 내용을 확인하는 단계이다. 주제를 뒷받침하는 중요한 내용과 사례를 집중해서 읽고, 각 단원을 읽고 나서는 다시 처음으로 돌아가 중요한 사실에 표시를 해둔다. 연속되는 사건을 설명하는 순서가 중요한 텍스트라면 사건을 정확한 순서대로 옮겨 적어야 한다.

넷째, 암기하기(recite) 단계에서는 처음부터 다시 한번 읽으면서 앞 단계에서 찾은 질문에 대한 답을 자기의 말로 표현하는 과정이다. 이 과정에서는 각 문단을 읽을 때마다 책에서 잠시 눈을 떼고 앞에서 찾은 답을 외워 본다. 이 때 종이에 개요식으로 대략적으로 내용을 적어둔다. 읽고 난 후에는 2단계에서 나온 질문에 스스로 답을 해보고, 기억이 제대로 나지 않는 것에는 표시를 해둔다.

다섯째, 복습하기(review) 단계에서는 자신이 이해한 정도를 점검하는 과정으로, 전체적인 내용을 이해하고, 주요 개념들을 외우고 정리하는 과정이다. 읽는 동안 작성한 필기를 보며 복습한다.

(6) 스스로 공부할 수 있게 자녀의 학습 돕기

자녀의 공부를 도와줄 때 부모는 내용을 설명하는 경우가 많다. 이는 단기적으로 아이가 모르는 걸 효율적으로 알게 되는 효과는 있다. 그러나 아이가 스스로 공부할 수 있는 방법을 알려주는 것도 매우 중요하다. 아이에게 "어떻게 하면 답을 찾을 수 있을까?", "어디서 정보를 알 수 있을까?"를 묻고, 참고서를 활용하는 방법, 사전을 찾고 인터넷 검색을 이용하는 방법을 가르쳐준다. 그 문제를 해결하기 위해서 어떤 부분을 다시 복습해야 하는지를 알려주고 아이가 스스로 하는 방법을 알 수 있도록 도와야 한다.

스스로 하도록 해야 한다는 생각이 강하면 아이가 도와달라고 할 때도 "숙제는 네가 할 일이니까 네가 알아서 해야지!"라고 거절할 수 있는데, 이는 아이의 학습의욕을 꺾는 것이다. 이럴 때는 "응, 그래, 엄마가 도와줄게. 이 문제를 해결하려면 어떻게 해야 할까? 아, 그래. 이 부분을 다시 한번 꼼꼼하게 복습하면 도움이 되겠는데?"라고 친절한 태도로 대하되, 문제를 해결할 수 있는 방법을 알려주어야 한다. 아이들에게는 내가 힘들 때 도와줄 부모의 존재감을 느낄 수 있는 것이 중요하다.

02
대인관계 기술 습득하기

원활한 대인관계를 맺는 것은 아이가 즐거운 초등학교 생활을 하기 위해 매우 중요한 부분이다. 또한 이 시기에 대인관계를 잘 맺는 것은 이후의 대인관계 능력의 토대가 되는 사회성 기술 및 정서적 감수성을 준비할 수 있는 경험이기도 하다. 특히, 교육사각지대 아동들은 대인관계 영역에서 점차 학년이 올라갈수록 큰 어려움을 호소하는 경우가 많으며, 때때로 원만하지 못한 교우관계나 따돌림으로 인해 사회적인 위축 및 트라우마를 경험하게 될 수도 있다. 따라서 본 장에서는 다양한 대인관계 어려움의 사례를 살펴보고, 이에 대해 어떻게 교육할 수 있을지를 생각해보고자 한다.

본 장에서의 중요한 원리 중 하나는 아이의 학교생활을 부모가 직접 관찰할 수는 없기 때문에, 가정에서 부모와 좋은 대화를 함으로써 대인관계 기술을 경험하고 습득하는 것이다. 대인관계 영역 또한 일상에서의 교육과 경험을 통해 훈련될 수 있기에 너무 크게 걱정하기보다는 가정에서부터 부모가 적절한 대인관계의 모델이 되어줌으로써 아동의 대인관계 역량을 키워주는 것이 바람직할 것이다.

1) 친구와 대화하기

친구를 사귐에 있어서 가장 중요한 것은 친구와 대화를 시작하고 유지하는 것이라고 할 수 있다. 특히 대인관계 기술의 상당 부분은 대화로 이루어져 있기에, 대화하기는 대인관계 기술의 기초 기술이라고도 할 수 있을 것이다. 의사소통 역량을 향상시키는 가장 효율적인 방법은 가정에서 부모와 상호작용하는 것이다. 특히 적절한 대화 기술을 부모가 먼저 잘 습득하고, 아동과 대화할 때 이를 실천함으로써 아동이 모델링할 수 있도록 하는 것이 중요하다.

교육사각지대 아동들은 비언어적 요소와 언어적 요소를 파악하고 표현하는 것이 서툴기 때문에 적절한 대화를 시작하고 나누기 어려워하는 경우가 많다. 그렇기에 대화의 기본요소를 알아보고 대화를 시작하고 유지하고 마무리하는 방법 등을 함께 살펴보면서 이런 과정을 거쳐 친구로 발전하는 과정을 함께 알아보고자 한다. 아동이 대화법을 알고 실천하기 위해서는 부모가 먼저 이를 잘 알고 아동에게 실천해 주는 것이 필수적임을 다시 한 번 기억하자.

(1) 대화의 기술: "친구와 대화할 수 있어요"

대화는 언어적 요소로만 되지 않는다. 표정과 억양, 침묵 등도 대화의 한 요소가 될 수 있다. 적절한 대화를 하기 위해서는 이러한 언어적 비언어적 요소들을 파악하여 적절한 반응을 할 수 있어야 한다. 또한 대화란 듣기와 말하기가 모두 포함되며, 대화가 시작되고 나서 이를 유지하고 마무리기까지 일련의 과정이 존재한다.

① 대화의 기본 요소

가. 듣기

대화는 상대방이 한 말을 듣고 이해하는 것을 포함한다. 듣기는 언어적 표현뿐만 아니라 비언어적 표현까지도 듣고 이해하는 것을 의미하며, 비언어적 표현에는 표정, 눈 맞춤, 끄덕임 등이 해당한다.

나. 말하기

대화는 내가 먼저 이야기를 시작하거나, 상대방의 이야기를 듣고 피드백 하는 방식으로 시작된다. 많은 사람들이 일상 생활에 대해 이야기하거나 정보 전달을 함으로써 대화를 시작하며 대화 중에 자신의 의견이나 감정을 말하거나 태도가 드러나게 된다.

② 비언어적 표현 연습하기

교육사각지대에 있는 학습자들은 비언어적 표현을 통한 의사소통이 서툰 모습을 많이 보인다. 때로는 언어적 의사소통 뒤에 숨겨진 비언어적 표현을 읽지 못해서 오해가 일어나거나 불편하고 힘든 상황을 겪게 되기도 한다. 그러므로 가정에서 언어적 의사소통뿐만이 아니라 비언어적 의사소통을 충분히 활용하여 대화를 나눔으로써 자녀가 비언어적 표현의 민감성을 기를 수 있도록 하는 것이 필요할 것이다. 비언어적 표현에는 표정, 눈 맞춤, 자세, 거리, 목소리 등이 있다.

가. 표정

표정은 가장 중요한 비언어적 의사소통 수단이라고 할 수 있다. 표정은 가장 강력한 피드백 방법으로써 감정이 자연스럽게 드러나며, 타인에 대한 관심이나, 대화의 이해 정도 등을 소통하게 된다. 예를 들면, 눈살을 찌푸리는 것은 못마땅함을 드러낼 수 있고, 입술을 꼭 다뭄으로써 반대의 의견을 전달할 수 있다. 미소를 통해 호의를 전달할 수도 있지만, 상황에 따라서는 어색한 미소를 통해 거리를 두고 싶은 마음을 전달하기도 한다.

나. 눈 맞춤

눈 맞춤을 통해 우리는 상대방에게 집중하고 있음을 전달할 수 있다. 즉, 경청하고 있음을 전달하는 효과적인 기술이다. 경청을 하게 되면 자연스럽게 눈 맞춤이 이루어지는 것을 경험할 수 있으며, 눈 맞춤은 밀접한 관계 형성에 반드시 필요한 과정이다. 어색하거나 긴장하고 있을 때, 불안할 때, 억지로 상호작용을 하고 있을 때 등 불편한 감정을 경험하고 있을 때 눈 맞춤이 잘 이루어지지 않거나 눈길을 회피하는 경향이 있으므로, 그런 감정 상태가 아니더라도 눈 맞춤이 잘 되지 않으면 상대방이 오해하게 만들 수도 있다. 이처럼 눈 맞춤을 통해 감정과 태도가 표현되는데, 항상 눈 맞춤이 긍정적인 것은 아니다. 너무 강한 눈빛은 공격적이게 느껴질 수 있기 때문이다.

다. 자세

우리는 걸음걸이, 앉은 자세, 서 있는 자세, 팔이나 다리 등 신체의 위치 등의 자세를 통해서도 감정이나 태도를 드러낼 수 있다. 예를 들어, 상대방에게 살짝 기울인 자세는 경청을 하고 있음을 드러내거나 긍정적인 감정을 의미하지만, 너무 다가간 자세는 지나치게 적극적인 태도를 반영하여 상대방에게 부담을 줄 수 있다. 한편, 상대방과 거리를 두고 싶을 때 자신도 모르게 살짝 물러나는 자세를 취하는 것을 볼 수 있을 것이다. 그러나, 상대방의 호의나 태도에 대한 거절로 느껴질 수도 있어서 효과적인 관계 맺기를 위해서는 상호작용 속에서 몸의 기울임을 적절히 조절할 필요가 있다.

라. 거리

대화 상황에서 갖는 물리적인 거리는, 상대방과 나의 심리적인 거리를 반영한다. 친밀하고 가까운 사이일수록 물리적인 거리 또한 가까워지고, 어색하거나 친밀해지기 전 단계의 사이에서는 약간 거리를 두고 대화하게 된다. 그러므로 상대방과 관계의 친밀함이 조율되지 않은 상태에서 너무 근접한 거리의 대화를 하려고 하거나, 서로 친해지고 싶은 마음이 있는 관계인데 너무 먼 거리에서 대화를 나누면 상대방이 나의 마음에 대해 오해를 할 수가 있다. 그러므로 자녀가 관계의 친밀도에 따라 적절한 거리를 두고 대화를 나눌 수 있도록 지도해 줄 필요가 있다.

마. 목소리

목소리는 개인의 성격과 특성을 표현하는 수단인 동시에 다양한 방법을 통해 감정을 드러내는 도구가 될 수 있다. 상황에 따라 적절한 톤이나 크기가 있기도 하고, 의미 전달을 위해 강조하거나 부인하는 방법 등을 활용하기도 한다. 이처럼 우리는 목소리의 톤, 음성의 고저, 크기, 속도 등으로 비언어적 의사소통을 할 수 있다. 예를 들어, 음성이 고에서 저까지 다양하거나, 목소리가 큰 사람은 외향적이고 적극적인 사람으로 평가되기도 하고, 느리고 작은 목소리로 말하는 사람은 소극적인 인상을 준다. 자녀의 목소리가 늘 너무 들떠있거나, 너무 빠른 경우, 또는 반대로 너무 나른하거나 느린 목소리로 말하는 경우, 부모가 적절한 목소리로 말하기를 함으로써 모델링을 통해 도움을 줄 수 있다.

③ 대화를 시작하고 유지하고 마치기

대화는 두 사람 이상이 나누는 것이기에, 누군가에 의해 시작되고 유지되며 마무리되는 과정을 거친다. 이 과정은 대화의 성격에 따라 매우 짧을 수도 있고 길어질 수도 있으며, 특별한 이유 없이 시작되기도 하고, 목적이 있어서 진행되기도 한다.

가. 대화 시작하기

대화는 누군가에 의해 시작되기 마련이지만, 그렇다고 무턱대고 시작할 수는 없다. 먼저 상대방이 자신과 대화를 나눌 수 있는 상황인지를 파악해야 한다. 바쁘거나, 다른 것에 집중하고 있는데 무리하게 대화를 시도하는 것은 상대를 불편하게 하거나, 나의 대화 시도가 차단되는 경험으로 이어지게 되므로 대화를 시도하는 것에 대한 자신감이 떨어질 수 있다.

다음으로 아주 친밀한 대상이 아닌 이상 대화를 시도할 때는 상대방이 들어도 부담 없는 내용으로 시작할 필요가 있다. 친밀한 대상이더라도 대화 시작부터 이야기하기에 부담스러운 내용으로 질문을 하거나 대화를 시도한다면, 상대방이 대화에 참여하기가 불편할 수 있다. 그러므로 날씨나 취미, 외적인 변화, 안부, 최근 화젯거리 등으로 대화를 시작하는 것이 좋다. 이러한 모든 것들이 대화의 상황과 상대방과의 친밀도에 따라 시작 방법은 다양할 수 있다. 대화 시작의 예는 다음과 같다.

〈표 5-1〉 대화 시작의 예

방법	예시
인사하기	"안녕, 좋은 아침이야?"
환경에 대한 피드백	"오늘은 날씨가 춥다." "오늘따라 친구들이 학교에 빨리 왔네?"
개인적인 피드백	"오늘 입은 옷이 참 예쁘다." "기분이 좋아 보인다. 좋은 일 있었어?"
이름과 정보 나누기	"안녕? 나는 김○○이라고 해. 너는 이름이 뭐야?"
질문하기	"지금 몇 시야?"

나. 대화 유지하기

시작된 대화는 상호 피드백을 주고 받으며 유지된다. 피드백되는 내용들은 정보 전달, 질문 등으로 이루어지며, 때에 따라 가볍게 지나가거나 깊이 다루어지기도 한다. 이 과정에서 대화의 주제를 갑작스럽게 크게 벗어나거나, 상대방이 이야기를 하고 있을 때 끊어버린다거나, 상대의 이야기와 상관없이 자신이 하고 싶은 이야기만 하게 되면 대화는 의도와 달리 끊어져 버린다. 자연스럽게 대화가 마무리되는 것이 아니라 상대방이 이런 식으로 대화를 끊어버리면 우리는 상대방을 무례하다고 느끼게 되고 때로는 상처받기도 하며 당황하게 된다. 그러므로 대화를 유지하기 위해서는 서로가 적절히 반응해 주어야 한다. 부모는 자녀와의 대화를 통해 자녀의 대화에 집중해 주고, 성급히 끊지 않음으로써 이를 경험하게 할 수 있다. 동시에, 자녀가 부모의 자녀를 성급히 끊어버리거나 전혀 다른 주제의 이야기를 이어갈 때, 이에 대해 부모가 느끼는 당황스러움과 섭섭함을 표현하여 자녀가 자신의 행동으로 인해 상대방이 느낄 수 있는 감정적 결과를 알도록 해 줄 필요가 있다.

대화 중 잠시 동안의 침묵도 적절하다. 말하기와 경청하기를 교대로 해보는 것은 대화를 유지시키고 발전시키는 데 중요하다. 경청하기는 특히 타인의 비언어적인 행동에도 주의 깊게 관심을 갖는 것을 포함한다. 대화 과정은 전체가 말소리로 채워져 있는 것이 아니라는 것을 자녀와의 대화를 통해 경험하게 할 수 있다.

다. 대화 마치기

시작된 대화는 어느 시점에 마무리가 된다. 그 시점은 언어적, 비언어적인 종료의 신호를 확인함으로써 알 수 있다. 상호 간에 피드백의 양과 질이 점점 감소하는 경우, 다음 일정이 있어서 상대방이 이에 대해 언급하는 경우 등에 대화를 마무리할 수 있다. 함께 나눈 대화가 즐거웠음에 대해 피드백하는 것이 도움이 되는 경우도 있지만, 일상적인 대화에서 이런 피드백은 오히려 부담스러울 수 있다. 또한 내 이야기만 하고 대화를 끝내거나, 상대방이 아직 이야기가 덜 끝났는데 대화를 마치는 것은 무례한 행동이 될 수 있으며, 앞으로 나와 이야기를 나누고 싶지 않게 만드는 행동이 될 수 있다. 그러므로 상대방이 하던 말을 끝낼 때까지 기다렸다가 대화를 마무리해야 하며, 대화는 나누는 주체 누구나 비언어적인 소통 방법을 통해 대화를 종료하고자 하는 의미를 전달할 수 있다.

(2) 부모가 피해야 할 말투

한국 교육과정평가원에서는 기초학력 향상 지원사이트(http://www.basics.re.kr/)에서 "학습부진자녀 교육지침서"를 통해 부모가 피해야 할 다양한 말투에 대해 언급하고 있다. 크게는 일방적으로 해결을 제시하는 말투와 자녀가 좌절감을 느낄 수 있는 말투가 이에 해당하며 자세한 내용은 아래와 같다.

① 일방적으로 해결책을 제시하는 말투

부모의 명령 및 강요하는 말투는 "그러지 좀 마라", "공부 좀 해라"와 같이 "~하지 마라", "~해라"는 식으로 표현될 수 있다. 이런 말투는 자녀에게 복종을 강요하게 되며, 자녀가 스스로 판단하는 능력을 기를 기회를 박탈함으로써 자신감을 상실하게 할 수 있다. 또한 자신감을 잃고 타인의 말에 무조건 따르는 모습을 보일 수 있다.

부모는 종종 경고하거나 위협하는 말투로 자녀에게 말을 한다. "얼른 숙제 안 하면 TV 못 본다", "이따 집에 가서 혼날 줄 알아" 등과 같이 "~하지 않으면 ~," 식의 말투는 자녀가 부모와 멀어지게 하고, 벌을 피하기 위한 행동을 하게 만들어 부모를 속이거나 부모에게 저항 및 적개심을 갖게 만든다.

또한 자녀에게 과도하게 도덕적 행동을 요구하는 말투는 자녀의 바람과 욕구는 소외된 채 의무만 남게 되어 심리적으로 불만족하게 되고, 더군다나 이 도덕적 기준이 자신의 능력 이상의 높은 기준일 때는 좌절감을 느낄 수 있다.

마지막으로 지나치게 충고를 하거나 자꾸 부모가 먼저 제안을 하게 되면, 부모보다 나는 열등하다는 인식을 갖게 되어 부모를 과도하게 의존하게 될 수 있다.

✔ 좌절감을 일으키는 말투

일방적으로 해결책을 제시하는 말투
- 명령, 강요하는 말투
- 경고하고 위협하는 말투
- 도덕적 행동을 요구하는 말투

② 좌절감을 일으키는 말투

부모는 종종 "생각이 있니 없니", "네가 그럴 줄 알았다", "너 때문에 이렇게 됐잖니" 등의 평가 및 비난의 말투를 사용한다. 이러한 말투는 자녀의 자존심에 손상을 입히고, 자신에 대한 비난에 대해 취약한 성격을 형성하게 될 수 있다.

대표적으로 반항적이거나, 자기 비하적인 성격으로 성장할 수 있으며, 적극적으로 사고하지 못하고 창의성을 잃을 수 있다.

또한 부모는 종종 자녀를 심문하고 분석하는 말투를 사용한다. 예를 들어, "너 동생한테 어떻게 한거야", "너 또 숙제는 다 팽개치고 게임만 했구나"와 같은 말투가 있다. 이런 경우 자녀는 수치심을 느낄 수 있으며, 부모의 사랑에 대한 의심 혹은 자신을 미워한다는 생각에 부모와의 대화를 피하게 된다.

부모는 순간을 모면하기 위해 둘러대거나 거짓 약속을 하는 경우가 있다. "내일 꼭 사 올게", "거긴 다음에 가자" 등의 말투는 부모에 대한 자녀의 신뢰를 잃게 만들고, 타인과의 관계에서 자녀도 순간을 모면하기 위해 둘러대는 사람이 될 수 있다.

부모는 여러 가지 상황에서 자녀를 누군가와 비교함으로써 자녀의 열등감을 유발할 수 있다. 예를 들어, "○○이는 그렇게 스스로 공부를 잘한다던데"와 같은 말투가 있다. 자녀를 비하하지 않더라도, 자녀는 생략된 말 속에서 자신에 대한 비하를 느끼며 부모 말에 반감을 갖게 되거나, 반항하는 모습을 보일 수 있다.

좌절감을 일으키는 말투
- 평가하는 말투
- 심문하고 분석하는 말투
- 순간을 모면하는 말투
- 비교하는 말투

(3) "친구가 되는 데는 시간이 필요해요."

때때로 아이들은 자신이 원하는 만큼 상대방과 친밀하지 않음에 대해 속상해한다. 또는 상대방이 생각하는 것보다 너무 친밀하게 혹은 덜 친밀하게 느낌으로 인해 발생하는 어려움이 존재한다. 그러나 모든 관계가 친밀한 관계는 아니며, 그 중에서 몇몇 관계들은 특별한 관계로 발전하게 되는 것임에 대해 아동과 이야기를 나눌 필요가 있다.

2) 갈등이 생겼을 때

(1) 피할 수 없는 갈등

인간이 살아가는 데에는 갈등을 피할 수는 없다. 특히, 관계가 깊어지고 서로에 대한 신뢰가 쌓여가는 과정에서 서로의 다름이 부딪히며 수용되어 가는 과정 속에서 갈등은 필연적으로 발생하는 과정이라고 볼 수 있다. 그러므로 위험하지 않는 한 또래들과의 갈등은 자연스러운 현상이므로 억지로 막거나 개입하려고 해서는 안 된다. 부모의 지나친 간섭이나 개입은 오히려 자녀가 친구들과 어울리지 못하도록 하고, 대인관계의 의욕을 상실하게 만들 수 있다. 그러므로 자녀가 학교에서 갈등을 경험하고 있을 때 부모는 이에 대해 과민하게 반응하기보다는 자연스러운 과정으로 받아들이고 갈등을 대하는 부모의 태도를 자녀가 경험하게 함으로써 갈등에 반응하는 방법을 교육할 수 있다. 또한 기분이 안 좋아보이는 자녀에게 부드럽게 자녀에게 어떤 일이 있었는지 그리고 그것을 엄마, 아빠와 같이 이야기하고 싶은지를 묻고 다음의 기술을 활용할 수 있다.

(2) 갈등 해결의 기술: "갈등은 풀어갈 수 있어요."

갈등은 반드시 둘 이상의 관계에서 발생한다. 그렇기 때문에 나와 갈등을 빚는 상대방의 관점 모두를 아울러 살펴보는 것이 반드시 필요하다. 갈등의 한복판에 있을 때에는 상대방의 입장과 관점을 살피는 것이 불가능하므로, 감정적으로 고조되어 있을 때에는 잠깐 물러나서 시간을 가질 필요가 있다. 감정이 이성을 압도한 상황에서는 원만한 해결이 어렵기 때문이다.

갈등해결을 위해서는 먼저 갈등의 주제가 무엇인지 파악해야 한다. 무엇으로 인해 친구와 갈등을 겪고 있는지를 분명히 하는 것은 관계 자체와 갈등을 구분해 주기 때문에 이후의 관계를 잘 유지할 수 있는 시작이 된다. 이 과정에서 과연 내가 화를 낼 만한 일이었는가를 다시 생각하게 되기도 하며, 생각보다 많은 경우에 이 과정에서 바로 친구에게 미안한 마음이 들기도 한다.

✔ 갈등해결의 과정

① 갈등의 핵심 내용(주제) 파악하기
② 나의 입장에서 바라보기: 상황/감정/바람
③ 상대방의 입장에서 바라보기: 상황/감정/바람
④ 나의 입장에서 다시 느껴보기: 변화 포착하기
⑤ 입장 정리하기 및 타협안 생각하기
⑥ 친구와 대화로 갈등 해결하기
⑦ 필요한 반응 수행하기: 사과하기 및 사과받기

다음으로 나의 입장에서 바라본 상황 및 내가 느끼는 감정이 무엇인지, 이를테면 화가 난 것인지 서운한 것인지 등을 확인할 필요가 있다. 그리고 이 갈등 상황에서 내가 바라는 결과는 무엇인지 나의 바람을 확인한다. 이는 첫 번째 단계에 이어서, 무엇에 이토록 화가 났거나 서운한 것인가를 분명히 해 주기 때문에 건강한 갈등 해결을 위해 꼭 필요하다.

이어서 상대방 입장에서 바라보았을 때(입장 바꿔보기) 어떠한지, 상대가 느낄 법한 감정은 무엇인지, 상대방은 무엇을 바라고 있을지에 대해 생각해보는 과정이 필요하다. 역시사지의 자세가 없는 갈등대응은 이기적이고 자기중심적인 대처를 낳게 되어 대인관계 역량을 기를 수 없게 된다.

이어서 상대방의 관점에서 바라보고 난 이후에 다시 내 입장을 바라보았을 때 달라지는 감정적 반응을 살펴본다. 내 입장에 갇혀 있다가 심상을 통해서나마 상대방 입장에 가 보니 상대가 느꼈을 것 같은 서운함과 기분 나빴을 것 같은 감정을 알게 되었을 수 있다. 간접적으로라도 이러한 감정을 느꼈을 때, 내가 느꼈던 화나 서운한 감정에 대해 일부 미안한 마음이 생기기도 하고, 상황이 조금 더 균형 잡히고 객관적으로 보이게 된다.

이러한 단계를 거친 후에 갈등 상황에서 가능한 타협안이 무엇이 있는지 생각해 볼 수 있다. 나는 어느 지점까지 타협할 수 있고, 내 입장은 무엇인지를 정했다면, 갈등을 회피하지 않고 친구와 대화를 통해 갈등을 함께 직면할 수 있게 된다.

이런 과정을 거치고 나서 친구와 대화를 나누게 되면, 상대방의 입장과 이야기가 더 잘 들리게 되고, 이 때 내 마음에서 우러나는 감정적 반응을 행동으로 실천할 수 있을 것이다. 이 과정은 때로는 친구와 멀어지는 과정이 되기도 하지만, 상당수의 경우에는 친구와 내가 서로의 입장에서 미안했을 영역에 대해 사과할 수 있는 용기가 생기는 과정이 된다.

사과라는 것은 갈등 상황 전체에 대한 사과가 아니라, 갈등 상황을 부분부분으로 나누었을 때 미안한 마음이 드는 영역에 대해서 하게 되는 것이다. 즉, 갈등해결의 이러한 과정은 갈등상황을 하나의 덩어리가 아니라, 여러 다양한 요소들로 둘러싸인 존재로 영역을 구분하게 해 주고, 하나하나에 대한 나의 반응을 살펴볼 수 있는 섬세함을 기르는 과정이 된다.

위의 기술을 친구와 싸운 자녀와 대화를 할 때 응용해보자.

① 자녀에게 "어떤 일로 싸웠어?"라고 물어보고 갈등의 주제를 파악한다.

② "ㅇㅇ이는 어떤 기분이었어?" 또는 "ㅇㅇ이는 그때 뭘 바라고 있었어?"라고 물어봄으로써 당시의 감정, 소망 등을 파악한다. 아이가 이야기하면, "아이구, 우리 ㅇㅇ이가 정말 화가 났겠구나.", "저런 … 기분이 안 좋았겠네.", "그래, 니가 속상할만하네."라고 말함으로써 자녀의 화남, 서운함, 슬픔 등의 감정에 충분히 공감해주어야 한다.

③ 아이가 감정이 가라앉으면 "그런데 **는 그때 어떤 기분이었을까?", "**는 무엇을 원했을까?"를 물어본다. 이 때 아이가 충분히 감정을 해소하지 못하면 다른 사람의 입장을 생각하기 어렵기 때문에, 충분한 시간이 지난 뒤, 상대방의 관점을 생각해보게 한다.

④ 아이가 친구의 입장에 대해서 말하면, "아~ **가 그래서 그랬구나. ㅇㅇ야, **가 그래서 그랬다고 생각하니 지금 넌 무슨 생각이 들어?"라고 물을 수 있다.

⑤ 아이가 자신의 입장을 정리하고, 타협안을 생각할 수 있도록, "그러면 너는 어떻게 하길 원하니?", "**와 어떻게 지내고 싶어?"라고 묻는다. 아이가 화해하고 싶다고 하면 "어떻게 그걸 표현하는 게 좋을까?"라고 물어서 적절한 타협안인지 확인을 한다.

(3) 왕따, 혹은 학교폭력 상황

갈등 상황이 자녀와 친구의 관계가 대등한 입장에서 발생한 것이라면 위의 절차를 통해 해결할 수 있을 것이다. 그러나, 일방적으로 자녀가 왕따나 학교폭력을 당하고 있는 상황이라면 이야기가 달라진다. 이 상황은 자녀 스스로 해결하기 매우 어려운 사안이므로 부모가 교사가 반드시 개입해야 하며, 빠른 시일 안에 해결이 되어야 하는 갈등상황이라고 할 수 있을 것이다.

가정에서 아이가 왕따를 당하고 있음을 느낄 수 있는 사항

- 최근 물건을 자주 잃어버리고, 공책과 교과서를 잘 보여주지 않는다.
- 부모님 앞에서 숙제를 하려고 하지 않고, 부쩍 돈을 달라고 떼를 쓰거나 부모님의 지갑에서 몰래 돈을 훔치기도 한다.
- 학교에서 행사가 있을 때 부모님에게 오지 말라고 한다.
- 학교에서 받아 온 가정통신문을 보여주지 않는다.
- 자꾸 멍하니 앉아있거나, 의욕이 없어 보인다.
- 학교 생활에 대해 물어보면 "별로에요", "그냥 그래요"라고 말하며 구체적으로 이야기하지 않고, 더 물어보면 화를 낸다.

출처: 한국교육과정평가원 (2011). 다양한 학부모를 위한 학습부진 자녀 교육 지침 - 초등-

위와 같은 모습이 가정에서 보이는 경우, 부모는 아이가 혹시 왕따를 당하고 있지 않은지 의심해 볼 수 있다. 이런 경우에는 담임 교사에게 연락하여 자녀의 학교 생활에 대해 확인하고, 왕따를 당하고 있는지 여부를 파악할 필요가 있다. 자녀가 왕따를 당하는 이유에 대해 파악하여 대처하되 자녀에게 캐묻거나 하기보다는 친구들이 싫어하는 부분에 대해 가정에서 좋아질 수 있도록 자연스럽게 교육이나 경험을 제공하는 것이 좋고, 일방적인 학교 폭력이라면 학교폭력에 대한 대응절차를 밟아야 한다. 이러한 상황에 대한 구체적인 대처는 7장에서 확인할 수 있다.

3) 적절히 거절하기

내가 원하는 선택을 할 수 있기까지는 때론 용기가 필요하다. 아동뿐만 아니라 어떤 상황 속에서 거절을 할 수 있으려면 거절 이후에 발생할 수 있는 관계에 대한 위기도 감수하는 용기가 필요하다. 한편, 어떤 사람의 경우에는 상대방과의 관계를 너무 신경 쓰지 않아서 부적절한 방식으로 거절해서 상대에게 상처를 주고 관계 속에서 외로워지는 경우들도 있다. 즉, 적절히 요청하기와 함께 적절히 거절하기는 자신의 의사를 표현하는 방법으로, 대인관계에서 매우 중요한 기술이라고 할 수 있다.

(1) 거절하기와 신뢰

적절하게 거절을 할 수 있는 사람은 인간관계에 대한 신뢰가 두터운 경우가 많다. 즉, 나의 거절로 관계가 쉽게 무너지지 않으며 상대방은 나의 거절을 그 사람에 대한 거절로 받아들이지는 않을 것이라는 믿음이 있는 것이다. 이러한 믿음은 어디에서 오는 것일까? 대인관계 경험 속에서 누적된 신뢰가 그 다음의 신뢰를 쌓아가는 것이며, 아동의 경우에는 상당한 경험이 학교와 가정에서 이루어지기에 부모는 가정에서 아동에게 적절히 거절하는 것을 경험시켜 줌으로써 학교에서 자녀가 거절할 수 있는 힘과 신뢰를 심어줄 수 있다. 물론, 아동의 기질과 다양한 요소들이 결합되어서 단순한 수학적인 공식처럼 이러한 과정이 이루어지지는 않을 수 있으나, 분명한 것은 가정에서 거절과 신뢰의 경험이 이후의 대인관계에서 어떠한 방식으로든 영향을 미친다는 것이다.

그렇다면 가정에서 어떻게 아동이 거절하기를 잘 경험할 수 있을까? 다양한 상황에서 부모가 아동의 요구를 들어줄 수 없을 때, 부모는 아무런 설명 없이 "안 돼"라는 말로 단호하게 거절하기보다는 상황에 대한 부연 설명과, 지금 안 된다고 하는 것이 아동이 싫거나 단순히 부모가 하기 싫어서 하는 거절이 아님을 짧게라도 표현해 줄 필요가 있다. 예를 들어, 아침에 바쁘게 아동의 등교 준비와 부모의 출근 준비를 해야 하는 상황에서 아동이 무리하게 놀아달라고 요구한다면 "안돼, 지금 바빠."라고 짧게 이야기하기 보다는 "(거절) 지금은 놀기 어려울 것 같아. (이유) 엄마도 ㅇㅇ이와 놀면 재미있지만, 지금은 ㅇㅇ이 학교에 갈 준비와 엄마가 출근할 준비를 하기에도 시간이 부족한 상황이거든. (대안)

학교에 다녀와서는 시간이 넉넉하지. 꼭 같이 놀자."라고 거절함으로써 '부모가 나를 거절하는 것이 아니라, 상황이 여의치 않아서 내 요구를 거절하는 거구나' 라고 구분하여 생각할 수 있도록 해 줄 수 있다.

(2) 거절의 기술: "적절히 거절할 수 있어요."

거절할 때는 장황하게 하기보다는 분명하게 거절 의사를 먼저 밝히는 것이 좋다. 그래야 상대방의 불필요한 오해와 기대를 줄일 수 있다. 이때도 "안 돼", "싫어" 등의 너무 단호한 표현보다는 "어려울 것 같아", "지금은 안 되겠는데" 등의 완곡한 표현이 더 바람직하다. 분명하게 거절의사를 밝힌다고 해서 쌀쌀맞게 거절함으로써 상대에게 불쾌감을 줄 필요는 없기 때문이다. 또한 완충 역할을 하는 쿠션어를 사용하는 것도 부드러운 표현을 할 수 있는 방법이다. 거절의 표현 앞에 "미안하지만"과 같은 표현을 붙이면 좀 더 부드럽게 거절을 표현하는 것이 가능하다.

동시에, 거절할 때는 거절하는 이유를 분명하게 제시할 필요가 있다. 이유를 제시하는 것은 이 거절이 상대의 제의나 요청에 대한 거절이지 상대 자체에 대한 거절이 아님을 암묵적으로 표현하는 방식이다. 즉, 우리 관계의 신뢰를 표현하는 방법이라고 할 수 있다. 이유가 있는 거절은 관계를 유지하고 싶은 마음을 드러내는 것이라고 할 수 있다. 한편, 내 마음이 원하지 않아서 하지 않는 것 또한 이유가 될 수 있다. 반드시 다른 일정이 있거나 해 줄 수 없는 다른 이유가 있어야만 거절의 이유가 성립되는 것은 아니다.

만약, 가능한 상황이라면 대안을 제시함으로써 더 부드럽게 거절을 마무리할 수 있다. 지금은 안 되지만 다음에는 가능하고, 또 그렇게 할 의사가 나에게 충분히 있다면 이러한 대안을 먼저 제시할 수도 있다. 또는 결정권이 나에게 있는 상황이 아니라면 지금이 아니라 다음에 결정해도 되는지 되물을 수도 있다. 예를 들어, 친구가 우리 집에 와서 어떤 물건을 하루 동안 빌려가고 싶어 한다면 이에 대해 "부모님께 한 번 여쭤보고 결정해도 될까?"라고 물어서 결정 시기를 조금 미룰 수 있다.

한편, 대안이 없는 상황이라면 잘 해결되기를 바라는 마음을 표현할 수도 있다. 친구가 어떤 장소에 함께 가 주기를 부탁하였는데, 지금 학원을 가야 하거나 다른 일로 함께 가줄 수 없는 상황이라면, "지금 난 같이 못가지만, 문제가 잘 해결되었으면 좋겠어", "같이 갈 누군가가 잘 찾아지면 좋겠다." 등의 바람을 표현할 수 있다.

하지만 거절할 때 유의할 점이 분명히 있다. 지금의 상황을 모면하기 위해 거짓말은 절대 해서는 안 된다. 가령, 지금 쉬고 싶어서 부탁을 들어줄 수 없는 상황이라면 거짓말로 상황을 모면하기보다는 쉬고 싶은 마음을 표현하는 것이 더 바람직하며, 이후 불필요한 감정 소모를 줄이는 일이기도 하다. 거짓말을 통한 거절은 나 자신에게도 불필요한 죄책감을 유발하므로, 자신의 마음을 표현하는 것이 차후에 진실이 밝혀지는 상황에서 발생하는 갈등 해결과 해명과정의 어려움을 방지하는 방법이다.

또한 바로 결정하는 것이 아니라 잠시라도 고민할 시간이 필요하다. 흔쾌히 수락할 수 있는 부탁이 아니라면 결정하기까지 시간을 들여 숙고하는 것이 여러 감정적 어려움을 방지하는 일이다. 이 과정에서 중요한 원칙은 나 자신이 가장 중요하다는 것이다. 마음이 약해서, 또는 상대에게 상처를 주는 나쁜 사람이 되고 싶지 않아서 등의 이유로 거절하지 않는 것은 나를 위해서가 아니라 남을 위해서 사는 것이 되어버린다. 결국 억지로 들어주는 수많은 부탁이 나를 괴롭게 만들 수 있다. 당장 선택하기가 어려우면 "생각을 좀 해 봐도 될까?"라고 이야기를 하고 숙고할 시간을 갖는 것이 필요하고, 그 과정에서 내가 정말 이 부탁을 들어주고 싶은지 반드시 고민해본 후에 결정해야 한다.

이러한 원리를 부모는 잘 숙지하고, 자녀와의 관계에서 실천할 필요가 있다. 동시에, 자녀에게도 이렇게 할 수 있는 기회를 주고, 자녀의 거절에 대해 부모가 인정해 줌으로써 자녀가 집 밖에서도 자연스럽게 거절을 할 수 있는 역량을 키울 수 있다.

✔ 거절시 유의사항

① 이유와 함께 거절 의사 분명히 밝히기
② 충분히 고민하고, 거짓말 하지 않기
③ 우선순위는 '나'에게 두기

4) 적절히 요청하기

우리는 혼자서 모든 것을 다 해내기가 어려울 때가 많다. 우리 아이들도 마찬가지이다. 아이는 학교에서 도움이 필요하거나 마땅히 요구해야 할 일이 있는 순간에 요청하지 못해서 어려움을 겪을 수 있다. 특히, 대인관계나 대화하기 영역에서 위축되어 있는 아동들의 경우에는 더욱 그러하다. 대인관계를 잘하기 위해서는 나의 의사를 정확하게 전달하고 적절히 요청하는 것이 중요하다. 요청하기는 거절하기와 함께 자기표현능력을 기르는 것과도 관련이 크다.

(1) 요청하기에 대해 자녀와 대화하기

요청하기를 가장 잘 배울 수 있는 곳 또한 부모와의 일상 속 상호작용을 통해서이다. 부모가 먼저 자녀에게 도움을 요청하고 요청에 반응했을 때 고마움을 표현함으로써, 누군가에게 요청을 받는 것이 크게 불편한 일이 아니며, 상대방이 고마움을 표현했을 때 뿌듯하고 보람 있는 경험이 될 수 있음을 경험한 아이는 상대에게 요청하는 것에 대한 부담을 덜 느낄 수 있다. 다만 이것이 자녀에게 부모의 “요구”로 느껴지지 않도록 주의할 필요는 있다. 부모가 나에게 무엇인가를 “시키고” 나는 그것에 “순종”하는 형태로 가게 되면 자녀는 학교에서도 친구에게 요청이 아니라 요구를 하게 되거나, 혹은 아예 요청을 하지 못하게 될 수 있다.

한편, 자녀에게 학교에서 요청하기 경험을 해 보았는지, 아니면 요청하기 어려운 일이 있었는지 등에 대해 대화를 나눠볼 수 있다. 부모의 경험을 먼저 개방하고 자연스럽게 자녀의 경험을 물어보는 방법도 가능하다.

(2) 요청의 기술: “적절히 요청할 수 있어요.”

무엇인가를 요청하게 되면 상대방은 나를 위하여 시간과 노력을 들여야 한다. 그러므로 요청할 때 고마움과 미안함을 느끼는 것은 자연스럽다. 과도하게 미안함과 고마움을 표현하여 상대에게 부담을 줄 필요도 없지만, 전혀 고마움을 표현하지 않는 것은 무례한 일이 될 수 있다. 그러므로 나를 위하여 수고해 주는 상대방에게 적절히 감사를 표현하는 연습이 필요하다.

요청의 기술

① 눈 맞추기 ② 태도는 공손하지만 당당하기(너무 굽실거릴 필요는 없다) ③ 상대방이 어떻게 해주기를 원하는지 정확하게 이야기하기 ⑤ 요청의 이유를 밝히기 ⑥ 시작할 수 있는 어두의 예시 : "미안하지만 …" "만약 …을 해준다면 정말 고마울 것 같아." ⑦ 상대방이 요청을 들어줄 경우 자신의 기분이 어떠할 것인지 말하기

요청할 때는 눈 맞춤이 중요하다. 시선을 피하거나 다른 곳을 응시하면서 요청할 경우, 상대방은 기분이 나쁘거나 나의 요청이 반드시 들어줘야 하는 일이 아니라고 느끼게 될 수도 있다. 그러므로 요청할 때는 눈을 바라보며 공손히 요청할 필요가 있다. 다만, 이 과정에서 너무 굽실거릴 필요는 없다.

요청을 할 때 또 한 가지 중요한 것은, 한 번 이야기할 때 정확하게 전달하는 것이다. 이를 위해서는 요청하기에 앞서 전달할 내용을 머릿속으로 분명하게 정리하는 시간이 필요할 것이다. 감정이 앞서서 생각이 정리되지 않은 채 요청이 전달된다면, 상대방이 요청 내용에 대해 이해하지 못할 수 있고, 상황에 따라 불쾌감을 느낄 수 있기 때문이다. 또한 요청을 할 때는 요청의 이유를 분명히 밝히고, 상대방이 내 요청을 들어줬을 때 내가 느끼게 될 기분을 함께 전달하는 것이 효과적이다. 이러한 과정은 요청이 요구로 들리지 않을 수 있도록 해주므로, 상대방이 오히려 요청을 들어줄 동기가 더 분명해지게끔 해 준다.

그리고 부드럽게 말을 전달하는 방식으로 요청의 내용을 전달하기에 앞서, "바쁘겠지만", "미안하지만"과 같은 표현을 사용하는 것도 효과적이다.

5) 마음을 나누기

(1) 감정은 자연스러운 것

마음을 주고받는 것은 대인관계를 유지하고 발전시키기 위해 반드시 필요하다. 감정을 나누지 않는 사람과 깊고 친밀한 관계를 맺기는 어렵다. 상대방의 속마음을 모르겠다는 생각이 들고, 나에게 마음을 열어주지 않는다고 느낄 때 나 또한 마음을 열기가 어렵다. 사실관계나 에피소드만 나열되는 대화는 그 속에 내 마음을 숨겨두고 나누는 대화가 될 수 있다.

성인들도 자신의 마음을 표현하기 어려운데, 이것을 부모, 교사, 친구와의 관계에서 배워서 익혀야 하는 우리 아이들도 마찬가지이다. 특히나 교육사각지대 아동들 중에는 주의력이 부족하거나, 상대와 나 자신의 정서를 알아차리는 기능이 부족한 경우가 많다. 그렇기에 가정에서 부모가 먼저 부모가 느끼는 정서에 대해 이야기하고, 아이가 느낄 법한 감정을 읽어주는 경험이 반드시 필요하다고 할 수 있다. 이는 아이의 정서적 민감성을 향상시킬 뿐만 아니라, 감정 어휘에 익숙해지도록 해 준다. 보통 감정표현이 어려운 이유는 이것이 어색하고 낯설기 때문인 경우가 많다. 그러므로 아이가 감정을 표현하는 것이 어색하거나 쑥스러워서 표현하지 못하는 상황을 미연에 방지할 수 있는 효과적인 방법이라고도 할 수 있다.

자녀의 마음을 이해하고 공감하는 방법, 소통하는 방법 등에 관하여 정보를 제공하는 자료는 매우 많으며, 서울학습도움센터(2020)에서 발간한 "경계선 지능 학생 지원 가이드북"과 EBS 60분 부모 제작팀(2010)의 "EBS 60분 부모: 문제행동과의 한판승 편"을 참고하면 더 많은 내용을 확인할 수 있다.

(2) 감정표현의 기술: "마음을 주고 받을 수 있어요"

① 책을 통한 감정훈련

책 속에는 다양한 감정들이 등장한다. 책 속의 등장인물들의 다양한 감정을 접하면서 공감하는 능력을 키울 수 있도록 도와줄 수 있다. 한 권의 책을 읽고 생각나는 이야기나 책 속 등장인물에 대한 아이의 의견, 이에 대해 등장인물들이 느끼는 감정 등에 대해 대화를 나누어보자. "**는 이 상황에서 어떤 기분이었을까?", "**가 한 행동에 대해 어떻게 생각해?"와 같이 3인칭 시점에서 등장인물들의 경험과 감정 등을 살펴보고 생각해보게 하는 것은 아동이 대인관계에서 느낄 수 있는 것을 대리 경험할 수 있도록 해 준다. 이 과정에서 부모는 아동이 특별히 공감하거나 집중하는 등장인물 혹은 사건에 대해 심도 있게 대화 나눔으로써 아동의 정서 포착 역량을 더욱 키울 수 있다.

② 감정을 다양한 방식으로 표현해 보기

아동이 감정을 표현하기 어려워할 때는 그것을 색깔이나 그림, 모양, 질감 등으로 표현하게 함으로써 언어화되지 않은 내적 경험에 머무르고 느껴보게 할 수 있다. 이 과정은 이것을 언어로 표현할 수 있도록 하는 징검다리 단계로 활용할 수 있으며, 이 과정에서 부모가 아동의 감정을 읽어줌으로써 아동이 감정 어휘를 더 풍부하게 익혀나가도록 도울 수 있다. "지금 ○○이 마음은 무슨 색이야?", "파란색이구나. 파란색은 어떤 기분이야?"와 같이 아이의 마음을 표현하는 것을 도울 수 있다.

③ 나-전달법

나-전달법은 자신의 감정과 생각 등을 상대방에게 효과적으로 전달하는 방법이다. 우리는 수많은 의사소통을 하며 살아가지만, 자신의 감정을 효과적이고 제대로 전달하지 못하는 경우가 더 많다. 특히 중요한 관계에서 이러한 대화 방식은 오해와 갈등을 유발할 수 있다. 그러므로 타인에 대한 판단, 생각을 지양하고 자기 자신의 감정, 욕구와 바람을 잘 전달하는 것은 매우 중요하다.

✔ 나-전달법의 3요소

나-전달법(I-message)의 3요소

① 상대방에 대한 비난을 담지 않은 서술
② 상대방의 행동이 나에게 미치는 구체적인 영향
③ 그 영향에 대한 자신의 감정과 느낌

아이와 대화할 때 우리는 자신도 모르게 "그만 좀 하라고 그랬지?", "뛰어다니지 좀 마라. 몇 번을 이야기하니" 등의 방식으로 생각을 표현하게 된다. 이처럼 자녀가 문장의 주체가 되는 너-전달법(YOU-message) 방식의 대화는 아이를 비난하고 아이에게 책임을 전가하는 대화로 귀결되곤 한다. 결국 아이는 가장 사랑하는 부모로부터 상처받게 되며, 타인과의 관계양상에도 부정적인 영향을 미칠 수 있다. 이런 방식을 아이가 고스란히 학습하게 되면, 아이의 자존감이 낮아지는 대화패턴을 갖게 될 수 있다.

그러므로 우리는 가급적 상대방에 대한 책임전가와 비난을 배제하고, 자신의 감정과 생각에 집중한 대화를 나눌 필요가 있다. EBS 60분 부모 제작팀(2010)의 "EBS 60분 부모: 문제행동과의 한판승 편"을 통해서도 "나－전달법"에 대하여 확인할 수 있다. 나－전달법의 구체적인 방법은 아래와 같다.

가. 문장 주체를 "나"로 바꾸기

너－전달법의 표현은 상대방이 비난받는 느낌이 드는 부정적 지시어가 포함될 가능성이 높다. 그래서 앞서 언급했듯이 자녀가 마음의 상처를 받기 쉽다. 반면, "엄마는 쿵쿵 소리로 아래층에 피해주는 게 미안해."라고 말하는 나－전달법은 문장 주어를 나로 두는 말하기 방법이다. "엄마의 마음은 ~하다"의 방식의 대화인 나－전달법을 사용하면 자녀의 반발심이 줄어들 수 있다. 또한 아이에게 상처를 주지 않게 되어 아이의 자존감에 부정적인 영향을 최소화하며 자녀를 훈육하기 위해 필요한 대화를 할 수 있다.

또한 나－전달법으로 아이에 대한 부모의 긍정적인 마음을 전달함으로써 아이의 자존감을 키우고 긍정적 자아상을 형성할 수 있게 도와줄 수도 있다. "우리 ○○이가 웃으니, 엄마 기분도 좋네"라던지, "○○이가 우리 딸이라서 아빠가 행복해" 등의 말을 들을 때, 아이는 자신이 괜찮은 나, 좋은 나로서의 느낌을 받을 수 있다. 그러나 나－전달법으로 부정적인 메시지를 강하게 말하는 경우, 아이는 자기 자신에 대한 부정적인 자아상을 형성하고 위축될 수 있다. 예를 들어, "아빠는 네가 하는 얘기 듣고 싶지 않다", "지금 엄마 화나서 ○○이랑 같이 있고 싶지 않아" 등으로 이야기 할 경우 자녀는 상처를 받게 된다. 그러므로 나－전달법을 사용할 때는 자녀에게 도움이 되는 방식을 잘 고려하여 하는 것이 좋다.

나. 행동의 결과에 감정을 표현하기

나－전달법을 표현할 때는 "네가 ~할 때 나는 ~라고 느껴. ~이기 때문이야"와 같이 상대방의 행동－나의 느낌－그 이유의 흐름으로 서술할 수 있다. 행동 자체보다 그 행동으로 인해 나에게 발생한 마음의 결과에 초점을 두기 때문에 상대방이 불필요하게 방어적이게 될 이유가 없다.

부모가 나－전달법을 실시할 때는 감정을 꾸미지 않고 그대로 표현할 필요가 있다. 예를 들어, 층간 소음 문제가 있을 때 "시끄러우니 조용히 해"라고 하기보다는 "시끄러운 소리로 이웃에 피해를 주게 되면 엄마는 이웃에 미안한 마음이 들고 갈등이 생길 수 있어서 힘들어"라고 말할 수 있다. 이러한 방식 한두 번으로 아이의 행동이 바뀌지 않을 수 있으나, 일관되게 반복해 줄 필요가 있다. 그러나, 장기간 반복될 때는 부모의 화난 마음을 솔직하게 전달하는 것도 좋다.

이와 같이 나-전달법을 사용하게 되면 아이에 대한 평가와 비난이 배제되므로 아이와 열린 대화를 가능하게 하며, 아이 자신도 자신에 대해 더 이해할 수 있다. 이 과정에서 중요한 것은 아이를 판단, 해석하지 않고 부모 자신이 문장의 주어가 되어 감정을 솔직하게 전달하는 것이다.

03

담임 선생님과 의사소통 하기

1) 학생 생활 참고자료

학생 생활 참고자료는 새 학기가 시작된 3월 첫 주나, 학생이 새 학교에 전입해 온 첫 날에 가정통신문의 형식으로 각 가정에 배부된다. 이는 학부모가 작성하여 담임 교사에게 제출해야 하는 자료들로, '선생님께만 알리는 우리 아이 이야기'와 '응급환자 관리 및 개인정보 동의서'가 있다. 이를 기반으로 담임 교사는 새로 만난 학생에 대해 필수적이고 기본적인 정보를 파악하게 되며, 이 자료는 아이와 일 년간 함께할 담임 교사와 학부모의 원활한 의사소통 기반을 제공하는 밑거름이 된다.

(1) '선생님께만 알리는 우리 아이 이야기'

'선생님께만 알리는 우리 아이 이야기'는 다음의 네 가지 항목으로 구성되어 있다.

가. 자녀관/교육관

아동과 학부모의 희망 진로에 대해서 의견과 함께 올 한해 학급에서 아이가 어떤 것을 고치고 어떻게 성장하기를 바라는지에 대해 작성한다.

나. 가정환경

아동의 주양육자를 확인하고, 가정에서 특히 중요하게 지도하는 가치나 덕목이 무엇인지를 묻는다. 이를 통해 아동에게 중요한 가치가 무엇인지 담임 교사는 파악하게 된다. 또한 아이가 학교에서 있었던 일을 많이 이야기하는지에 대해 작성한다. 이를 통해 학부모가 학교생활에 대한 궁금증으로 인해 상담을 요청할 시, 담임교사가 이에 대한 맥락을 파악할 수 있다.

다. 학습지도

학부모가 아동의 학습에 대해 느끼는 만족도와 지도 방법, 아동의 현재 학습 상황, 아동의 학습시간 및 자율학습능력을 작성한다. 이를 통해 교사는 아동의 기초학습능력을 파악할 수 있다.

라. 일상생활

아동의 생활 공간의 이용 실태, 친구 관계, 정서 행동 특성을 조사하고, 생활지도 측면에 도움을 받을 수 있는 정보를 미리 파악할 수 있다.

이러한 자료는 아동을 파악하기 위한 교육적 용도로만 활용되기 때문에 담임교사만 열람이 가능하며, 외부에 공개 및 유출되지 않는다. 또한 아동과 함께하는 1년 동안 보관하다가 파기된다.

선생님께 알려드리는 우리 아이 이야기

안녕하세요! 올 한해 아이들과 함께 생활하게 된 2학년 담임 OOO입니다. 이 설문은 아이들과 저, 학부모님이 한마음이 되어 아이의 학교생활과 성장 발달을 알차게 가꾸기 위해 꼭 필요한 자료입니다. 바쁘시더라도 꼼꼼히 살펴보시고 솔직하게 써 주시면 자녀 지도에 큰 도움이 될 것입니다. 고맙습니다.

- 학생: 학년 반 번 이름 ( )
- 집주소 ( ) 전화번호 ( )
- 작성 학부모: 관계 ( ) 이름 ( ) 휴대폰 ( )

※ 해당 보기에 ∨표시 해 주세요!

자녀관/교육관	가 정 환 경
1. 자녀가 어떤 직업을 갖기를 바랍니까? - 자녀 희망 ( ) - 학부모 희망 ( )	1. 부모님께서는 맞벌이를 하십니까? ① 예 ② 아니오
2. 올해 자녀의 어떤 부분이 특히 발전했으면 좋겠습니까? ① 성적향상 ② 건강증진 ③ 성격 (인격) 성숙 ④ 안정된 생활습관 ⑤ 기타 ( )	2. 지금 같은 사는 식구들은 몇 명이며 누구입니까? ① ( )명 ② 누구 : 3. 자녀가 식구들 가운데 특히 따르는 사람은 누구이며 왜 그렇다고 생각하십니까?
3. 자녀의 가정 생활태도 가운데 바람직한 점은 어떤 것입니까?	4. 부모님께서 칭찬하실 때와 엄하게 꾸짖는 때가 있다면 어떤 경우입니까?
4. 자녀의 생활태도 가운데 고쳐야 할 점이 있다면 어떤 것입니까? 5. 학교 교육에 대한 가장 큰 불만(혹은 제안)이 있다면 생각나는 대로 써주십시오!	5. ○○이가 집에 돌아와서 학교에서 있었던 이야기를 하는 편입니까? ① 자세히 한다 ② 조금 하는 편이다 ③ 물어봐야 한다 ④ 전혀 하지 않는다

6. 아이와 대화는 어떻게 이루어집니까?
① 언제든 자연스럽게 이루어진다
② 일이 생길 때마다 불러서 한다
③ 별로 대화를 하지 않는다
④ 정기적으로 한다
⑤ 그 밖에 (   )

학습지도

1. 현재 자녀의 학습 성취도(성적 및 노력)에 만족하십니까?
① 만족스럽다.
② 대체로 만족스럽다.
③ 전혀 만족스럽지 않다.

2. 집에서 '공부하라'는 소리를 자주 하십니까?
① 알아서 하기 때문에 전혀 하지 않는다.
② 조금 하는 편이다.
③ 시키지 않으며 안 하기 때문에 많이 하는 편이다.
④ 기타 (   )

3. 아이가 집에서 공부하는 시간은 몇 시간쯤 됩니까?

4. 자녀는 학원을 다니고 있습니까? 있다면 무슨 학원입니까?

5. 학원(성적관련 학원)에 보내는 이유는 무엇입니까?
① 본인이 원해서
② 성적이 자꾸 떨어져서
③ 학교 공부만으로는 모자라는 것 같아서
④ 집에서 공부를 봐 줄 사람이 없어서

일상생활

1. 자녀는 방을 어떻게 쓰고 있습니까?
① 혼자 쓰고 있다.
② 형제들과 쓰고 있다
③ 어른들과 쓰고 있다.
④ 방이 따로 없다.

2. 자녀는 특히 어떤 때 부정적 반응(짜증이나 화)을 두드러지게 보입니까?
① 공부하라고 할 때
② 생활습관에 대해 잔소리 할 때
③ 제 물건에 손댈 때
④ 사달라는 것을 사주지 않을 때
⑤ 기타 (   )

3. 용돈은 한 달에 평균 얼마이며, 주로 어디에 씁니까?

4. 자녀는 친구들을 자주 집에 데려옵니까?
① 매일 데려온다.
② 가끔 데려온다.
③ 전혀 데려오지 않는다.

5. 아이가 가장 흥미 있어 하는 것은 무엇입니까?(취미나 특기)

6. 자녀는 컴퓨터 사용을 어떻게 하고 있습니까?
   ① 하고 싶은 때는 언제든 한다.
   ② 시간 약속을 정해놓고 하는 편이다
   ③ 공부를 위한 목적에만 사용하게 한다
   ④ 기타

7. 집에 학습조사를 위한 인터넷 사용이 가능합니까?

8. 자녀가 공부를 하는 데 가장 큰 방해요소가 있다면 어떤 것입니까?
   ① 텔레비전/비디오
   ② 컴퓨터 게임
   ③ 만화
   ④ 친구
   ⑤ 집 주변환경
   ⑥ 기타 (   )

9. 교과 가운데 아이가 잘하는 과목과 잘하지 못하는 과목은 무엇입니까?
   - 잘하는 교과:
   - 잘하지 못하는 교과:

10. 자녀의 학습 습관 가운데 꼭 고쳤으면 좋겠다 하는 것이 있다면 어떤 것입니까?

6. 자녀의 성격의 장점과 단점은 무엇이라고 생각하십니까?

7. 자녀의 생활 습관 중 꼭 고쳤으면 하는 것이 있다면 무엇입니까?

8. 자녀의 건강 가운데 특히 안 좋거나 걱정스러운 점이 있다면?(알레르기 체질 등)

9. 기타 담임에게 하고 싶은 말이 있다면 어떤 것이든 써 주세요!

출처: 용연초등학교 http://yong-yeon.es.kr/yongyeon-e/M010402/view/1483991?s_idx=4

읽기자료 **'선생님께만 알리는 우리 아이 이야기', 어떻게 작성하며 좋을까요?**

> '선생님께만 알리는 우리 아이 이야기'는 담임 선생님이 서면상으로나마 학부모님을 만나게 되는 첫인상과도 같은 서류라고 생각하시면 좋습니다. 정갈하고 예쁜 글씨체로 작성해주시는 서류를 보면 아직 한번도 얼굴을 뵙지 못한 학부모님이 아동을 사랑하시는 마음이 담임교사에게도 전달이 됩니다. 아동에 대한 과도한 우려나 걱정, 또는 학교에 대한 불신의 마음을 가지기보다는, 아동에 대한 부모님의 깊은 사랑을 담아서 아이가 가진 장점과 더불어 생활지도 및 학업 지도에 관한 고민까지 진솔하게 작성해주시면, 아이에 대한 깊은 사랑이 글을 읽는 담임교사에게 전달되며, 동일한 시선으로 아동을 바라보는 시작이 됩니다. (Tip: 알레르기 반응이 있는 음식 등을 꼭 적어주시면 저학년 아동의 경우 특히 급식지도 시 아동의 알레르기 음식이 나오는 날마다 담임교사가 신경써서 급식지도를 할 수 있습니다.)

(2) '응급환자 관리(개인정보동의서) 및 학생 건강 기초 조사서'

아이의 건강하고 활기찬 학교생활을 위해서 '응급환자 관리(개인정보 동의서)'에 대한 안내를 통해 위급상황이 발생 시 대처 방안에 대하여 학교와 학부모님 간 합의된 대처 지침을 공유하고, '학생 건강 기초 조사서'를 통해 아동의 기본적 건강 상태를 파악한다.

가. 응급 환자 관리(개인정보 동의서)

학교생활 중 발생하는 응급상황에 대한 신속하고 체계적인 구급처치 및 후송을 위하여 교내 응급 환자 관리에 대한 절차는 다음과 같이 이루어진다. 교육과학기술부 학교응급관리 매뉴얼, 응급의료에 관한 법률 제2조에 따라 병원의뢰가 필요한 경우, 학생이 위급하거나 위독할 때를 제외하고는 학부모에게 연락하여 인계함을 원칙으로 하며, 병원에 가야 하는 상황에서 보호자와 연락이 안 되는 경우, 학교 인근 병원으로 후송하며, 필요 시 119 구조대를 부르게 된다.

나. 학생 건강 기초 조사서

학생 건강 기초 조사서에는 과거에 심하게 질병을 앓았거나 병원 진료를 받은 경험, 치료를 목적으로 현재 복용하고 있는 약, 특이 체질 및 알레르기 반응을 나타내는 약물이나 음식물(예 땅콩 알레르기 등)이 무엇인지를 조사한다. 담임

교사 및 보건 교사에게 체육 수업에 당부하고 싶은 주의사항을 자세히 기록하면 (예 이전에 폐 수술 경험이 있어 심폐지구력이 요구되는 오래 달리기를 하지 못합니다, OO성분이 들어간 약물을 먹으면 안됩니다 등) 교과과정 운영 및 응급처치에 있어서 참고자료가 된다.

〈학생 건강 기초 조사서 예시〉

보호자 연락처 핸드폰		부모 부재 시 연락 가능한 2차 전화번호	관계: 전화번호:
1. 신체적인 건강문제 - 현재 병원 치료중인 질병 (천식, 결핵, 간질환, 소아암, 백혈병, 신장 질환,소아당뇨, 근육병, 심장질환, 심한 아토피 피부염 등) - 과거에 심하게 앓은 병으로 인한 후유증		진단질병명: 진단년도: 년 월/진단병원: 복용 중인 약물: 현재상태 및 치료상황:	
2. 정신발달장애 · 시력 · 청력 · 언어장애		질병명: 현재상태:	
3. 약물 알레르기		약품명:	
4. 건강상 특별히 배려할 점 - 담임, 보건교사 및 학교가 알아야 할 사항 - 체육 수업에 당부하고 싶은 주의사항			

출처: 시흥초등학교 보건소식 http://www.siheung.es.kr/board.read?mcode=1110&id=243

2) 선생님과의 1:1 학부모 상담

학부모 상담은 "아동의 교육에 큰 영향을 끼치는 학부모와 담임교사가 함께 만나 아동의 성장을 위해 이야기를 나누는 의사소통의 장"(김은영, 이재용, 박성희, 2018: 178)이다.

학부모 상담을 하는 가장 큰 이유이자 목적은, 교사와 학부모가 아동교육을 하는 목표를 같은 방향으로 설정하고 함께 설정한 그 목표를 달성하기 위하여 조화롭고 협조적인 교육적 노력을 기울일 때, 아동은 가장 잘 성장할 수 있기 때문이다. 특히 초등학생의 경우 아이의 문제는 **부모와** 깊은 관련이 있고, 아이의 변화에 절대적인 역할을 하는 것이 바로 부모의 변화이기 때문에 학부모 상담을 통한 부모의 협력과 변화는 매우 중요하다(김은영 외, 2018).

학부모 상담의 중요성과 필요성에 대한 인식이 점차 강화되면서 전국의 초중 고등학교에서는 학부모-교사 상호 간의 소통을 활성화하기 위해 연 2회 의무적으로 학부모 상담주간을 운영하고 나이스 대국민서비스를 통해 학부모상담을 상시 신청하도록 안내하고 있다. 학교에서 이루어지는 1:1 학부모 상담에는 정기 상담과 비정기 상담이 있는데, 정기 상담은 매 학기가 시작되는 3월과 9월에 약 1주에서 2주 동안 실시되는 학교 공식 행사로서의 상담을 의미하며, 비정기 상담은 학교에 의해 공식적으로 정해진 시간이 아니더라도 필요에 의해 이루어지는 상담을 의미한다.

(1) 정기 상담

가. 사례: 초등 1학년 학부모입니다. 3월 학부모 상담주간, 어떻게 해야 할까요?

> 올해 첫째가 8살이 되어 초등학교에 입학시킨 학부모입니다. 아이가 입학 3주 만에 학교에서 학부모 상담 주간이며 상담 신청서를 들고 왔습니다. 상담에 꼭 가야 하는 건가요? 상담에 가면 선생님께 무슨 말을 해야 할지 고민이 되고, 어떤 경험을 하게 되는지 궁금합니다.

전국의 유, 초, 중, 고등학교에서는 학부모-교사 상호간의 소통을 활성화하기 위해 연 2회 의무적으로 학부모 상담주간을 운영하고 있다(김한별, 정여주, 2018). 대부분의 학교에서 모든 학부모를 대상으로 정기 상담을 진행하고 있으며, 해마다 매 3월과 9월에 정기적인 교육과정 행사의 일환으로 정착되면서 그 비중은 점차 커지고 있다(김은영 외, 2018).

정기 상담인 학부모 상담주간은 학기가 시작되는 3월과 9월 내에 학사일정으로 계획되어 있는데, 3월과 9월 상담의 특성은 각기 다르다. 3월의 학부모 상담은 아이에 대해 '들려주는' 시간이라고 생각하면 좋다. 아이에 대한 최대한 많은 정보를 담임 교사에게 전달하여 '내 아이에 대해서 알려드리기'가 상담목표라고 생각하면 좋다. 아이가 어려워하는 교과목에는 무엇이 있으며, 집에서 어떻게 지도할 때 학습 효율이 높아지는지, 아이가 잘하지 못하거나 도움이 필요한 부분은 무엇이며, 아이의 생활지도에 관련하여 특별히 고민되는 부분은 어떤 부분이 있는지 등 다양한 이야기를 담임 교사에게 이야기하면 된다. 내가 많은 것을 준비해서 가야 하면 상담에 갈 때 마음이 무거워지게 마련이다. 학부모 상담주간은 부모가 많은 걸 준비해서 가는 기간이 아니다. 한 학년 동안 우리 아이를 지도하실 담임 선생님을 만나서, 앞서 제시한 "학생 생활 참고 자료"에 작성한 항목을 중심으로 좀 더 이야기 할 게 있는지 생각해보고 가면 된다. 3월 상담이라고 학부모가 질문을 할 수 없는 건 아니다. "아이가 수업 시간에 발표나 참여는 잘 하는지", "함께 노는 친구들은 누구이며 교우관계의 문제는 없는지", "급식은 잘 먹는지", "집에서는 이야기를 잘 하지 않는데 선생님께는 물어보거나 질문하기를 잘 하는지" 등은 흔하게 하는 질문인데, 3월간 담임 교사가 관찰한 것을 토대로 답변을 할 수 있다. 9월의 학부모 상담은 한 학기 동안 담임 교사가 아이를 관찰하고 경험한 것을 듣는 기회가 된다. 3월 상담에서 학교 생활 중 우려되었던 학습은 어떻게 지도되어 왔고 얼마나 성장이 있었는지, 교우관계는 어떻게 변화되었는지 등 아이의 진전도와 변화 및 성장이 다루어지는 시간이 될 수 있다.

부모가 학부모 상담 시작 전에 긴장, 불안감, 기대감을 느끼는 것은 자연스럽다. 초등학교 학부모의 상담 체험을 분석한 한 연구(김은영 외, 2018)에 따르면, 학부모는 상담을 하기 전에는 담임교사에 대한 궁금함, 큰 문제가 없을 거라고 위안하면서도 자녀에 대해 어떤 평가를 들을지에 대한 불안감, 긴장감을 경험했다고 한다. 또한 교사의 권위적인 태도나 개별적이고 구체적인 피드백이 부족함을 느꼈다는 소수의 피드백도 있었으나, 대부분의 학부모는 상담을 통해서 새로운 관점에서 자녀의 모습을 파악하고, 실제적인 문제해결 방법을 알게 되는 것과 같은 긍정적 경험을 보고하였다(김한별, 정여주, 2018).

(2) 비정기 상담

비정기 상담은 학교에 의해 공식적으로 정해진 시간이 아니더라도 필요에 의해 담임 교사와 약속을 잡아 이루어지는 상담을 의미한다. 다음은 담임 교사에게 상담을 요청할 수 있는 사례이다.

아이가 자꾸 우울해해요. 어떻게 해야 할까요?

Q 아이가 근래 들어 부쩍 한숨을 많이 쉬고 집에서 말수가 급격히 줄었습니다. 원래 수다스러운 아이는 아니었으나 최근 들어 집에서 조용히 방문을 닫고 들어가 있고, 기운도 없어 보여 학교에서 무슨 일이 있냐고 물어보아도 별다른 대답을 하지 않습니다. 아이가 걱정되어 담임선생님께 문자를 드려 전화 상담을 요청드렸습니다.

A 아이가 우울한 거 같아 걱정될 때는 전화나 문자 등의 방식으로 담임 선생님과 연락을 취해 상담을 할 수 있습니다.
상담에서 먼저, 가정에서의 아이의 우울한 모습들을 담임 선생님께 전달하고, 학교에서도 동일한 모습을 보이고 있는지 확인해볼 수 있습니다. 아이가 우울해할 만한 일이 학교에서 일어났는지 담임선생님의 이야기를 들어보는 것이 좋습니다. 학교에서 별다른 특별한 일이 일어나지 않았을 경우, 담임선생님이 하루 이틀 정도 더 관찰해보고 상담이 재개될 수 있습니다.
만약 아이가 학교에서도 걱정이 많고 안절부절 못하거나, 짜증을 내고, 자주 복통과 두통을 호소하며 학교 가기를 거부하는 모습, 또래와 어른에게 공격적인 모습을 보인다면 원인이 무엇인지 파악하고 아이에게 필요한 중재를 해야 합니다. 아동이 우울을 겪을 수 있는 원인에는 또래관계에서의 문제나 가족 내에서의 갈등, 학업 문제 등이 있을 수 있습니다.
학교에서 친구와 싸웠거나 시험 때문에 일시적으로 우울감을 느낄 수 있습니다. 그러므로 처음부터 큰 일이라고 생각하고 노심초사하기보다는, 체계적이고 지속적으로 관찰하여 정확한 원인을 파악해야 합니다. 학교에서는 담임선생님이 지지하고 대화하며 아동이 마음을 해소할 수 있도록 하고, 가정에서도 부모님들이 관심을 제공하여 사회적 지지와 안정감을 느끼게 해 줄 필요가 있습니다. 그러나 이러한 우울감이 지속될 경우에는 전문가에게 의뢰할 필요가 있습니다.

아이가 공부를 어려워해요 어떻게 할까요?

Q 아이가 초등학교 4학년인데 같은 동급생 아동들에 비해 수학에서 크게 떨어지는 편인 것 같습니다. 2학년 때 시작했던 곱셈, 나눗셈을 어려워하고, 덧셈 뺄셈조차도 천천히 손으로 세어가면서 하나하나 계산하며 시간이 몇 배로 걸리고 오답률도 높아, 본인도 답답해하고 수학 시간을 싫어하는 것 같습니다. 초등학교 수학이 중요하다는데, 아이가 벌써부터 수학을 포기해서 부진아가 될까봐 덜컥 겁이나 담임선생님께 전화를 드려 면담 날짜를 잡았습니다.

A 아동이 학습적인 어려움을 보이고 있을 때는 담임 선생님과의 상담을 신청하여 아동에 대해 의논하고 해결책을 함께 찾아볼 수 있습니다.
상담에서 가장 먼저 부모님은 아동의 학교에서의 학습실태와 가정에서의 학습 실태가 동일한 양상을 보이는지 확인할 필요가 있습니다. 집에서 못하는 곱셈을 학교에서는 하는지, 집에서는 문제를 풀 때 굉장히 집중을 못 하며 오랜 시간이 걸리는데 학교에서도 그러한지를 확인해볼 필요가 있습니다.
아동의 학업적 어려움의 발생 양상이 학교와 가정에서 일치한다면, 두 번째로 어떤 원인에 의해서 아동의 학업이 어려운지 확인할 필요가 있습니다. **지능 등 일반적인 학습 능력이나 기초학습능력의 문제인지,** 혹은 시험불안 증가, 학습 흥미 저하, 부정적 자아개념 형성과 같은 정서적 요인이 원인인지, 혹은 교과서 중심의 풀이식 수업이 안 맞거나 계열성이 높은 수학 과목의 경우 선수 학습이 되지 않은 문제로 현재 학습에 영향을 미쳤는지 등 교수-학습적 원인인지를 파악해볼 필요성이 있습니다(**6장에는 기초학력 진단과 관련된 사이트가 소개되어 있습니다**).
세 번째, 원인을 발견했다면 부모와 담임교사가 학교와 가정에서 시도할 수 있는 노력을 함께 의논하여야 합니다. 계산 속도가 문제인 느린 학습자의 경우, 학교에서 다 끝내지 못한 수학익힘책을 수업 이후 집에서 완성해오는 방법이 있으며, 수학과목에서 성공경험이 부족하여 학습 불안과 같은 정서적인 요인이 있는 경우, 담임교사나 또래에 의한 채점보다는 집에서 학부모님이 수학책을 채점하게 허용하는 방법 등이 있습니다.

3) 알림장을 통한 소통

초등학교 모든 학년이 알림장을 쓰는 문화가 정착되어 있다. 특히 저학년의 경우는, 글씨 쓰기 및 필압 연습을 위해서 알림장을 수기로 작성하는 연습을 매일 하게 된다. 알림장을 아이들이 작성하면 교사가 확인을 하고, 이후 방과 후에 가정으로 돌아가 부모가 확인하면 된다. 알림장은 아동들이 학교와 집을 오가며 매일 들고 다니기 때문에 학부모와 담임 교사 간의 좋은 의사소통 수단이 될 수 있다.

남편 휴가에 맞춰 4박 5일간 태국으로 가족 여행을 가고 싶어요.

A 교외체험학습 신청서를 작성하여 아이 편에 보내시면 됩니다. 담임선생님께서 보내주신 신청서를 검토하여 허가서를 보내드립니다. 체험이 끝나면 결과보고서를 작성하여 아이 편으로 보내시면 됩니다.
체험학습 신청서와 보고서는 학교 홈페이지 공지사항에서 다운받아 인쇄하거나 담임선생님께 직접 수령하실 수 있으며, 통상적으로 체험학습을 가고자 하는 날로부터 길게는 1주 전, 늦게는 2-3일 전까지 신청서를 제출하면 좋습니다. 결과보고서는 여행이 끝나고 등교하는 당일에 제출하여야 합니다.

4) 문자 메시지나 전화 통화를 통한 소통

아이의 결석이나 조퇴, 현장 체험학습 신청 등 출결과 관련된 비교적 간단하게 논의할 수 있는 사안에 대해서는 문자메시지를 활용하여 담임선생님과 소통할 수 있다. 반면 학교에서 아이가 다치거나 교우관계에서 갈등이 일어난 경우 등 비교적 긴 대화가 필요한 경우 전화 통화를 하기도 한다.

(1) 결석, 조퇴, 현장 체험학습신청 등 출결 관련

아이가 아침에 열이 많이 나서 늦게 등교시켜야 할 것 같습니다. 언제까지 문자를 드려야 할까요?

A 경기도 소재 초등학교의 경우 담임 교사는 매 1교시 시작 전까지 학생 출결을 필수적으로 확인하고 아이가 등교하지 않았을 경우 학부모님께 확인 절차를 거치며, 아동의 안전이 확인되지 않을 때 신고의 의무가 있습니다. 아이의 지각이나 결석이 예상되는 경우, 1교시 시작 시간(학교별로 오전 9시, 오전 9시 10분 상이) 전까지는 지각과 결석 여부를 알리는 문자를 보내주시면 좋습니다.

출처: 경기도 교육청 초등 교무학사 업무매뉴얼, 2020, 제 1편 교무학적편 6. 학생출결관리 http://www.goe.go.kr/home/contents.do?menuId=100000000000283&contentId=20151214142309&menuInit=11,2,2,0,0

A형 독감에 걸린 우리 아이, 등교하지 않아도 출석에 영향이 없나요?

A 출석에 영향이 없습니다. 인플루엔자, 수족구병, 무균성뇌수막염, 수두, 유행성결막염 등 법정 감염병에 걸렸을 경우, 병원에서 명시한 회복 기간만큼 의무적으로 등교중지를 해야 하며, 병원에서 확인받은 "의사 소견서"를 담임선생님께 제출하시면 감염병으로 결석한 기간은 출석으로 인정됩니다.

읽기자료 '등교중지'

1) 등교중지를 시키는 이유

감염병에 걸린 아동이 등교 시 다른 어린이들에게 전염될 수 있으므로 감염병이 퍼지는 것을 막기 위하여 등교 중지를 해야 합니다.

2) 등교 중지 방법

① 감염병이 의심되면 학교에 출석하지 말고 담임선생님께 연락한 후 병원에 갑니다.

② 병원에서 확인받은 "의사 소견서"를 담임선생님께 제출하시면 감염병으로 결석한 기간은 출석으로 인정됩니다(단, 법정 감염병이나 전염력이 강한 질병에 걸린 경우 의무적으로 등교중지 요망. 예 인플루엔자, 수족구병, 무균성뇌수막염, 수두, 유행성결막염 등).

출처: 학교 감염병 2011 학교감염병 예방관리 매뉴얼(경기도 교육청)
http://www.goe.go.kr/home/bbs/bbsDetail.do?menuId=100000000000262&bbsMasterId=BBSMSTR_000000000246&menuInit=12,1,1,0,0&bbsId=85390

(2) 담임 교사가 전화하는 경우

학교에서 친구와 싸웠다고 연락이 왔습니다.

Q 오늘 학교에서 아이가 친구와 싸웠다는 담임 선생님의 전화를 받았습니다. 달리기가 느린 저희 아이에게 "거북이 느림보"라고 상대 아이가 놀렸고, 저희 아이가 충동을 참지 못하고 놀린 친구의 얼굴을 주먹으로 때려 안경이 부러졌고 광대뼈에 멍이 들었다고 합니다. 상대 아이가 많이 다쳤을지 걱정도 되지만, 저희 아이가 놀림을 당해 속상한 마음도 큰데 어떻게 하면 좋을까요?

A 학교에서 생활하며 친구들과 함께 커나가는 아이들은 크고 작은 다툼 속에서 갈등을 경험하곤 합니다. 이러한 갈등을 경험하는 것에서 끝나는 것이 아니라, 갈등 상황을 지혜롭게 해결해나가는 법을 배우는 게 중요합니다. 우리 아이가 사과하기를 두려워하지 않는 용기 있는 사람이자, 용서할 줄 아는 너그럽고 지혜로운 사람으로 자라나기 위해 꼭 필요한 것이 바로 '학교와 가정에서의 일관된 교육방침'입니다. 학교에서는 선생님이 시켜서 마지못해 때린 행동에 대해서 사과를 했으나 바로 다음 날에 "저희 집에서는요, 남자로 태어나서 맞고 다니면 못 쓰는 거라고, 맞은 만큼 똑같이 때려서 꼭 갚아주라고 했어요."라고 말하는 아이를 보면, 학교와 가정에서의 일관되지 못한 교육방침이 아이에게 혼란을 안겨줌과 동시에 아이가 그릇된 가치관을 가지게 되지 않을까 염려가 됩니다.

담임 선생님이 우리 아이가 학교에서 싸웠다는 내용의 전화를 하시는 목적은 크게 두 가지로, 첫째, 아이의 바른 성장을 도울 수 있도록 '일관된 교육방침을 위한 선생님과 부모님의 협력 체계'를 만들기 위해서입니다. 둘째, '어른의 시각에서 정리해본 상황에 대한 부모님께 설명'하기 위해서 전화를 하게 됩니다. 아이의 말을 통해 상황을 들으면 이야기가 다소 한쪽으로 치우쳐져 있을 가능성이 있기에, 좀 더 정황을 객관적으로 설명하고, 사후조치로 응급치료나 아이들 간의 화해를 위해 어떠한 조치를 담임 교사가 했는지에 대한 이야기를 듣게 됩니다.

부모님이 전화를 받으시면 해야 할 일은 크게 네 단계로 나눌 수 있습니다. 첫째, 전화를 받을 때, 감정을 가라앉히고 차분하게 선생님이 하는 말을 경청하는 것입니다. 어떤 상황이 일어났는지, 이야기를 듣고, 아이의 말과 비교, 대조하여서 상황의 진위를 상세히 파악하는 것이 필요합니다. 벌어진 상황에 대해서 납득이 안되는 부분이 있거나 흐름이 안 맞는다고 느껴지는 부분에 대해서는 담임 선생님께 여러 번 물어봐도 됩니다. 두 번째 단계는, 진위를 차분히 파악한 후, 우리 아이가 명백히 잘못한 부분에 대해서 진심 어린 사과를 하는 것입니다. 위 상황은 아이가 놀림을 받았지만 충동적으로 상대 아이를 때려 안경이 부러지고 얼굴에 멍을 들게 한 부분에 대해서 정중하게 상대 학생의 부모님께 사과를 건넬 필요가 있습니다. 담임 선생님께 사과의 말씀을 전해달라고 부탁하는 경우도 있고, 직접 연락처를 요청하여 사과 인사를 드리는 경우도 있습니다. 세 번째 단계는, 내가 우리 아이의 부모로서 상대 학부모님께 희망하는 바에 대한 정중한 요청을 하는 것입니다. 위 사례의 경우, 우리 아이가 비록 때린 것은 당연히 사과를 드리지만 우리 아이의 신체적 특징을 놀린 행위에 대해서 속상한 마음을 분명히 표현하고 이와 같은 일이 다시는 일어나지 않기를 상대 학부모님께 요청할 수 있습니다. 네 번째 단계는 담임 선생님께 가정에서 아이를 어떻게 지도할 것인지 말씀드리고 상의하는 것입니다. 위 사례의 경우, 담임 선생님이 했던 조치는 서로에게 잘못한 부분을 인정하고 사과한 것이었습니다. 담임 선생님의 교육지침에 동의하신다면 가정에서는 같은 방법으로 지도할 것임을, 동의하지 않으신다면 어떤 식으로 지도할 것임을 이야기합니다.

"학교에서 전화가 오면 안 좋은 일이 더 많으니 전화 받기가 무서워요."와 같은 글들이 맘카페 등에서 종종 찾아볼 수 있는 것처럼, 담임 선생님이 전화가 와서 우리 아이가 다른 아이와 싸웠다는 내용의 전화를 받게 되는 학부모님의 마음은 아이의 안전에 대한 걱정, 떨림, 혹여나 있을 질책에 대한 두려움 등 정말로 다양한 감정이 들 수 있습니다. 부모가 감정적으로 지나치게 고양되어 나와 우리 아이 입장만 내세우거나, 지나치게 위축이 되어서 상대방의 입장만 생각하기보다, 마음을 가라앉히고 상황을 함께 해결해나간다는 태도를 가질 때, 아이도 갈등의 올바른 해결을 배울 수 있게 됩니다.

Q 아이가 학교 계단에서 넘어져서 입원을 하게 되었습니다. 다친 것도 걱정이지만, 병원비도 걱정이 되는데 어떻게 하면 될까요?

A 교육활동 중에 발생한 학교안전사고에 대해서는 보상을 받을 수 있습니다.
학교안전사고란 학생 · 교직원 또는 교육활동참여자의 생명 또는 신체에 피해를 주는 모든 사고 및 학교급식 등 학교장의 관리 · 감독에 속하는 업무가 직접 원인이 되어 학생 · 교직원 또는 교육활동참여자에게 발생하는 질병을 의미합니다(학교안전법 제2조 제6호)
보상 대상이 되는 사고는 학교의 교육과정 또는 학교의 장(이하 "학교장"이라 한다)이 정하는 교육계획 및 교육방침에 따른 수업, 특별활동, 수학여행 등의 활동과 등하굣길, 및 학교장이 인정하는 대회, 행사 등에서 일어나는 사고입니다(학교안전법 제2조 제4호)
보상 대상이 되는 질병은 학교급식이나 가스 등에 의한 중독, 일사병(日射病), 이물질의 섭취나 접촉에 의한 질병, 외부 충격 및 부상이 직접적인 원인이 되어 발생한 질병입니다
이렇게 학교안전사고로 치료를 받는 경우, 장해가 남은 경우, 간병인이 필요한 경우, 사망한 경우 등에 보상이 가능합니다.

PART

6

아이 한 명을 키우는 데 온 마을이 필요하다

아프리카 속담 중 “아이 한 명을 키우는 데 온 마을이 필요하다.”라는 말이 있다. 아이를 부모가 홀로 키우기란 매우 어려운 일이다. 가족, 친척, 지역사회, 국가로부터 시기적절하고 다양한 유형의 도움이 필요하다. 남들과는 조금 다르게 느껴지는 우리 아이를 키우느라 나홀로 고군분투하는 것이 아니라, 도움을 주고 받을 수 있는 기회가 있지는 않을까? 특히 자신의 힘듦에 대한 위로와 지지, 정보를 받을 수 있는 모임이 있다면 기나긴 양육 기간 동안 큰 도움이 될 것이다. 또한 지자체와 국가에서 지원하는 전문적인 프로그램과 지원에 대한 내용을 알고 참여하며 도움을 받게 된다면, 나 혼자 감당한다는 막막함에서 벗어날 수 있을 것이다.

본 장에서는, 교육사각지대 아이를 양육함에 있어 학부모들이 참고할 수 있는 다양한 도움의 출처들을 찾아 탐색해보고자 한다. 먼저, 공공기관에서 제공하는 다양한 지원 서비스를 안내하고, 비슷한 고민을 가진 사람들이 모인 온라인 모임에 대한 정보를 제공하고자 한다.

01
기초학력 진단 및 지원

1) 서울시 기초학력진단 보정시스템(https://s-basic.sen.go.kr/)

서울특별시교육청에서는 기초학력진단 보정시스템을 운영하여 기초학력을 쉽고 빠르게 진단할 수 있도록 서비스를 제공하고 있다. 시스템 홈페이지 → 진단처방학습 → 정서, 심리 검사도구 항목에서는 학습저해요인 검사도구, 학습습관 검사 도구를 제공한다. 전자는 초등 2-3학년을 대상으로 학생의 환경문제, 특수지원 필요 여부, 학습태도 문제, 기초학습기능, 인지능력 등 학습부진이나 학습을 저해하는 요인을 빠르고 간편하게 파악하는 검사를 실시할 수 있다. 후자인 학습습관 검사도구의 경우 초등 저학년(3~4학년)과 고학년(5~6학년), 중등학년 각각을 대상으로 학습유형, 학습전략, 학습 집중에 관한 검사를 실시 후 검사 결과에 따른 입체적 리포트를 제공하는 시스템이다. 이 경우는 학생이 직접 로그인하여 학습습관 검사를 완료하면 교사가 학생의 검사 결과를 리포트로 제공받을 수 있도록 서비스를 제공한다. 홈페이지에서 로그인 하면 학습자료 또한 제공받을 수 있다.

2) 한국교육과정평가원 꾸꾸 사이트(http://www.basics.re.kr/)

기초학력향상지원사이트 '꾸꾸(KU-CU)'는 학력향상 중점학교와 일반학교 모두 학습부진 학생 지도·지원을 체계적으로 실행할 수 있도록 다양한 진단 도구, 보정학습자료, 관리 및 지원 프로그램을 제공하는 국가 수준의 기초학력지원 인프라이다.

꾸꾸에서는 초등, 중등의 각 수준에 맞추어 진단, 평가와 기초학습, 교과학습을 제공하고 교과 주제별 자료 또한 제공하고 있다. 다만, 교사에게 맞추어진 프로그램이기에 교사인증 없이는 학생은 학습유형검사 이외의 다른 검사를 활용할 수는 없다. 그렇기에 학부모가 교사에게 요청하여 교사와 함께 학생을 위한 협업의 한 과정으로서 본 사이트를 활용하는 것이 필요하다. 교사인증을 거쳐 학생이 교사를 통해 학생인증을 받게 되면, 학습유형검사, 학습저해요인 진단검사, 정서행동환경검사, 수학 학습동기 검사, 사회 학습동기 검사, 학교생활 적응도 검사 등을 진행할 수 있다.

또한 꾸꾸 사이트의 주제별 자료 항목에서는 비교과 주제별 자료에서 가정연계자료를 무료로 제공하고 있다. 학부모는 가정에서 이러한 자료를 활용하여 자녀를 교육할 수 있다.

02
심리상담, 학습상담, 진로상담 지원

1) 청소년상담복지센터

1990년대부터 운영되어 온 청소년 상담복지센터는 2005년 시작된 CYS-Net의 핵심 중추 역할을 담당해 왔다(황순길 외, 2014). 서울(25개소), 부산(16개소), 대구(9개소), 인천(10개소), 광주(6개소), 대전(3개소), 울산(6개소), 경기(33개소), 강원(13개소), 충북(13개소), 충남(16개소), 전북(15개소), 전남(23개소), 경국(22개소), 경남(22개소), 제주(3개소), 세종(1개소)을 비롯하여, 전국의 236개소 상담센터에서는 청소년 심리상담과 위기 및 취약청소년 지원사업을 비롯한 다양한 청소년 지원사업을 제공하고 있다. 대표적으로 청소년 동반자 프로그램, 청소년 전화 1388, 학교폭력 또래상담, 두드림해밀사업, 인터넷 중독 예방사업, 긴급구조사업, 일시보호사업, 유해신고, 아웃리치, 문화활동, 청소년권리사업, 특성화사업 등 총 12개의 세부과업으로 구성되어 있다(황순길 외, 2014).

구체적인 청소년 지원을 살펴보면, 먼저 청소년 및 학부모가 센터로 방문하거나 온라인으로 상담을 지원하는 서비스가 있다. 개인상담, 심리검사(대면/온라인), 집단상담, 사이버상담(채팅상담/사이버상담), 전화상담(청소년 전화 1388) 등이 이에 해당한다.

다음으로 찾아가는 상담 서비스로서 청소년 동반자 사업이 있다. 청소년 상담분야에 자격과 경험을 갖춘 전문가가 청소년 동반자라는 이름으로 도움이 필요한 위기(가능) 청소년에게 도움을 제공하는 프로그램이다. 환경이 열악하거나, 가출 및 비행 청소년, 학업중단 청소년, 부적응 청소년, 우울/자살/자해 등의 문제를 가진 청소년, 인터넷 중독, 은둔형 외톨이 등의 문제영역을 가진 청소년을 알게 되었을 때, 해당 청소년 거주지의 자치구 성소년 상담복지센터로 전화를 주면 담당자가 청소년과 청소년 동반자를 연결하여 도움을 제공한다.

위기개입 서비스도 제공하고 있는데 위기 청소년을 위한 일시보호소 제공, 청소년 밀집지역에 직접 찾아가 상담을 진행하는 아웃리치 프로그램, 위기청소년 긴급구조 프로그램 등을 지원하고 있으며, 해당 부서에 직접 연락하는 방법도 있지만 청소년 전화 1388로 전화하여 모든 지원 시스템을 활용할 수 있다.

이외에도, 친구사귀기 집단 프로그램, 또래상담 등의 다양한 프로그램과 지원서비스를 제공하고 있다. 자세한 내용은 한국청소년상담복지개발원 홈페이지(kyci.or.kr) > 지역센터 > 청소년상담복지센터 항목을 통해서, 그리고 각 지역별 청소년상담복지센터 홈페이지를 통해서 확인할 수 있다.

청소년 상담복지센터는 전국에 분포되어 있을 뿐만 아니라, 지역사회의 다양한 자원을 연결하는 허브의 기능을 하고 있다. 상담 및 위기개입 지원을 통하여 교육사각지대에서 경계선 지능, ADHD, 우울, 불안, 대인관계 등의 어려움을 겪고 있는 청소년들에게 다양한 지원을 제공할 수 있는 기관으로서 교육사각지대 청소년들과 부모들이 활용할 수 있는 유용한 자원이라고 할 수 있다.

03

경계선 지능 학생을 위한 지원

1) 서울학습도움센터

서울시 교육청에서는 기초학습강화를 위한 서울학습도움센터를 운영하고 있다. 서울학습도움센터는 교육청 내 전문기관과 지역사회 협력기관 등과 연계하여 학습부진의 유형별 맞춤식 지원을 하는 기관이다. 학습에 초점을 두고 심리, 정서의 영역에 걸친 종합적 지원 및 학교, 학부모, 전문기관이 함께 참여하는 유기적 지원을 통하여 배움이 느린 학생들이 배움의 즐거움을 느끼고 행복한 학교생활을 할 수 있도록 도와주는 학습지원센터이다.

이는 경계선 지능 및 느린학습자에 대한 관심이 대두되면서 2012년 4월에 최초로 개설되었다. 이후 지속적으로 사업이 확대되어 2021년 기준으로 난독, 경계선 지능 전담팀이 신설되었고, 경계선 지능의 초 1, 2학년 대상 학생 인지 향상 프로그램과 난독증 학생 지도 가이드, 경계선 지적 수준 학생 지도 가이드 등의 자료가 개발되었다. 아래는 서울학습 도움센터의 운영에 관한 내용이며, 기관에 대한 자세한 내용은 센터 홈페이지(http://s-iam.sen.go.kr/)를 통해 확인할 수 있다.

(1) 경계선 지능 전담팀의 운영

① 학교에서 선별 및 서울학습도움센터로의 신청

서울학습도움센터의 경계선 지능 전담팀에서 우리 자녀가 도움을 받기 위해서는 먼저 학교에서 대상학생 선별검사(서울기초학력지원시스템 진단)를 실시하여, 기초학력 미도달임이 확인되어야 한다. 이 학생들 중 학교생활 및 정서에 어려움이 있다고 판단되는 경우 서울학습도움센터 경계선 지능 전담팀으로 신청할 수 있다.

학교	대상학생 선별검사(서울기초학력지원시스템 진단) 실시 • 선별검사 결과 기초학력 미도달이며 학교생활 및 정서에 어려움이 있는 학생인 경우 서울학습도움센터 경계선 지능 전담팀으로 신청

서울학습도움센터 경계선 지능 전담팀	학교와 심층진단 일정 협의 • 서울학습도움센터 경계선 지능 전문 연구원이 학교로 방문하여 심층진단(비언어 지능검사, 웩슬러 지능검사) 실시 • 심층진단 결과 분석 후 교사 및 학부모 상담 • 전문치유기관 연계 대상 학생 선정(경계선 지능 의심 학생 중 일부 연계)

서울학습도움센터	전문치유기관
전문치유기관 비연계 학생(초1-초2) : '또바기' 인지 유지 및 향상 프로그램 진행 • 서울학습도움센터 프로그램 비수혜 학생 : 서울학습도움센터 학습상담 프로그램 연계	고위험군 학생: 전문치유 제공 • 교사 및 학부모 상담

② 서울학습도움센터 경계선 지능 전담팀

학교의 의뢰를 받은 서울학습도움센터는 학교와 심층진단 일정을 협의하게 된다. 이후 서울학습도움센터 경계선 지능 전문 연구원이 학교로 방문하여 심층진단(비언어 지능검사, 웩슬러 지능검사)을 실시하게 되고, 결과 분석 후 교사 및 학부모 상담이 진행된다. 이후 전문치유기관 연계 대상학생과 비연계 학생을 구분하여 다음 단계를 진행한다.

③ 전문치유기관 연계 여부

- 전문치유기관 연계: ② 단계에서 고위험군에 해당하는 학생들은 전문치유를 제공하게 되고, 이들을 보호하는 교사와 학부모에게도 상담을 지원한다.
- 전문치유기관 비연계: 초등학교 1~2학년에 해당하는 아동들에게는 '또바기' 인지 유지 및 향상 프로그램을 진행하게 된다. 또한 서울학습도움센터 프로그램을 수혜하지 않는 학생들은 서울학습도움센터 학습상담 프로그램에 연계된다.

(2) 또바기 프로그램(서울특별시교육청 교육정책국 초등교육과, 2020)

서울학습도움센터에서는 "배움이 느린 학생을 위한 인지향상 프로그램"인 "또바기" 프로그램을 누구든 활용할 수 있도록 지도자용 매뉴얼과 학생용 워크북을 제공하고 있다. 이 프로그램은 관찰, 주의집중, 지각, 기억, 추론과 같은 기초 인지 기능상의 어려움을 보이는 초등학교 1~2학년 수준의 학습지원 대상 학생에게 실시할 수 있다. 주로 낮은 동기 혹은 과도한 불안과 같은 정서적 요인이나 부모의 지원 부족과 같은 환경적 요인으로 인해 발생한 학습지원 대상 학생보다는 경계선 지능을 가진 지적 수준이나 기초학습 능력의 결손으로 인해 발생한 학습지원대상학생에게 적합한 프로그램이다.

서울학습도움센터에서 본 프로그램을 제공받을 수 있고, 학부모가 가정에서 자녀를 교육하고자 하는 경우에도 매뉴얼과 워크북은 [서울학습도움센터 홈페이지(http://s-iam.sen.go.kr/) → 학습상담자료 → 기타]에서 다운받아 활용할 수 있다.

① 프로그램의 성격

프로그램명 「또바기」는 "언제나 한결 같이 꼭 그렇게"라는 뜻의 우리말로 "서울교육은 언제나 한결같이 모두를 위함"이라는 뜻을 담고 있다. 구체적인 의미는 "또: 또 하면 되지", "바: 바르게 할 수 있어", "기: 기대해도 좋아"이다. 이 프로그램은 한국 웩슬러 아동지능검사 4판(K-WISC-Ⅳ)을 기반으로 구성요소를 참고하였다.

② 프로그램의 시행

또바기 프로그램은 주의환기 및 동기유발-학생 자기 평가와 활동 목표 설정-선행학습 상기-프로그램 자료 제시 및 수행 유도-학생 자기 평가와 도달 정도 확인의 5단계로 진행된다([그림 6-1] 참고).

먼저 "주의 환기 및 동기 유발" 단계에서는 프로그램을 시작하기 앞서, 학생이 과제를 했을 때 도움을 받을 수 있는 부분을 설명함으로써 과제 수행에 대한 기대를 하게 한다. 또한 학생이 주의집중하는 데에 방해요소가 되는 부분을 제거하고 프로그램을 시작한다.

다음으로 "학생 자기평가와 활동 목표 설정" 단계에서는 활동을 하기 전에 평가 내용을 질문함으로써 활동 이전 자신의 수행 수준을 1~5점 중에서 평가하고 이번 활동을 통해 몇 점까지 상승시키고 싶은지를 학생이 스스로 정한 후 활동지에 기록하도록 한다.

[그림 6-1] 또바기 프로그램 시행 절차

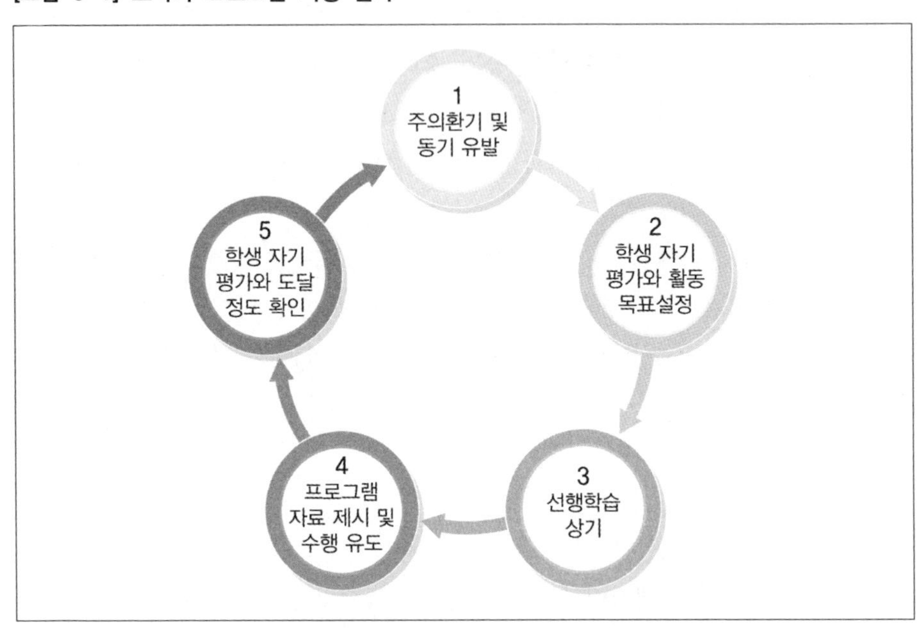

출처: 서울특별시교육청 교육청책국 초등교육과, 2020.

"선행학습 상기" 단계에서는 이전 시간에 생각해 본 활동 질문을 통하여 학생이 스스로 배운 내용 및 활동을 상기할 수 있도록 돕는다. 만약 학생이 기억하지 못할 때에는 교사가 기억을 도울 수 있는 단서를 제시함으로써 이전 학습에서 했던 경험을 과제와 연관지어 생각해 볼 수 있도록 돕는다.

다음으로 "프로그램 자료 제시 및 수행유도" 단계에서는 학생의 수준에 맞추어 조절한 프로그램 자료를 제시하도록 한다. 짧고 명료하게 설명하며 학생의 이해 수준을 확인하도록 한다. 학생 스스로도 내가 과제를 해냈다는 성취감을 경험하게끔 하는 방향으로 프로그램을 진행하도록 한다.

마지막으로 "학생 자기평가와 도달 정도 확인" 단계에서는 모든 활동을 마무리하면서 학생이 정했던 목표 점수의 도달 여부를 확인 후, 도달했다고 생각하는 점수를 기록하게 한다.

2) 지역 도서관의 느린학습자 사업

은평구립도서관의 느린학습자를 위한 "시끄러운 도서관"(http://www.eplib.or.kr)

(1) 은평구립도서관 - 시끄러운 도서관 운영

은평구립도서관에서는 2019년 서울시 도서관 정책 사업의 일환으로 느린학습자를 위한 시끄러운 도서관 사업을 실시하였고 현재도 진행하고 있다. 이 사업을 통해 은평구립도서관에서는 시각장애인자료실을 느린학습자 전용 공간으로 새롭게 조성하였으며 느린학습자를 위한 서비스 개발을 통해 느린학습자들의 성취감 및 자신감 증진, 정서적 안정에 도움을 주기 위한 목적으로 "내 마음 속 행복 정원", "크리스마스 케이크 팝업북 체험" 등의 프로그램을 운영하였다. 시끄러운 도서관은 휴관일을 제외하고 오전 9시부터 저녁 6시까지 운영되며 평일 오전 시간대에는 느린학습자를 위한 프로그램이 진행된다.

(2) 서울도서관 - 느린학습자를 위한 콘텐츠 개발 및 배포

서울도서관에서는 느린학습자를 위한 도서관 이용을 지원하고 있다. 느린학습자를 위한 읽기 쉬운 콘텐츠 10종을 개발하고 제작 및 배포하였다. 이 자료들은 웹뷰어로 제공되고 있으며, 서울도서관 홈페이지의 https://lib.seoul.go.kr/rwww/html/ko/disorderSupport.jsp에서 느린학습자를 위한 읽기 쉬운 글 콘텐츠 10종(예술, 음식, 관광, 자연, 건강, 집, 교통, 안전, 일, 시장)에 대한 웹뷰어 연동이 가능하다.

3) 경계선 지능 청소년 대안 교과 수업: (사) DTS 행복들고나(http://dtshappy.org/)

“(사) DTS 행복들고나”는 경계선지능 청소년을 위한 예술교육 전문기관이다. 무용, 연극, 음악, 문학, 미술 등 다양한 순수예술분야에 집중하고 교과목을 융합한 교육을 시행하는 곳으로서 순수예술로써 자신을 표현함으로써 자신감과 자존감 향상을 꾀하고자 한다. 이곳에서는 경계선 아동 및 청소년을 위한 연구와 프로그램 개발을 시행하고 있으며, 이들을 위한 위탁교육을 진행하는 대안학교를 운영하고 있다. 해당 교육시설로 예하 예술학교와 예룸 예술학교가 있다.

예룸 예술학교(http://yeroom.cafe24.com)는 노원구에 위치하고 있으며, 학업에 적응하지 못한 경계선 지능청소년들이 위탁하여 음악, 미술, 무용, 연극 등의 순수예술을 통한 자존감 회복 및 사회적응력 향상을 도모할 수 있다.

예하 예술학교(http://www.yeha.or.kr/)는 도봉구에 위치하고 있으며 예룸 예술학교와 마찬가지로 중, 고등학교에서 경계선 지능으로 인한 학교 부적응 학생 중 예술분야에 관심이 있는 학생들을 대상으로 위탁교육을 실시하고 있다.

두 기관 모두 위탁 절차는 기존에 학생이 다니고 있는 학교(이하, 원적교)의 담임교사와 상담을 통하여 위탁을 결정 – 대안학교를 방문하여 위탁상담 – 학부모 및 학생의 위탁면접이 진행 – 대안학교에서 요구하는 서류들을 원적교에서 이메일 발송을 함으로써 위탁 신청 – 위탁 준비적응 교육 참여 – 준비적응 교육 평가 후 합격자를 통보하는 수탁통보 – 입학일부터 이듬해 2월 28일까지 위탁교육 진행 – 위탁 종료의 순서로 진행된다.

원적교에서 위탁신청 시 이메일로 발송해야 하는 서류에는 위탁교육신청서(학부모 작성), 위탁교육 추천서(원적교 담임교사 작성), 개인정보제공동의서(학부모 작성), 재위탁 사유서(재위탁 학생만 해당/담임교사 작성), 생활기록부(준비적응교육 직전 수업일자 기준으로 마감), 차상위 및 저소득 관련 서류(해당자에 한함)가 있다. 해당학교 홈페이지의 위탁교육 항목에서 해당 서류들을 다운받을 수 있다.

4) 사회복지관 사업

여러 사회복지관에서는 경계선 아동 및 느린학습자를 대상으로 다양한 지원 사업을 진행하고 있다. 자신이 속해 있는 해당 지역 사회복지관에 문의하면 다양한 프로그램에 대한 정보를 얻을 수 있다. 현재 진행되고 있는 지원 사업에 대하여 대표적인 예시로 아래 두 사회복지관의 지원사업을 소개하고자 한다.

(1) 동대문 종합 사회복지관(http://www.communitycenter.or.kr/) 지원 사업

① 느린학습자 지원사업 "더불어 더블 up"

동대문 사회복지관에서는 느린학습자를 위한 지원사업인 "더불어 더블 up" 사업을 진행하고 있다. [그림 6-2]와 같이 학교로 찾아가는 맞춤형 프로그램 및 종합심리검사와 상담, 교육 및 컨설팅 등을 진행하고 있다. 학교 담임교사의 협조하에 학교로 찾아가는 프로그램의 지원을 받을 수 있으며, 보호자의 의뢰만으로도 종합 심리검사 및 상담이 진행될 수 있다.

② 경계선 지능 초, 중학생 야간 보호사업 "한울타리"

동대문 사회복지관에서는 경계선 지능 초, 중학생을 위한 야간 보호사업인 "한울타리" 사업을 진행하고 있다. [그림 6-3]과 같이 경계선 지능아동의 방과 후 시간인 오후 4시에서 10시까지 아이들을 보호하면서 동시에 생애주기별 맞춤형 학습을 진행한다. 수준별 학습지도와 사회성을 기를 수 있는 관계 및 기초 소양교육, 취미활동 교육 등을 진행하고 있다.

[그림 6-2] 동대문종합사회복지관 "더불어 더블 up" 지원사업 안내

느린학습자(경계선지능 아동 · 청소년) 지원사업 "더불어 Double up" 안내

"늦게 피는 꽃은 있어도 피지 않는 꽃은 없다"

느린학습자들은 인지 기능의 한계 때문에 학습, 사회성, 정서, 행동 등 발달의 전 영역에서 조금씩 느린 모습을 보입니다. 아동 및 청소년기 초기에 경계선 지능에 맞춘 개별화된 교육과 체계적인 훈련을 받으면 속도는 느리지만 성공적인 자립, 적응능력, 사회성 등을 향상시킬 수 있습니다.

▮ 지원대상 : 경계선 지능(IQ 71-84) 및 경계선 지능 의심 아동(초, 중학생 중심)

▮ 서비스 지역 : 동대문구 1권역 (제기동, 용신동, 청량리동, 이문1·2동, 회기동, 휘경 1동)

▮ 운영과정 및 내용

학교로 찾아가는 맞춤형 프로그램	· 대상 : 경계선 지능 및 경계선 지능 의심 학생	
	내용 - 학기 중	· 학교별 4명 이하 소그룹 언어인지·사회성 집단프로그램 ※주 1회, 연 20회(20회기 중 10회는 학교 자부담으로 진행) ※학교 상황에 따라 학교 내부 및 기관에서 진행 · 전문 치료사가 프로그램 계획 및 운영
	내용 - 방학 중	· 하계 방학 중 독서치료 등 맞춤형 프로그램 ※총 7회, '다함께우리' 협동조합 연계

종합심리검사 및 상담	· 학교 담당자 및 보호자 간이 체크검사 후 의뢰 · 담당자 초기상담 진행 후 필요시 종합심리검사 지원※검사비 13만원 상당 · 임상심리사가 진행하는 결과상담 · 맞춤형 프로그램 연계 및 정보제공 등 사후관리

교육 및 컨설팅	· 학교별 프로그램 참여 학생 사례회의 교수법 및 지도법 컨설팅(전문가 초청) · 분기별 실무자모임 및 연말 성과보고회

▮ 신청 및 문의 : 동대문종합사회복지관 이가이 팀장 (02-920-4533)

출처: https://cafe.naver.com/ddmwelfare/1688

[그림 6-3] 동대문종합사회복지관 “한울타리” 지원사업 안내

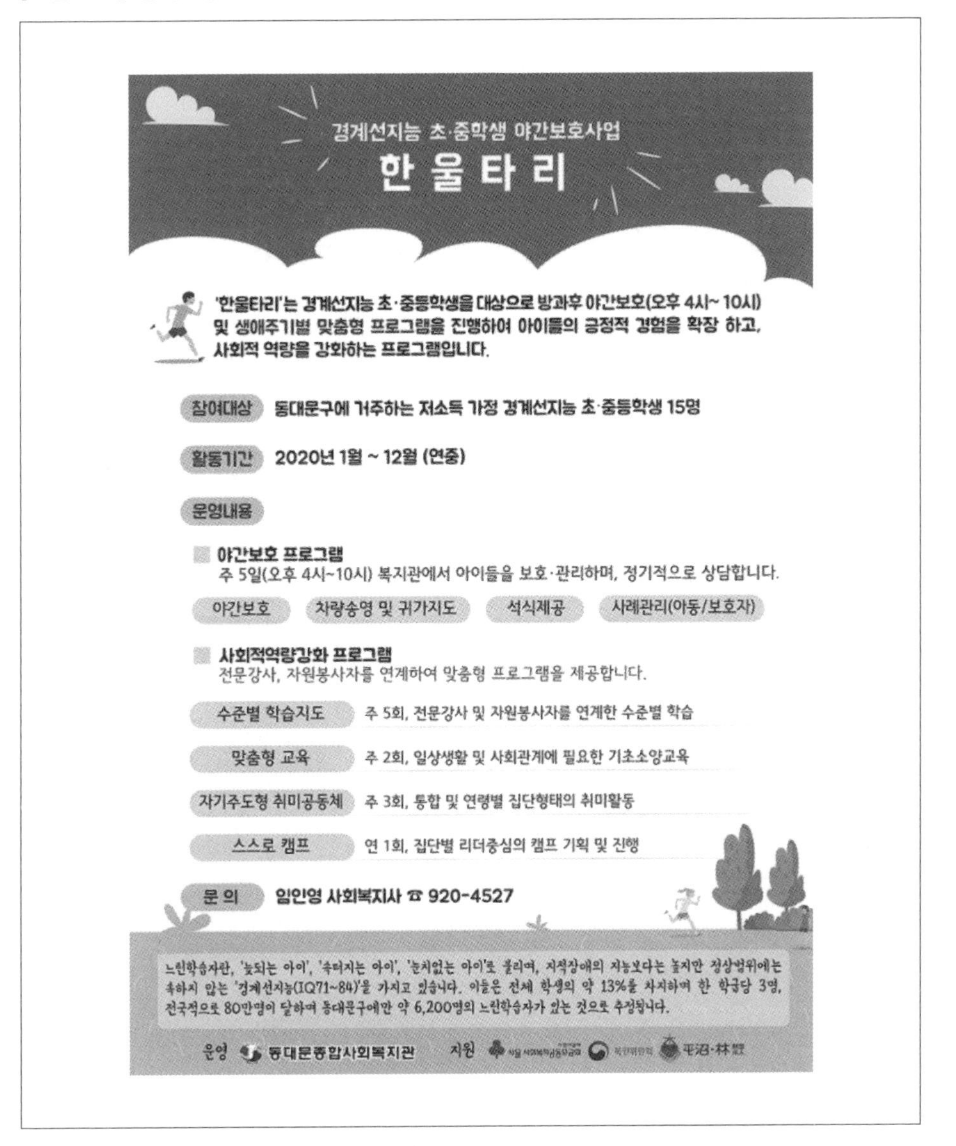

출처: https://cafe.naver.com/ddmwelfare/1687

③ 청년 느린학습자 자립 지원 “청년 숲”

동대문 사회복지관에서는 청년 느린학습자의 자립 지원을 위한 “청년 숲” 사업을 진행하고 있다. [그림 6-3]과 같이 직무소양교육, 맞춤형 직업교육(기초교육), 현장적응훈련(유급 실무 인턴)을 진행한다. 앞선 두 프로그램과의 차이점

은 동대문 지역 주민이 아니어도 서울시민이라면 신청하여 지원받을 수 있다는 점이다.

[그림 6-4] 동대문종합사회복지관 "청년 숲" 지원사업 안내

출처: https://cafe.naver.com/ddmwelfare/1714

(2) 창동종합사회복지관 지원사업(http://changdong21.or.kr/)

① 느린학습자를 위한 점프교실 & 점프 +

창동종합사회복지관에서는 경도지적기능 및 느린학습자 아동, 청소년을 위한 맞춤형 교육 및 프로그램을 제공하고 있다. 방과후 보호 서비스로서 담당교사가 상시 거주하면서 급식 및 간식을 제공하고, 인근 대학교 연계를 통한 학습, 정서 멘토링을 제공한다. 또한 느린학습자를 위한 심리 정서지원 및 사회적응력 향상을 위한 프로그램으로서 심리정서 치료 제공과 참여형, 체험형 교육 및 집단 활동을 진행한다. 또한 참여자 주도의 다양한 체험활동 및 진로체험 프로그램을 제공한다.

② 느린학습자 통합 지원사업

창동종합사회복지관에서는 느린학습자를 위한 통합 지원사업을 제공하고 있다. 조기선별－학령전 아동 학교 준비 프로그램－아동 방과 후 “점프교실”－청소년 야간보호 “거북이 날다! 점프 ＋”－일대일 맞춤 멘토링－꿈지원 프로젝트 “꿈꾸는 거북이” 등을 지원하며, 가족을 대상으로 부모교육, 상담 및 자조모임을 제공한다. 자세한 내용은 복지관 홈페이지에서 확인할 수 있다.

04
인터넷, 스마트폰 과다사용 아이를 위한 지원

1) 인터넷중독예방상담센터(아이윌센터)

서울시에서는 청소년인터넷 중독문제에 적극적으로 대처하고자 인터넷중독예방상담센터(아이윌센터)를 운영하고 있다. 현재는 보라매, 강북, 마포, 광진, 강서, 창동 등의 6개소를 운영 중이다. 상담 서비스로서 심리검사, 개인상담, 집단상담, 가족상담, 전문의 연계 등의 서비스를 제공하고 있으며, 다양한 교육, 활동, 캠페인 등을 통해 예방교육을 진행하고 있다. 해당 청소년 및 학부모를 대상으로 하는 캠프 형태의 교육 및 대안활동을 제공하고 있으며, 6개소 각각의 홈페이지를 통해 인터넷과의존 자가진단 검사를 진행할 수도 있다.

해당 센터별 연락처와 홈페이지 주소는 <표 6-1>을 통해 확인할 수 있다.

〈표 6-1〉 서울시 인터넷중독예방상담센터 정보

인터넷중독예방상담센터	연락처	홈페이지
보라매 센터	02-836-1387	http://www.brmiwill.or.kr/
창동 센터	02-6953-4070	http://www.cdiwill.or.kr/
마포 센터	02-3153-5981	http://www.mpiwill.or.kr/
광진 센터	02-2204-3180	http://www.gjiwill.or.kr/
강북 센터	02-912-6410	http://www.gbiwill.or.kr/
강서 센터	02-2698-8275	http://www.gsiwill.or.kr/

2) 스마트쉼센터

한국 지능정보사회진흥원에서는 "스마트쉼 센터"를 통해 인터넷·스마트폰 과의존을 예방하고 해소하고자 노력하고 있다. 스마트쉼 센터는 스마트폰 과의존 예방해소를 위한 전문 상담기관으로서 인터넷·스마트폰 과의존 예방교육, 상담, 실태조사, 캠페인 등의 다양한 사업을 진행 중이며, 전국 17개의 광역시도에서 운영 중이다.

구체적으로 이곳에서 하는 일들을 알아보면, 건강한 디지털문화 조성 및 스마트폰 과의존 예방을 위한 다양한 캠페인 활동인 "스마트쉼캠페인", 상담전문인력 확보를 위한 "전문인력양성 및 보수교육", 스마트폰 과의존 예방교육을 지원하는 "예방교육", 관련 연구를 실시하는 "조사 및 연구" 등이 있다.

또한, "전문 상담"을 통해 스마트폰 과의존과 관련한 학교 부적응, 학업 및 진로, 부모와의 갈등 등 다양한 심리적 어려움을 극복할 수 있도록 도와주고 있으며, "찾아가는 가정방문상담"을 통해 스마트폰 과의존 문제로 심각한 어려움을 겪고 있어서 도움이 필요한 취약계층 가정 및 일반가정으로 직접 방문 상담을 실시하고 있다. 또한 스마트폰 과의존 문제에 효과적으로 대처하기 위하여 전국 18개의 스마트쉼센터와 지역의 전문상담·치료기관을 연계하여 상담서비스를 제공하고 있다.

스마트쉼 센터 홈페이지(https://www.iapc.or.kr/)를 통해 앞서 제시된 내용들에 대한 자세한 자세한 안내를 확인할 수 있으며, 온라인상담/대면상담/가정방문상담 등의 상담 안내 및 신청 또한 진행할 수 있다. 동시에 과의존과 관련한 심리검사를 무료로 진행할 수도 있으며, 부모와 자녀가 함께 읽어보면 유용할 교육자료와 상담사례를 확인할 수 있다.

3) 인터넷, 스마트폰 중독 치료비 지원 사업

여성가족부에서는 인터넷, 스마트폰에 중독된 청소년을 대상으로 치료비를 지원하는 사업을 진행하고 있다. 지원대상, 선정기준, 서비스 내용 및 신청 방법은 아래와 같다.

(1) 지원대상

① 학령전환기(초4, 중1, 고1) 청소년 대상 인터넷·스마트폰 이용습관 진단조사 실시하여 전수조사결과 고위험군으로 진단받은 만 19세 미만 청소년
② 취약계층 지원 대상: 기준 중위소득 60% 이하, 한부모가정, 소년소녀가장 등 취약계층 청소년에 대하여는 청소년안전망 실행위원회 또는 사례판정위원회에서 결정

(2) 선정기준

① 연령: 만 19세 미만 청소년
② 소득수준: 전체 청소년을 대상으로 함(단, 치료비 지원 등 일부사업은 소득별 차등 지원)
③ 치료비 지원: 일반 30만 원 이내/기준중위소득 60% 이하 등 취약계층 50만 원 이내
④ 취약계층 지원 대상: 기준 중위소득 60% 이하, 한부모가정, 소년소녀가장 등 취약계층 청소년에 대하여는 CYS－Net 실행위원회 또는 사례판정위원회에서 결정

(3) 서비스 내용

① 청소년 인터넷·스마트폰 중독 예방, 상담·치료 지원
- 전국 시·도 및 시·군·구 청소년 상담복지센터 주관하에 개별·집단상담 및 전화·사이버 상담 등이 진행됨
- 기숙형 치료학교, 가족치유캠프, 가족관계 증진 프로그램 운영
- 인터넷(게임)중독 예방 및 해소 프로그램 개발

② 청소년 인터넷·스마트폰 과의존 상담전문인력 양성 및 전문교재 개발
③ 인터넷·스마트폰 중독 고위험군 청소년 치료비 지원
- 일반 청소년 최대 30만원, 취약계층 50만원까지 치료비 지원

(4) 서비스 이용 및 신청방법

① 신청방법: 기타

② 신청장소: 17개 시·도 청소년 상담복지센터

05
마을교육공동체

2012년부터 형성되기 시작한 마을교육공동체는 학교와 주민들과, 교육청, 지자체가 공동으로 함께 교육에 참여하는 새로운 형식의 교육이다. 마을공동체는 '마을이 아이들을 키우는 것', '마을이 아이들의 배움터가 되는 것', '아이들을 마을의 주인으로 성장시키는 것'이라는 세 가지 의미를 가진다. 경기도에서는 마을공동체의 일환으로 '꿈의 학교', '교육협동조합', '학부모 지원' 등의 다양한 방식을 시도하고 있다. 꿈의 학교는 학생 스스로 기획하고 운영하는 '학생이 만들어가는 꿈의 학교'와 경기도 내 다양한 마을교육공동체 주체들이 학교 밖 교육활동으로서 진행하는 '학생이 찾아가는 꿈이 학교', 마지막으로 다양한 주체들이 운영하는 동아리 활동인 '마중물 꿈의 학교'가 있다.

교육협동조합이란 학생, 학부모, 교직원, 지역주민이 자발적으로 참여하여 학교 교육에 필요한 다양한 공익적 사업(예 학교가게, 방과후 돌봄교실, 교복, 학교 급식, 통학버스 등)을 공통으로 소유하고 민주적으로 운영되는 사업체를 통해 진행하는 것을 의미한다.

또한 경기마을교육공동체에서는 다양한 방식으로 학부모를 지원한다. 다양한 교육 프로그램, 자원봉사 중심의 '사람책' 프로그램, 참여와 소통 강화 프로그램, 학교 운영위원회 등을 지원하고 있다. 또한 도교육청 및 지역교육지원청에 학부모 참여지원센터를 조직하여 학부모를 위한 다양한 정보를 제공하고, 학부모지원 전문가가 배치되어 활동한다.

이와 같이 다양한 방식으로 마을공동체가 구성되어 활동 중이며, 교육사각지대 아동들과, 학부모들은 마음이 맞는 주제로 마을공동체를 구성하여 교육청의 지원을 받으면서 다양한 활동을 진행할 수 있다. 이를 통해 아동들의 자조능력 향상과 능동적 참여, 소속감 및 연대감, 다양한 활동을 통한 경험의 확장, 사회성 발달 등의 다양한 부분의 긍정적 발달을 도모할 수 있다.

06
온라인 학부모 자조모임

교육사각지대 아동을 양육하는 부모들은 다양한 부분에서 어려움을 경험한다. 일반적인 부모교육으로는 자녀 양육에서 좌절을 경험하기 마련이고, 주변 아이들과 다른 자녀를 바라보며 열등감과 우울감을 경험하게 되기도 한다. 특별한 교육에 대한 정보가 필요하지만 주변 엄마들이나 담임교사로부터는 얻기가 힘들고, 혼자서 시행착오를 겪기에는 우리 아이의 시간은 속절없이 흘러간다. 이런 애타는 학부모들이 모여서 온라인 모임을 형성하고, 자신들의 경험을 공유하며, 다양한 자료를 제공함으로써 서로의 시행착오를 줄이고, 우리의 특별한 아이들에게 가장 좋은 교육과 치료를 제공하고자 애쓰고 있다. 이 공간에서 학부모들은 서로가 위로하고 위로받으며, 공감하고 힘을 얻는다. 이러한 학부모들의 모임을 몇 곳 소개하고자 한다.

1) 거북맘 VS 토끼맘(아동심리/언어치료센터/ADHD/틱/발달장애/상담)

이 카페는 2009년 1월 23일에 개설되었으며, "거북이(발달장애)와 토끼(과잉행동장애) 엄마의 모임 카페/전국 언어 치료 센터 비교/ADHD/틱/발달장애/아동심리치료발달장애"라고 카페를 소개하고 있다.

모든 회원들에게 제공되는 정보로서 동맹카페인 아토피맘 카페와 의사엄마 칼럼을 소개하고, "거북토끼 커뮤니티"를 통해 새로 가입한 이들과 기존 회원들이 수다와 경험담들을 자유롭게 나눌 수 있는 공간이 제공된다. "언어치료 이야기"를 통해 구체적인 언어치료 질의응답과 검사기관 및 정보 제공, 치료 후기 나누기, 결과에 대한 이야기 등을 나눌 수 있다.

다음으로 일반회원 이상에게 제공되는 정보로서 "거북토끼 좋은자료"를 통해서 신경언어장애, 언어발달장애, 유창성장애, 음성장애, 조음음운장애, 틱장애, 자폐스펙트럼과 같은 구체적인 진단의 상황에서 도움이 되는 자료를 제공한다.

"아동심리 이야기"에서는 아동심리에 관한 질의응답, 관련정보, 검사기관, 치료후기 등에 대한 정보를 제공한다.

마지막으로 성실회원들에게만 제공되는 정보로서 "발달장애 이야기(거북맘)"에서는 발달장애 질의응답과 관련정보, 검사기관 및 치료후기의 정보를 나누고, "ADHD 이야기(토끼맘)"에서는 ADHD에 대한 질의응답, 관련정보, 검사기관 및 치료후기의 정보를 나눈다. "엄마들 노하우 공유"를 통해 구체적인 아이훈육 노하우, 치료교육 노하우, 치료센터방문 노하우를 주고받을 수 있으며, 거북&토끼 맘 번개 모임을 할 수 있도록 소통의 공간을 제공한다. 마지막으로 "아동치료 지역모임"을 통해 지역별 학부모들이 소통할 수 있다.

카페명	거북맘 VS 토끼맘
카페주소	https://cafe.naver.com/getampethskin
대상	발달장애, ADHD, 틱, 자폐스펙트럼 등
구성	거북토끼 커뮤니티/언어치료 이야기/거북토끼 좋은 자료/아동심리 이야기/발달장애 이야기(거북맘)/ADHD 이야기(토끼맘)/엄마들 노하우 공유/아동치료 지역모임

2) 꾸물꾸물 느린아이 초중고맘(경계선지능, 발달지연·장애, ADHD)

이 카페는 2019년 4월 17일에 개설된 비교적 신생 카페이다. "경계선지능/ADHD/학습장애/발달지연/발달장애 등 느린아이를 키우는 초중고 부모 목소리 모임입니다"라고 카페를 소개한다. 다양한 이유로 느린 아이를 가진 엄마들을 "꾸물맘"이라는 애칭으로 호칭하며 서로 간의 경험과 위로, 일상을 공유하는 공간이다.

구체적으로 카페의 구성을 살펴보면 "꾸물맘 소통하기" 항목에서는 속풀이, 감사일기, 치료 이야기, 치료에 대한 질의응답, 지역맘들의 소통게시판을 마련해 두고 있다. "꾸물맘 오늘도 파이팅"에서는 미주알고주알을 통해 이런저런 이야기를 나눌 수 있고, "꾸물맘 독서교육"에서는 자녀와 부모 각각에게 추천하는 도서를 확인해 볼 수가 있다. 특히 "꾸물맘 집단지성"에서는 자녀교육 및 치료정보, 꾸물맘들의 자녀놀이 방법, 언어/인지치료 정보, 국어/수학 교육 정보, 미술 음악교육 정보, 체육교육 정보 등을 얻을 수 있다. "학교생활/자녀교육" 항목에서는 예비 초등, 1/2학년, 3/4학년, 5/6학년 맘들의 공간을 구분하여 제공하고 있고, "중고등 소통"에서는 중고등 꾸물맘들을 위한 공간을 제공한다. 이외에도 "체험학습 경험담"을 통해 느린학습자와 함께하는 여행에 대해 조언을 제공한다.

카페명	꾸물꾸물 느린아이 초중고맘
카페주소	https://cafe.naver.com/mindalpaeng
대상	경계선 지능, 발달지연 · 장애, ADHD
구성	꾸물맘 소통하기/꾸물맘 오늘도 파이팅/꾸물맘 독서교육/꾸물맘 집단지성/학교생활, 자녀교육/중고등 소통/체험학습 경험담

3) 아스퍼거(자폐스펙트럼) 가족모임방

이 카페는 2004년 6월 14일에 개설된 카페이다. "아스퍼거 자녀의 부모님, 성인 본인과 가족, 치료자분들이 함께 마음을 나누고, 올바른 정보를 공유하는 곳입니다"라고 카페를 소개한다. 현재 18,909명의 회원이 활동하고 있으며, 자녀로 인해 가슴 아파하고 놀란 부모들을 위로하고 돕는 취지로 개설되었다.

카페의 구성을 살펴보면, 전체 공지방 외에 회원 등급별로 항목을 구분하여 정보를 제공하고 있다. 특이점은 해당 진단의 관련 논문정보도 제공하고 있으며, 특정 전문가들의 칼럼란 및 전문의 상담실과, 연구 및 치료그룹 관련 정보도 제공한다는 점이다. 또한 전문가 칼럼뿐만 아니라 카페 회원의 칼럼 또한 제공하고 있다.

구성에 대해 더 구체적으로 살펴보면 관련논문 정보, 부모교육 자료, 추천책, 검사/평가 자료, 유사 관련장애자료, 영화/드라마/동영상, 관련 기사 모음, 도움이 되는 사이트 등을 제공한다. 또한 육아고민 지혜 및 병원/치료실 후기에 대해 소통할 수 있으며, 자녀 연령별 학부모 간 소통이 가능하다. 특히 "그룹모집 안내방"에서는 무료교육 안내, 연구그룹모집 안내, 치료그룹모집 안내, 세미나, 워크숍 등의 정보를 제공하며 "병원, 교육, 치료정보방"에서는 전국 병/의원, 대안교육/홈스쿨링, 통합유치원/어린이집, 약물치료, 사회성 훈련, 언어/인지 치료, 음악/미술/놀이치료, 기타 치료 등의 정보를 제공하고 있다.

카페명	아스퍼거(자폐스펙트럼) 가족모임방
카페주소	https://cafe.naver.com/asperger
대상	아스퍼거, 자폐 스펙트럼, 발달장애
구성	온, 오프라인 모임방/아스퍼거 도서관/각 회원방/전문가 칼럼방/카페 회원 칼럼방/그룹모집안내방/병원, 교육, 치료정보방/지역별 주소록

4) 꿈을 찾아가는 아이들(꿈찾아)

이 카페는 난독증 부모들의 모임으로서, 4,370명의 회원을 보유하고 있다. 사랑회원 이상부터 강연회, 동영상 자료, 학습자료 및 도서 소개, 추천 영화 등의 정보를 제공하며, 무지개회원 이상부터는 특수교육 신청 정보 및 사례를 제공한다. 양육, 학습, 약물, 학교생활 상담에 대한 정보를 제공하며, 학습치료, 한의학 정보, 학습장애 개인 사례 등을 제공하고 있다. 카페 주소는 https://cafe.daum.net/dyslexia7이다.

카페명	꿈을 찾아가는 아이들(꿈찾아)
카페주소	https://cafe.daum.net/dyslexia7
대상	난독증
구성	강연회 및 동영상 자료/특수교육 신청 정보 및 사례/양육, 학습, 약물, 학교생활 상담 정보/학습치료 정보/한의학 정보/학습장애 개인 사례

5) 꿈을 안고 내일로 가는 우리들(꿈내우)

이 카페는 ADHD 부모들의 모임으로서, 8623명의 회원을 보유하고 있다. 학습자료, 대안학교 및 홈스쿨링 자료를 제공하고 있으며, 도움이 되는 도서 정보 또한 제공한다. 지역별 모임공간이 마련되어 있으며, 온·오프라인에서 모임이 운영된다. 특이점은 자체적으로 언어교육 및 부모교육실을 제공한다는 것이다.

카페명	꿈을 안고 내일로 가는 우리들(꿈내우)
카페주소	https://cafe.daum.net/ADHDParents/6TXM
대상	ADHD
구성	학습자료/대안학교 및 홈스쿨링 자료/도서 정보/지역별 모임 공간/언어교육/부모교육

PART

7

우리 자녀의 중학교 생활은 어떨까?

01 중학교 아이들의 발달적 특성과 과업

02 중학생이 하는 흔한 고민

03 초등학교와 다른 중학교 생활

04 중학교 때 아이가 겪을 수 있는 어려움 대비하기

01
중학교 아이들의 발달적 특성과 과업

아이들은 초등학교를 졸업하고 중학생이 되며, 아동기에서 청소년기로 접어들게 된다. 청소년기는 신체적으로도 인지적으로도 급격한 발달이 일어나는 시기이다. 영유아 시기에는 신체 및 운동발달이 상당히 예측가능한 순서대로 발달하는 경향이 있지만, 청소년은 어떤 변화와 발달과정을 거치게 될지 예상하기가 쉽지 않다(임은미 외, 2013). 그래서 부모는 첫째 아이를 키울 때는 처음이어서 당황스럽고, 둘째를 키울 때는 첫째와는 달라서 당황스럽다. 그러므로 전반적인 청소년의 발달적 특성을 이해해야 하고, 아이의 개별성에 대해서도 이해해야 한다. 아이의 개별성에 대해서는 그간의 양육과정에서 쌓여온 경험을 바탕으로, 부모인 내가 잘 모르는 특성이 있을 수 있다는 열린 태도로 자녀를 바라보며 이해할 수 있게 된다.

먼저, 청소년기의 전반적 발달적 특성과 과업을 몇 가지 소개하자면 다음과 같다. 청소년기에는 계획능력이나 충동통제능력과 같은 고차적인 사고과정을 포함한 인지 및 사고 기능을 담당하는 전두엽이 계속해서 발달하고 있기 때문에 (Carter, 2009), 성인에 비해 판단력과 충동 조절이 부족하여 경솔한 의사결정을 하기도 한다(Carter, 2009). 또한 신장과 체중이 빠르게 증가하고, 성적으로도 성숙해지는 시기로, 이러한 급격한 신체 변화는 자신의 신체에 대해 어떤 이미지를 갖느냐가 중요한 심리적 문제가 되기도 한다(임은미 외, 2013).

또한 피아제의 인지발달단계 중 형식적 조작기에 접어들어 청소년은 추상적인 사고, 논리적인 추론, 연역적인 사고가 가능해져, 다른 사람의 마음과 행동을 보다 잘 이해하게 되고, 의사결정과정에서도 다양한 대안을 고려할 수 있다. 이로 인해 세상에서 일어나는 일에 대해 문제점을 인식하고 비판적으로 사고할 수 있게 된다. 또한 청소년기에는 초인지, 즉 메타인지적인 사고가 발달된다. 메타인지란 학습자의 인지 활동에 대한 지식과 조절을 말한다(Brwon, 1978). 단순히 자신이 무엇을 알고 모르는지를 아는 것부터 시작하여, 모르는 부분을 보완하기 위해 계획하고 평가하는 과정까지를 모두 메타인지라고 할 수 있다(최송아, 손현국, 손영우, 2012). 예를 들면, 청소년은 시험공부를 하다가 자신의 지식을 점검해 보고 자신의 공부방법이 효과적인지 평가해 볼 수 있다. 이를 통해 청소년은 자기주도적인 학습을 할 수 있는 인지적인 기반이 형성된다. 이러한 메타인지는 훈련을 통해 향상시킬 수 있고, 학습자의 인지적 한계를 보완할 수 있다는 점에서 중요하다(Veenman, Hout-Wolters, & Afflerbach, 2006). 아동기에 비해 주의집중력이 향상되고, 경험과 지식이 축적됨에 따라 학습하고자 하는 정보에 관련된 또 다른 정보를 연결시키는 정교화 전략이 본격적으로 발달하기 시작한다(임은미 외, 2013).

또한 청소년기에는 형식조작적 사고기능이 완전히 발달하기 전 나타나는 자기중심적 사고로 인해 상상적 청중(Imaginary audience)과 개인적 우화(Personal fable)라는 두 가지 왜곡된 신념이 나타난다(Elkind, 1974). 우선 상상적 청중은 청소년들이 실제로 다른 사람들이 그들에게 관심의 초점을 두지 않음에도 불구하고, 마치 자신이 무대 위에 있는 것처럼 다른 사람들이 자신을 주목하고 있다고 생각하는 것을 말한다. 그렇기 때문에 과도하게 자신의 옷차림에 신경을 쓰게 되고, 타인의 피드백에 민감하게 반응하게 된다. 개인적 우화는 청소년이 자신의 생각과 감정, 경험을 매우 특별해서 다른 사람과는 다르다고 생각하는 것을 말한다. 그러므로 자신의 독특한 경험은 아무도 이해하지 못할 거라고 생각하고, 위험한 상황 속에서도 다치지 않을 거라고 생각한다. 이러한 것은 다양한 경험과 다른 사람과의 상호작용을 통해 점차 나아지게 된다. 다른 사람과 이야기하면서 머릿속의 상상적 청중이 아닌 실제 청중의 반응을 경험하며 내 생각에 잘못된 부분이 있다는 것을 알게 되고, 다른 사람도 비슷한 경험을 한다는 것을 깨닫게 되며 자신의 감정과 사고가 그렇게 특별한 것이 아니라는 생각을 하게 된다(임은미 외, 2013).

이렇게 신체적, 성적으로 성숙해지고, 부모로부터 정서적인 독립을 하면서 청소년은 자아정체감을 발달시키게 된다. 에릭슨에 따르면 자아정체감이란 '자아의 불변성과 계속성에 대한 자신감'이다. 청소년은 여러 상황과 시기에서 자신의 모습을 통합하며 안정적인 자기감을 확립해야 하며, 이는 청소년기의 중요한 발달과업이다.

02
중학생이 하는 흔한 고민

(1) 학업 및 진로 고민

우리나라 청소년은 학업 스트레스가 매우 높다. 대체로 학업과 관련된 청소년의 고민은 '잘하지 못하고, 재미가 없는데 해야만 하는 것', '공부를 못하면 미래에 나는 어떻게 되지?'에서 기인한다. 청소년은 초등학교 때처럼 막연히 자신의 능력에 대한 기대를 갖는 것에서 다른 사람과의 비교를 통해 자신의 능력을 정확하게 파악하며 유능감이 낮아지고 이에 따라 흥미가 더욱 감소하게 된다. 또한 부모와 교사들이 중학교에 올라오면서 학습에 대해 긍정적인 피드백을 주는 것이 줄어들게 되고, 실제로도 학습의 난이도가 올라가기 때문에 좌절하는 경험을 많이 하게 된다. 학업과 관련해서는 실제적인 학업기술과 관련된 고민도 많은데, 이는 5장 학업기술을 하면 도움이 될 것이다. 진로에 대한 막연함은 공부를 못할 때 불안함을 느끼는 중요한 이유가 된다. 부모는 아이에게 진로에 대한 호기심을 줄 수 있는 정보와 경험을 제공해서 자신이 무엇을 좋아하고, 잘하고, 적성이 있는지 알고 만들어갈 수 있도록 도와야 한다. 이는 자기정체감과도 연결이 된다.

(2) 대인 관계

중학교에서는 친구들이 여러 초등학교에서 온다. 이러한 상황은 아이들에게 낯설고 스트레스를 주기 때문에 잘 적응할 수 있게 해야 한다. 기본적으로 또래들이 좋아하는 취미, 관심사 등을 나눌 수 있게 하고, 거친 언어, 타인을 흉보는 행동을 하지 않도록 이야기 해 준다. 청소년은 자신의 문제를 스스로 알아서 해결해야 한다는 생각을 하기 쉽기 때문에 어른에게 특히 부모에게 친구 관계에 대한 고민을 진솔하게 털어놓기란 힘들 수 있다. 아이가 고민이 많아 보인다면

"중학교 때는 친구 사이에서 내가 뭘 어떻게 해야 하는지 고민이 될 때가 정말 많았는데, 학교에 상담 선생님한테 한번 이야기해보는 게 어떨까?"라고 부드럽게 권유하는 것도 좋은 방법이다.

(3) 우울 문제

청소년기는 자아정체감 형성, 학업, 진로 등 여러 고민을 하면서 우울에 대해 호소하는 경우가 많다. 청소년기에는 누구나 경험할 수 있는 학업에서의 실패나 이성 친구와의 헤어짐, 동성 친구와의 갈등, 부모와의 불화 등을 인생에서 중대한 실패로 생각할 수 있다. 중학교에는 전문상담교사가 있고, 지역마다 청소년 상담복지센터가 있는 등 청소년의 정서문제를 도와줄 전문가가 있다. 그러므로 아이의 우울감이 오래 간다고 느껴진다면 관련 기관에 의뢰하고 전문가와 협력하여 아이의 문제를 해결할 수 있도록 도와야 한다.

03
초등학교와 다른 중학교 생활

중학교 생활은 초등학교 때와 여러모로 다르다. 수업시간도 초등학교 때는 수업시간이 40분이라면 중학교 때는 45분이며, 초등학교 땐 4, 5, 6교시를 주로 하지만, 중학교 때는 6, 7교시만 있어 수업시간이 최소 1시간은 늘어나 보통 3~4시에 하교하게 된다. 초등학교에선 담임교사가 각 반 교실에 상주하며 거의 모든 과목을 가르쳤다면, 중학교부터는 담임 선생님이 교실에 계시지 않고, 과목별로 전담 교사가 있다. 국어, 사회, 수학, 과학, 영어, 보건, 진로 등 일반교과와 체육, 음악, 미술 등 예체능 교과 수업뿐 아니라 창의적 체험활동시간이 있어 자율활동, 진로활동, 봉사활동, 동아리 활동 등 다양한 활동을 하게 된다. 초등학교 때나 부모 세대와는 달리 중학교에는 자유학기, 자유학년제가 존재한다. 이 때는 일반적인 중간, 기말고사 형태의 시험을 보지 않고 기존의 강의식 수업에서 벗어나 진로탐색 활동, 동아리 활동, 예술체육 활동, 주제선택 활동 등 다양한 체험 활동으로 운영이 된다. 이는 학생들의 고유한 재능을 발견하고 진로를 탐색할 수 있는 취지로 만들어진 제도이다. 시험은 보지 않지만 관찰 평가, 형성 평가, 가치 성찰 평가, 포트폴리오 평가, 수행 평가 등 과정 평가를 하기 때문에 성실하게 참여하고 수행할 수 있어야 한다.

초등학교 때와는 달리 과제, 수행 평가, 봉사 활동 등 챙겨야 할 것들이 많아 아이들이 꼼꼼하게 메모하고 스스로 챙길 수 있도록 해야 한다. 또한 학교의 규칙 등을 이해하고 지킬 수 있도록 가르쳐서 중학교 생활 적응을 도와야 한다. 초등학교 때는 배워야 할 지식의 범위가 얕고 많지 않아 듣는 학습만으로도 충분히 커버가 되지만 중학교 이상이 되면 교과서를 통해 스스로 이해하고 자신의 것으로 만들어야 한다. 이해하지 못하는 것이 점점 늘어날수록 아이가 학업에 따라가기 힘들어하기 때문에, 미루지 않고 잠깐이라도 예습, 복습을 할 수 있도록 돕는다. 예습은 자세히 하기보다 각 과목의 목차를 보면서 무엇을 공부할 수 있는지를 확인하고, 수업에서 확인할 수 있도록 한다.

04

중학교 때 아이가 겪을 수 있는 어려움 대비하기

중학교에 들어가면 다양한 어려움을 겪게 되는데, 아래의 내용은 교육사각지대 학습자의 부모들이 많이 걱정하거나, 경험한 어려움 중 반드시 부모가 알고, 적극적으로 해결해야 하는 어려움에 대한 내용이다.

1) 학교폭력

(1) 학교폭력이란 무엇일까?

흔히 학교 폭력은 심각한 폭력 또는 따돌림으로 인지할 수 있으나, 사소한 괴롭힘이나 아이들이 장난이라고 생각하는 것도 학교폭력에 해당할 수 있다.

〈학교폭력예방 및 대책에 관한 법률(제2조)〉

- 교내 · 외에서 학생을 대상으로 발생한 상해, 폭행, 감금, 협박, 약취 · 유인, 명예훼손 · 모욕, 공갈, 강요 · 강제적인 심부름 및 성폭력, 따돌림, 사이버 따돌림, 정보통신망을 이용한 음란 · 폭력 정보 등에 의하여 신체 · 정신 또는 재산상의 피해를 수반하는 행위.
- "따돌림"이란 학교 내외에서 2명 이상의 학생들이 특정인이나 특정집단의 학생들을 대상으로 지속적이거나 반복적으로 신체적 또는 심리적 공격을 가하여 상대방이 고통을 느끼도록 하는 일체의 행위를 말한다.
- "사이버 따돌림"이란 인터넷, 휴대전화 등 정보통신기기를 이용하여 학생들이 특정 학생들을 대상으로 지속적, 반복적으로 심리적 공격을 가하거나, 특정 학생과 관련된 개인정보 또는 허위사실을 유포하여 상대방이 고통을 느끼도록 하는 일체의 행위를 말한다.

구체적으로 학교폭력의 유형은 다음과 같다.

유형	설명
신체폭력	• 손, 발로 신체를 때리는 등 고통을 가하는 행위(상해, 폭행) • 일정 장소에서 쉽게 나오지 못하도록 하는 행위(감금) • 강제(폭행, 협박)로 일정한 장소로 데리고 가는 행위(약취) • 상대방을 속이거나 유혹해서 일정한 장소로 데리고 가는 행위(유인) • 장난을 빙자한 꼬집기, 때리기, 힘껏 밀치기 등 상대학생이 폭력으로 인식하는 행위
언어폭력	• 여러 사람 앞에서 상대방의 명예를 훼손하는 구체적인 말(성격, 능력, 배경 등)을 하거나 그런 내용의 글을 인터넷, SNS 등으로 퍼뜨리는 행위(명예훼손). ※ 내용이 진실이라고 하더라도 범죄이고, 허위인 경우에는 형법상 가중 처벌 대상이 됨. • 여러 사람 앞에서 모욕적인 용어(생김새에 대한 놀림, 병신, 바보 등 상대방을 비하하는 내용)를 지속적으로 말하거나 그런 내용의 글을 인터넷, SNS 등으로 퍼뜨리는 행위(모욕) • 신체 등에 해를 끼칠 듯한 언행("죽을래" 등)과 문자메시지 등으로 겁을 주는 행위(협박)
금품갈취	• 돌려 줄 생각이 없으면서 돈을 요구하는 행위 • 옷, 문구류 등을 빌린다며 되돌려주지 않는 행위 • 일부러 물품을 망가뜨리는 행위 • 돈을 걷어오라고 하는 행위
강요	• 속칭 빵 셔틀, 와이파이 셔틀, 과제 대행, 게임 대행, 심부름 강요 등 의사에 반하는 행동을 강요하는 행위(강제적 심부름) • 폭행 또는 협박으로 상대방의 권리행사를 방해하거나 해야 할 의무가 없는 일을 하게 하는 행위(강요)
따돌림	• 집단적으로 상대방을 의도적이고, 반복적으로 피하는 행위 • 싫어하는 말로 바보 취급 등 놀리기, 빈정거림, 면박주기, 겁주는 행동, 골탕 먹이기, 비웃기 • 다른 학생들과 어울리지 못하도록 막는 행위
성폭력	• 성적인 말과 행동으로 성적 수치심을 느끼게 하는 행위(성희롱) • 폭행 또는 협박을 가해 신체접촉을 하는 강제추행(성추행) • 상대방의 동의없이 폭행 또는 협박을 하여 성관계를 하는 것(성폭행)

유형	설명

사이버 및 매체 폭력	• 특정인에 대해 다음의 내용을 인터넷 게시판, SNS, 채팅, 카페 등에 올리는 행위
	  - 모욕적인 말이나 욕설
	  - 허위 글이나 사생활에 대한 사실을 불특정 다수에게 공개
	• 성적 수치심을 주거나 위협, 비난, 조롱하는 글, 그림, 동영상 등을 정보통신망을 통하여 유포하는 행위
	• 공포심이나 불안감을 유발하는 영상, 문자, 음향 등을 휴대폰 등의 정보통신망으로 반복적으로 보내는 행위

학교폭력 안에는 성폭력이 포함된다. 여기에서 성폭력이란 개인의 '성적 자기결정권'을 침해하여 성을 매개로 가해지는 모든 폭력 행위를 말한다. 성적 자기결정권이란 스스로 내린 성적 결정에 따라 자기 책임하에 상대를 선택하여 성관계를 가질 수 있는 권리를 말하며, 헌법 제10조(인간의 존엄과 가치, 행복을 추구할 권리)를 근거로 한다.

성폭력의 유형

유형	내용
강간	폭행 또는 협박 등으로 상대방의 반항을 곤란하게 하여 행위자가 자신의 성기를 피해자의 성기에 삽입하는 행위
유사강간	폭행 또는 협박 등으로 상대방의 반항을 곤란하게 하여 행위자가 구강, 항문 등 신체(성기는 제외)의 내부에 성기를 넣거나 성기, 항문에 손가락 등 신체(성기는 제외)의 일부 또는 도구를 넣는 행위
강제추행	폭행 또는 협박으로 성교는 하지 않고 가슴, 엉덩이, 성기부위 및 다른 신체 부위에 접촉하거나 키스, 음란한 행위, 피해자나 행위자의 성기를 노출시키는 등 성적 침해를 하는 행위
준강간 준강제추행	상대방의 심신상실(장애, 수면, 술에 취함, 의식 잃음) 또는 항거불능(심리적, 육체적으로 반항이 불가능한 상황)의 상태를 이용하여 강간 또는 추행을 하는 행위
성희롱	업무 또는 고용, 기타 관계에서 성적 언동 등으로 성적 굴욕감 또는 혐오감을 느끼게 하거나 성적 언동 또는 그 밖의 요구에 따르지 아니하였다는 것을 이유로 불이익을 주는 행위

유형	내용
아동 성학대	보호하거나 양육하는 대상인 아동 · 청소년에 대한 성적 가혹행위
스토킹	상대방이 원하지 않는데도 지속적 또는 반복적으로 접근, 미행, 연락 등을 하며 정신적 · 신체적 피해를 입히는 행위
사이버성폭력	온라인 상에서 상대방의 동의를 구하지 않고 원치 않는 성적 대화나 메시지, 야한 사진, 동영상 등을 전달하거나 유포함으로써 불쾌감, 위협감 등을 느끼게 하는 행위

(2) 부모가 알아야 하는 학교폭력의 징후

우리 아이는 학교 폭력의 피해자가 될 수도 있고, 가해자도 될 수 있다. 이때 아이들의 모습을 살펴보면 다음과 같은 특징을 가진다.

피해학생의 징후

- 학교 가는 것을 꺼려 한다.
- 성적이 갑자기 또는 서서히 떨어진다.
- 안색이 좋지 않고 평소보다 기운이 없어 보인다.
- 학교생활이나 또래관계에 대한 대화를 시도하면 예민한 반응을 보인다.
- 아프다는 핑계를 대거나 특별한 사유 없이 조퇴를 하는 횟수가 많아진다.
- 갑자기 짜증을 부리는 횟수가 증가하고, 가족이나 주변 사람들에게 폭력적으로 행동한다.
- 멍하게 있고, 집중을 잘하지 못한다.
- 집에만 있으려고 하며, 밖에 나가려고 하지 않는다.
- 쉽게 잠들지 못하거나 화장실에 자주 간다.
- 학교나 학원을 옮기고 싶다고 말을 꺼낸다.
- 용돈을 평소보다 많이 달라고 하거나 금방 쓴다.
- 스마트폰 요금이 많이 나온다.
- 스마트폰을 보는 자녀의 표정이 불편해 보인다.
- 급식을 갑자기 먹지 않겠다고 한다.
- 수련회, 수학여행 등 단체 활동에 참여하지 않으려고 한다.
- 사소한 자극에도 쉽게 놀란다.

사이버폭력 피해의 징후

- 불안한 기색으로 폰을 자주 확인하고 민감하게 반응한다.
- 단체 채팅방에서 다른 사람들에게 반복적으로 혼자 심리적 공격을 당한다.
- 용돈을 평소보다 많이 요구한다. 또는 스마트폰 사용요금이 많이 나온다.
- 부모가 자신의 핸드폰 등을 만지거나 보는 것을 매우 싫어하고 민감하게 반응한다.
- 문자메시지나 SNS 등을 본 후 당황하거나 정서적으로 괴로워 보인다.
- 사이버상에서 이름보다는 비하하는 별명이나 욕으로 불리거나 빈정대는 글이나 험담이 많이 올라온다.
- SNS의 상태글이나 프로필사진 분위기가 갑자기 부정적이거나 우울하게 바뀐다.
- 컴퓨터 혹은 스마트폰을 사용하는 시간이 매우 많다
- 잘 모르는 사람들이 자녀의 소문을 알고 있다.
- 자녀가 SNS 계정을 탈퇴하거나 아이디가 없다.

가해학생의 징후

- 부모와 대화가 적고, 반항적이거나 화를 잘 낸다.
- 친구와의 관계를 중요시하고, 귀가 시간이 늦거나 불규칙하다
- 다른 학생을 자주 때리거나, 동물을 괴롭히는 모습을 보인다.
- 과도하게 자존심이 강한 모습을 보인다.
- 성격이 급하고, 충동적이며 공격적이다.
- 자신의 문제 행동에 대해서 이유와 핑계가 많다.
- 과도한 화장, 문신, 옷 등으로 외모를 과장되게 꾸며 또래에게 위협감을 조성한다.
- 폭력과 장난을 구별하지 못해 자주 갈등 상황에 놓인다.
- 평소 욕설을 많이 쓰고 친구를 비하하는 표현을 자주 한다.
- SNS에서 타인을 비하, 저격하는 발언을 거침없이 게시한다.

(3) 우리 아이는 왜 학교폭력의 가해자가 될까?

학교폭력의 가해자가 되는 건 개인적 원인, 가정 요인, 또래 요인, 학교 요인, 지역사회 요인 등 가해자를 둘러싼 여러 요인들이 통합적으로 작용하여 발생한다. 또한 피해자가 가해자가 되기도 하고, 가해자가 피해자가 되기도 한다.

개인적 특성으로는 충동성과 공격성이 높고 자제력이 낮은 경우가 많다. 또한 개인이 학교폭력에 대한 허용적인 태도, 가정 내 폭력을 경험한 경우, 정서적으로 불안하거나, 부모나 교사로부터 정서적으로 거리가 있는 경우, 부모와 불

화가 있는 경우, 폭력에 대한 학습과 보상이 있는 경우에 가해자가 될 가능성이 높았다. 또한 청소년기에는 또래의 영향력이 큰데, 주위에 비행 청소년들과 친밀하게 지내거나 얽혀있는 경우, 폭력을 사용해 친구의 문제를 해결하는 것이 도움이 된다고 생각하는 경우가 있다. 특히 비행친구들과의 접촉에서 애정과 인정 욕구를 충족하는 경우에는 학교폭력 가해자 집단에서 벗어나기 위해서는 무엇보다 이들이 필요로 하는 애정과 인정 욕구를 가정에서 채워야 한다. 가족 내 정서적으로 친밀하고, 관심과 애정을 받는 경우에는 학교폭력의 가해행동을 멈추게 하는 원동력이 되기도 한다. 학교폭력의 가해자들은 비행 및 학교폭력에서 부모가 자기를 포기한다고 생각했을 때 불안감과 실망감이 증폭되며 자포자기식으로 학교폭력이나 비행에 가담하는 경우가 많다.

(4) 부모가 알아야 할 학교폭력 예방수칙

- 아이에게 친구를 놀리고, 의도적으로 소외시키거나, 괴롭히는 행동은 범죄라는 사실을 알려준다.
- 아이와 학교에서 일어난 일이나 친구관계에 대해 매일 대화하는 시간을 갖도록 한다.
- 아이에게 "무슨 일이 있으면 꼭 엄마, 아빠한테 얘기해줘. 엄마, 아빠는 항상 너의 편이란다"라고 자주 이야기해준다.
- SNS의 위험성, 잘못된 사용의 결과, 안전하게 사용하는 법, 사용 예절 등에 대해 교육한다.
- 비싼 물건(운동화, 문구류)이나, 전자제품(스마트폰, 태블릿) 등을 가능한한 학교에 가지고 가지 않도록 한다.
- 학교폭력의 사실을 알게 되거나 목격했을 때는 부모님이나 선생님에게 꼭 이야기하도록 하게 한다.
- 평소 양육 시, 아이에게 상대방의 행동에 대해 역지사지로 생각해 볼 수 있게 한다.
- 주변의 학교폭력 관련 기관 정보를 일이 알려준다(112, 117, 1388, 1588-9128).
- 학부모 대상 학교폭력예방교육에 참여한다.
- 담임 선생님과 주기적으로 상담하여 자녀의 학교생활에 관심을 갖는다.

출처: 신학기에 알아야 할, 학교폭력 징후 및 예방수칙(푸른나무재단, 2020, 2, 28).

(5) 아이가 학교폭력을 당했을 경우 부모의 대처방법

아이는 학교폭력의 피해자로 부모에게 알려지고, 사건을 처리해나가는 과정에서 심리적인 부담과 더불어 수치심이 들 수도 있다. 부모는 우선 대화를 통해 충분히 공감하고 지지를 해야 한다. "혼자 많이 힘들었겠구나, 지금이라도 이야기해 주어서 정말 고마워. 엄마, 아빠가 어떻게 해줄까?"라고 물어주며 상처받은 마음을 위로해 주어야 한다.

아이가 학교폭력을 당하면 부모가 자신을 혼내거나 문제를 해결해줄 수 없다는 생각을 가질 수 있다. 아이의 보호자는 부모이므로, 우선 아이가 어렵고 힘든 마음을 털어놓고 의지할 수 있는 든든한 대상이 되어야 한다. 이 때 부모가 지나치게 감정에 격양되거나 울게 되면 아이는 상황이 어떻게 될지 불안해진다. 그러므로 감정을 잘 조절하여 아이에게 심리적으로 안정감을 주며 차분히 대화 이끌어야 한다.

폭력을 당하는 아이에게도 원인이 있다는 생각을 하며, "너한테도 문제가 있으니 당하는 거 아니니"와 같은 말은 아이가 위축되게 한다. "기껏 학교 보내놨더니 그런 일이나 당하니?"라고 야단치는 경우도 있다. 대개 속상하고 아픈 마음을 누르지 못해서 도리어 아이에게 화를 내는데, 이런 것은 매우 상처가 되는 말이다. "그런 일은 어릴 때 겪는 일이야. 별거 아닌 거 갖고 그러니?" 이처럼 청소년기엔 흔히 겪을 수 있는 일이라고 자녀의 상황을 귀기울여 듣지 않는다면, 자녀는 이해받지 못했다는 생각에 마음이 힘들어지고, 결국 더 이상 부모에게 자신이 힘든 것을 이야기하지 않게 된다. 가뜩이나 힘든 아이에게 "너 때문에 내가 너무 힘들어.", "맞고 다니다니 창피해죽겠다."와 같은 말은 현재 상황에서 수치스럽고 힘든 아이의 마음에 돌이킬 수 없는 상처를 주는 것이므로 절대 하지 말아야 할 행동이다.

(6) 학교폭력 처리절차

학교폭력이 일어나면 다음과 같은 절차로 처리를 하게 된다.

단계	중요 내용
학교폭력 사건 발생인지	• 117 학교폭력 신고센터로부터의 통보 및 교사, 학생, 보호자 등의 신고 접수
신고 접수 및	• 학교장에게 보고

단계	중요 내용
학교장/교육청 보고	• 담임교사에게 통보한 후 교육(지원)청에 보고 • 신고 접수된 사안을 관련 학생 및 그 보호자에게 통보
즉시 조치 (필요시 긴급조치 포함)	• 필요 시 피해학생과 가해학생 즉시 격리 • 피해학생, 가해학생에 대한 안전조치 • 피해학생 및 신고 · 고발한 학생이 가해학생으로부터 보복행위를 당하지 않도록 조치 • 피해학생의 신체적 · 정신적 피해를 치유하기 위한 조치 우선 실시 • 성폭력인 경우 「아동 · 청소년의 성보호에 관한 법률」에 따라 반드시 수사기관에 신고하고, 성폭력 전문상담기관 및 병원을 지정하여 정신적 · 신체적 피해 치유 • 사안처리 초기에 긴급한 필요가 있는 경우, 긴급 조치 실시 가능
사안조사	• 피해 및 가해사실 여부 확인을 위한 구체적인 사안조사 실시 - 관련학생의 면담, 주변학생 조사, 설문조사, 객관적인 입증자료 수집 등 • 피해 및 가해학생 심층면담 • 장애학생, 다문화학생에 대한 사안조사의 경우, 특수교육 전문가 등을 참여시켜 장애학생 및 다문화학생의 진술 기회 확보 및 조력 제공 • 필요한 경우, 보호자 면담을 통해 각각의 요구사항을 파악하고 사안과 관련하여 조사된 내용을 관련 학생의 보호자가 충분히 이해할 수 있도록 안내
학교장 자체해결 여부 심의	• 학교장 자체해결 요건 - 2주 이상의 신체적 · 정신적 치료를 요하는 진단서를 발급받지 않은 경우 - 재산상 피해가 없거나 즉각 복구된 경우 - 학교폭력이 지속적이지 않은 경우 - 학교폭력에 대한 신고, 진술, 자료제공 등에 대한 보복행위가 아닌 경우 • 학교장 자체해결 요건 충족시 - 피해학생과 그 보호자의 학교폭력대책심의위원회 개최 요구 의사를 서면으로 확인(동의: 학교장 자체해결, 부동의: 학교폭력대책심의위원회 개최) • 학교장 자체해결 요건 미충족 시 - 피해 및 가해사실 내용에 관하여 종합적으로 정리하여 학교의 장 및 심의위원회에 보고

출처: 학교폭력 사안처리 가이드북(교육부, 이화여자대학교 학교폭력예방연구소, 2020).

피해학생 보호를 위한 긴급조치

학교장은 피해학생의 보호를 위하여 긴급하다고 인정하거나, 피해학생이 긴급보호의 요청을 하는 경우에는 학교장 자체해결 혹은 심의위원회의 개최 요청 전에 제1호, 제2호 및 제6호의 조치를 할 수 있다.

긴급조치 범위

- 학내외 전문가에 의한 심리상담 및 조언(1호)
- 일시 보호(2호)
- 그 밖에 피해학생의 보호를 위하여 필요한 조치(6호)

※ 제6호 예시: 피해 및 가해학생의 분리가 가능한 학교 자체의 특별보호프로그램을 운영할 수 있다.

또한, 학교장은 가해학생에 대한 선도가 긴급하다고 인정할 경우 우선 제1호부터 제3호까지, 제5호 및 제6호의 조치를 할 수 있으며, 제5호와 제6호는 병과 조치할 수 있다.

긴급조치 범위

- 피해학생에 대한 서면사과(1호)
- 피해학생 및 신고 · 고발 학생에 대한 접촉, 협박 및 보복행위의 금지(2호)
- 학교에서의 봉사(3호)
- 학내외 전문가에 의한 특별교육이수 또는 심리치료(5호)
- 출석정지(6호)

학교장이 우선 출석정지를 할 수 있는 사안은 2명 이상이 고의적 · 지속적으로 폭력을 행사한 경우, 전치 2주 이상의 상해를 입힌 경우, 신고, 진술, 자료제공 등에 대한 보복을 목적으로 폭력을 행사한 경우, 학교장이 피해학생을 가해학생으로부터 긴급하게 보호할 필요가 있다고 판단하는 경우이다. 교장이 우선 출석정지 조치를 하려는 경우에는 해당 학생 또는 보호자의 의견을 들어야 한다.

(7) 피해 및 가해학생 조치

피해학생을 보호하고 가해학생을 선도하기 위한 조치 등이 실시되고 있다. 여기에서는 중점적인 부분에 대해서 간략하게 소개하기로 한다.

피해학생을 위한 조치

① 학내외 전문가에 의한 심리상담 및 조언
② 폭력과 보복에 대한 우려가 있는 경우, 일시보호(보호시설, 집, 학교상담실 등)
③ 의료기관 등에서 신체적 정신적 상처에 대한 치료 및 치료를 위한 요양
④ 피해학생을 동일 학교 내 다른 학급으로 교체(학생 및 보호자 의견 반영)
⑤ 학교의 장은 학생의 교육환경을 바꾸어 줄 필요가 있다고 인정하는 경우, 다른 학교로 전학을 추천할 수 있다. 단, 초등학교의 경우 보호자 1인의 동의를 얻어야 한다.
※ 성폭력 피해학생의 전학요청 시 학교장은 반드시 교육감(장)에게 학교배정을 요청해야 함.
⑥ 그 밖에 피해학생의 보호를 위하여 필요한 조치
  - 학교폭력 피해 유형 및 연령 특성 등을 감안하여 필요 시 해바라기센터 지정 병원 등 의료기관 연계, 대한법률구조공단과 같은 법률구조기관, 학교폭력 관련 기관 등에 필요한 협조와 지원요청 등을 할 수 있다.

피해학생이 전문단체나 전문가로부터 ①~③에 따른 상담 등에 사용되는 비용은 가해학생의 보호자가 부담하여야 한다. 다만, 피해학생의 신속한 치료를 위하여 학교의 장 또는 피해학생의 보호자가 원하는 경우에는 학교안전공제회 또는 시·도교육청이 부담하고 이에 대한 구상권을 행사할 수 있다.

또한 학교장이 인정하는 경우, 조치에 필요한 경우 결석을 출석일수로 인정하고, 학교폭력피해로 결석한 것도 출석으로 처리할 수 있다. 이러한 결석으로 시험 등에 참여하지 못할 경우에도 불이익이 없도록 조치해야 하며, 가정학습에 대한 지원 등 교육상 필요한 조치를 마련해주어야 한다.

가해학생 교육 · 선도 조치

가해학생은 특별한 경우(방학기간 중, 자율학습, 졸업예정 등)를 제외하고는 학기 중에 다음의 사항을 이행해야 한다. 이행할 수 있도록 하는 것이 바람직하다.

① 피해학생에 대한 서면사과

② 피해학생 및 신고·고발 학생에 대한 접촉, 협박 및 보복행위의 금지

③ 학교에서의 봉사

④ 학교 밖 행정 및 공공기관 등 관련기관에서 사회봉사

⑤ 교육감이 정한 기관에서 학내외 전문가에 의한 특별교육이수 또는 심리치료

⑥ 출석정지(출석인정이 되지 않음)

⑦ 피해학생과 다른 학급으로 교체

⑧ 전학

⑨ 퇴학처분

- 피해학생을 보호하고 가해학생을 선도·교육할 수 없다고 인정될 때 취하는 조치이다. 다만 의무교육과정에 있는 가해학생에 대하여는 적용하지 않는다.

PART

8

우리 아이는 장차 어떤 사람으로 커갈까?

01
진로와 진로장벽

1) 진로 및 직업의 의미

아이가 태어나면 부모는 '우리 아이는 커서 어떤 사람이 될까?'라는 기대를 가지게 된다. 그러다 아이가 성장하고 학교에 가서 학업에 있어 큰 어려움을 겪게 되면 아이의 미래, 특히 진로와 직업에 대한 걱정이 생기기 시작한다. 직업은 '개인이 계속적으로 수행하는 경제 및 사회활동의 종류'이다(중앙고용정보원, 2003). 반면 진로는 좀 더 포괄적인 개념인데, 진로(career)는 한 개인의 생애 동안 일과 관련해서 경험하고 거쳐 가는 모든 체험을 말한다(김계현, 1995). 또한 보수를 받는 직업뿐만 아니라 보수를 받지 않는 일, 즉 자원봉사, 복지사업, 가사, 정치운동까지도 포함하는 개념이다(이효성, 김근아, 2009). 이 같은 정의들을 종합해보았을 때, 진로란 한 개인의 생애 동안의 직업적 체험 및 경력 발달 및 그 과정상에 녹아 있는 개인의 가치관 형성 과정까지를 일컫는 포괄적인 개념이라고 정리해볼 수 있을 것이다.

2) 진로장벽과 진로위기

진로를 준비하고 행동하기 위해서는 다양한 어려움이 존재한다. 교육사각지대 아이들은 학교생활에서 겪었던 여러 인지적, 정서적, 환경적 어려움들이 진로를 탐색하고 준비하는 데 있어서의 어려움이 될 수 있다. 특히 고용기회가 제한되진 않을지 고민이 될 수 있다. 이러한 어려움들을 진로장벽이라고 한다. 진로장벽이란 개인의 진로목표실현을 방해하는 개인 내·외적인 요인으로(이현림 외, 2013), 진로결정과 진로포부 실현을 방해한다(손은령, 2002). 자신감 부족, 능력의 부족, 흥미의 부족과 같은 내적인 요인도 있고, 부모님의 반대, 성차별, 노

동시장의 불안정성과 같은 외적인 요인도 있다.

취업을 하고 나서도 진로와 관련한 어려움은 지속된다. 직장생활을 하다보면 위기 상황이 발생한다. 비교적 예측 가능한 위기로는 정년 은퇴나 출산 후 다시 취업하는 것이 있을 수 있다. 실직, 해고와 같이 갑작스러운 위기도 존재한다. 직장 문제로 인해 어려움을 겪는 경우도 많다. 적은 임금 문제, 직장 내 동료 및 상사 관계가 좋지 않을 수도 있고, 막상 취업을 했는데, 직무가 맞지 않아 직장을 그만두어야 되는지 고민이 되는 순간도 있다. 여성의 경우에는 출산과 함께 계속 직장을 다닐 것인지 그만두고 아이를 돌보는 것에 전념할지에 대해 고민하는 시기가 존재한다.

이와 같이 진로와 관련된 어려움은 교육사각지대 아이들만이 느끼는 것은 아니며, 모든 사람들은 진로발달과정상에서 고유한 어려움을 겪는다. 중요한 것은 어려움에만 초점을 두고 좌절하는 것이 아닌, 이를 어떻게 효과적으로 대처하느냐에 대한 것이다. 다음은 교육사각지대 아이들이 겪을 수 있는 어려움을 효과적으로 대처하고 자신만의 진로를 개척한 사람들의 사례이다.

02
어려움을 극복한 사람들의 이야기

1) 주의력결핍과잉행동장애(ADHD) 사례

이름: 스캇 타일러(Scott Taylor)
현재 직업: 아동 심리학자
성과 및 업적: 주의력 결핍 과잉행동장애(ADHD) 및 집행 기능 및 지연에 관한 연구를 하는 아동심리학자로, 2018년에 논문을 발표하여 캐나다 심리학회 학술상(Canadian Psychological Association Certificate of Academic Excellence)을 수상하였습니다.

(1) 어떤 어려움이 있었는가?

스캇은 다른 ADHD 환자들과 마찬가지로 부주의하고 집중하지 못해 '흥분한 아이(hyper-child)', '광대(clan clown)'로 여겨지기 일쑤였고 고등학교 때까지 어두운 길에 빠지기도 했습니다. 스캇은 학창시절 때 여러번 '너에게는 달리 선택의 여지가 없다!'는 말을 들었던 경험을 가졌기 때문에 대학에 가는 꿈이 현실적이지 않다고 막연히 생각하였다고 밝혔습니다. 그렇지만 오랜 숙고 끝에 스캇은 대학에 다닐 것을 결심하였습니다.

(2) 어떤 전략과 자원을 활용했는가?

가. 약물 치료와 인지행동치료

ADHD는 신경발달장애로, 스캇은 어릴 때부터 감정기복과 충동을 조절하기 위해 약을 복용했으며, 성인이 된 이후에도 실행기능 유지를 위해 종종 약을 복용했습니다. 또한 스캇은 약과 함께 인지행동치료를 병행했으며, 운동, 명상 등 다양한 전략들을 활용한다고 밝혔습니다.

나. 가족의 지원

스캇의 가족은 스캇의 ADHD 증상으로 인해 힘든 시간을 보냈습니다. 스캇의 부모님은 대학교에 가도록 격려했고, 헌신적으로 노력했습니다. 특히 부모님은 자기 통제와 사회적 기술을 익힐 수 있도록 도움을 주었습니다. 스캇은 사람들의 대화에 끼어들거나 너무 많은 대화를 하는 행동을 하곤 했는데, 그때마다 부모님이 스캇이 사회적 기술을 발휘할 수 있도록 언어적 메시지를 주었고, 스캇은 천천히 이 같은 부모님의 가르침을 내면화할 수 있었습니다.

다. 동료와 친사회적 관계

ADHD의 여러 증상으로 인해 스캇은 관계 유지에 어려움을 겪었습니다. 과거에 다른 사람들이 스캇에 대해 안 좋은 인식을 가졌다는 것을 알기에 그는 다시 사람을 만나고 사회적 생활을 하는 것에 두려움을 느꼈지만, 그러한 두려움에도 불구하고 그는 대학에서 학회 등 다양한 활동에 참여하며 다른 사람들을 만나는 것을 시도했고, 자신이 받아들여진다는 것을 경험하고, 우정을 경험합니다. 대학에서 만난 관계들은 그의 성공에 큰 도움을 주었습니다.

라. 강력한 역할 모델 및 멘토

스캇은 초등학교 선생님을 멘토로 여기고 있었고, 스포츠를 통해 관계를 이어갔습니다. 멘토를 통해 학교 교육에 대해 더 긍정적인 시각을 가질 수 있었습니다.

마. 일상생활 루틴 및 자기 관리(self care)

ADHD의 다양한 증상 때문에, 스캇은 적절한 일상생활 및 자기 관리 전략을 개발할 필요가 있었습니다. 운동 루틴, 수면 루틴 및 적절한 식이 요법을 가지는 것은 특히 장애가 있는 학생의 성공을 촉진하는 데 매우 중요합니다. 스캇이 노력해온 부분은 다음과 같습니다.

• 수면

스캇은 넷플릭스를 보기 위해 밤 4시까지 깨어있고, 다음날 오후 2시에 일어났습니다. 이것은 첫 학기 그의 낮은 점수의 중요한 원인이었습니다. 수면은 특히 ADHD 환자에게 있어 혈당 수준, 실행기능 및 하루 동안의 자체 조절을 유지하는 데 특히 중요하다는 것을 알게 되었고, 그래서 스캇은 충분한 수면을 일상에 적용하는 법을 꾸준히 배워왔습니다.

• 운동

운동은 종종 중요한 자가 치료 방식으로 논의되곤 하는데, ADHD 환자에게는 특히나 더 많은 추가적인 이점을 줄 수 있습니다. 운동은 치료의 한 형태일 수 있습니다. 운동은 ADHD 환자에게 원치 않는 에너지와 스트레스 중 일부를 풀어 줄 수 있는 방법을 제공합니다. 오늘날의 스캇은 운동을 치료의 한 형태라고 확신하고 있습니다. 약을 복용, 운동 등 두뇌 화학작용을 변화시킬 수 있는 자신만의 전략을 찾는 것이 필요합니다.

• 다이어트

다이어트는 포도당 수준, 에너지 수준 및 전반적인 건강을 유지하는 데 유용합니다. 당신이 충분히 먹지 못한다면 어떻게 자기 조절을 할 수 있는 에너지가 있으리라고 기대할 수 있겠습니까? ADHD 증상이 있는 사람들은 자기 조절 기능이 낮기 때문에 하루 두 번씩 혈당과 설탕 수치를 회복시키는 것이 좋습니다.

• 마음챙김과 명상

명상은 스캇이 최근에 일상에 포함시킨 핵심 요소였습니다. 스캇은 명상을 활용해서 원치 않는 생각에 매달리지 않고 대신 인생에서 더 중요한 것에 집중할 수 있었습니다. 명상은 긴장되거나 스트레스를 받았을 때 자신을 용서하고 자신을 통제하는 것을 가르쳐주었습니다. 스캇은 자기 용서와 충동성 지연은 연결되어 있다고 합니다. 용서를 자기 자신에게 적용하는 건 중요합니다. 나 자신을 용서한다면 미래에 내가 충동적인 어떤 행동을 해서 후회가 되더라도 자신을 용서하고 다시 시도하게 됩니다. 이는 스캇의 학업적 어려움을 극복하는 데 중요한 도움이 되었습니다.

바. 대학의 캠퍼스 기반 자원들

스캇가 다닌 대학에서는 학업과 정신 건강을 위해 학생들에게 다양한 서비스를 제공했습니다. 이 중 ADHD 학생에게 도움을 주는 프로그램은 다음과 같습니다.

• 바운스 백(Bounce Back)

Bounce Back은 고학년 학생들과 일대일로 일하면서 학업 어려움을 겪은 문제를 해결하는 데 도움이 되는 프로그램입니다. 이 프로그램은 목표 달성을 위한 새롭고 도달 가능한 목표와 전략을 수립합니다. 스캇은 ADHD와 지연에 대처하는 데 도움이 되는 시간 관리 및 조직 기술을 개발하는 등 프로그램의 혜택을 많이 받았습니다.

• Paul Menton Center(PMC)

대부분의 대학은 장애 지원 서비스를 제공하는데 스캇이 다닌 대학도 마찬가지였습니다. MC는 1학년 학생들이 고등 교육으로 전환하는 것을 돕기 위해 멘토링(Menttoring) 자원봉사 프로그램을 제공합니다. 멘토는 학생들과 1 대 1로 만나서 (1) 자기 인식, (2) 자기 옹호 및 (3) 개별 학습 전략을 개발하도록 돕습니다. 또한 매해 가을, 시간 관리 및 메모 작성 전략과 같은 주제에 대한 워크숍을 제공합니다.

첫 학기 스캇은 이전처럼 장애 학생으로 분류되어 수업에서 격리되는 것에 대해 걱정이 되었기 때문에 센터를 이용하지 않았지만 대학의 첫 학기에 성적이 떨어졌고, 두 번째 학기부터 이용하기 시작했습니다. 캠퍼스 센터를 사용하면 개인 맞춤 교육 계획에 명시된 적절한 편의를 받을 수 있었기 때문에 유용했습니다. 스캇은 ADHD를 가진 모든 학생이 이와 같이 학교에서 제공하는 다양한 서비스를 사용함으로써 혜택을 볼 수 있었으면 좋겠다고 이야기합니다.

출처: https://www.psychologytoday.com/ca/blog/dont-delay/201812/adhd-and-academic-procrastination-success-story

스캇의 사례를 살펴보면, 주위의 다양한 종류의 자원을 사용하고, 꾸준한 자기 관리를 하는 것, 사람들과 다시 어울리는 것이 두려웠음에도 불구하고 도전하는 것이 ADHD 학생에게 필요하다는 것을 알려준다. 스캇에게는 멘토, 가족, 친구들이 그의 성공에 핵심으로 꼽았던 것처럼, ADHD 학생들에게는 그들을 신뢰하고 지지하고, 포기하지 않고 필요한 도움을 주는 사람들이 필요하다. 스캇의 사례에서도 살펴볼 수 있었듯이 ADHD 자녀를 양육하는 것은 긴 호흡을 가지고 해야 하므로, 그들이 쉽게 빨리 변화될 거라는 생각을 내려놓고, 시행착오를 겪는 아이와 부모 자신을 끊임없이 용서하고 다시 시도하며, 무엇이 효과적인지를 살피고 이를 꾸준히 해야 한다.

2) 난독증(Dyslexia) 사례

이름: 미국 TV쇼 Shark Tank의 공동 창업자 바바라(Barbara Corcoran)와 케빈(Kevin O'Leary)

현재 직업: 기업가

성과 및 업적: Shark Tank는 미국의 비즈니스 리얼리티 TV 시리즈로, 미국에서 큰 성공을 거두었으며, 2012~2013년에는 Outstanding Reality Program에서 수상하였고, 2014~2017년에는 Primetime Emmy Award를 수상하기도 하였습니다.

(1) 어떤 어려움이 있었는가?

미국 TV쇼 Shark Tank의 공동창업자 케빈은 6살 때 난독증으로 진단을 받았습니다. 학창시절 난독증으로 인해서 친구들에게 놀림을 받기도 하였고 왕따를 당하기도 했습니다. Shark Tank의 또 다른 공동창업자 바바라는 난독증으로 인해 스스로가 똑똑하지 않다는 사실을 곱씹으며, 똑똑하지 않다고 비춰질까봐 오랜 시간 걱정하고 두려워하며 지냈습니다. 그래서 그녀는 자신이 하는 모든 일들이 자기가 바보같지 않다는 것을 증명하는 일이라고 스스로 마음먹었고, 불완전함 속에서도 도전하는 모습을 보여주는 것이라고 생각하며 살아왔습니다.

(2) 어떤 자원과 전략을 활용했는가?

가. 발상의 전환

바바라는 난독증을 족쇄로 여기지 않고, 대신 웨이트리스와 같은 직종을 포함하여 23살까지 20가지가 넘는 다양한 일을 경험합니다. 이러한 다양한 경험들을 통해 난독증을 이겨내고 유명한 기업가로서의 삶의 토대를 닦아놓는 계기가 되었습니다.

바바라는 "당신이 스스로를 바라볼 때 '모든 사람을 A학점과 B학점으로 구분짓는 학교 교육에서의 실패자'라고 명명하는 것을 기꺼이 거부할 수 있는 사람이라면, 난독증은 당신에게 커다란 자유를 허락해 줄 수 있을 것입니다."라고 이야기했습니다. 그리고 학교에서 무언가를 얻기 위해서 투쟁할 필요가 없는, 일부 모범생인 학생들은, 종종 유연하게 사고하는 능력이 떨어지기 때문에 삶에서나 비즈니스를 할 때 잘 기능하지 못하며, 기업가로서의 삶은 학교에서 잘하는 것과는 차원이 다른 이야기이기 때문에, 학교에서의 높은 성적이 기업가로서의 성공을 보장하지는 않는다고 이야기하였습니다.

나. 교육

케빈은 "특별한 교육을 받기 위한 교육기관에 등록을 한 것이 제 삶을 통째로 바꾸었다"라고 이야기합니다. 케빈은 아직 많은 미국 북부 지역의 학교들이 난독증에 대해서 잘 몰랐던 시절에, 진취적이고 경험중심적인 난독증 교육 프로그램에 등록했습니다. 케빈의 치료자는 케빈이 스스로를 믿을 수 있도록 도와주었는데, "케빈에게 남에게 없는 특별한 능력이 있음"을 스스로 믿도록 도와주었습니다. 치료자 선생님들은 저에게 "케빈, 너에게는 글을 거꾸로 읽는 능력이 있고, 거울 속에 있는 것처럼 읽는 것 같은 능력이 있고, 위아래로 글이 뒤집혀 있어도 읽을 수 있는 능력이 있는 거란다."라고 가르쳐 주었습니다. 이 같은 치료자 선생님의 말씀은 당시 케빈에게 없었지만 꼭 필요했었던 '자신감'이라는 선물을 주었습니다.

출처: https://www.entrepreneur.com/article/237669
https://www.businessinsider.com/dyslexic-shark-tank-investors-consider-it-strength-2018-2

케빈의 사례에서 난독증이 있는 학생이 전문적인 교육 프로그램을 이수하는 것의 유용성과 함께 장애를 또 다른 시각으로 바라보고 이해하는 것이 어떻게 학생에게 용기와 자신감을 주는 건지를 알게 한다. 바바라는 다양한 일을 경험하며 기업가로서의 토대를 닦았다. 바바라의 사례는 난독증을 가진 아이들이 학교 교육에서 어려움을 겪을지라도 사회나 비즈니스의 삶에서 아이들의 장점을 발휘하여 충분히 잘 해나갈 수 있음을 보여준다.

이름: 톰 크루즈(본명: Thomas Cruise Mapother IV/토마스 크루즈 메포터 4세)
현재 직업: 영화배우 겸 영화제작자
성과 및 업적: 톰 크루즈는 세계적으로 유명한 배우이자 프로듀서로 미션 임파서블 등 많은 흥행작에 출연하였고, 골든 글로브 상을 수상하였다.

(1) 어떤 어려움이 있었는가?

톰 크루즈는 폭력적인 아버지 밑에서 세 명의 누나들과 함께 가난한 가정에서 자랐습니다. 아버지가 직장을 잡는 데 어려움을 겪었기 때문에 톰 크루즈의 가족은 자주 이사를 해야 했기 때문에 그는 12년 동안 15개의 학교를 다녔고, 12살에 아버지가 돌아가신 후에는 가장이 되었습니다.

톰 크루즈는 작은 키와 뻐드렁니로 아이들의 괴롭힘을 당했고, 잦은 전학으로 학교에서 계속 적응을 해야 하는 어려움이 있었습니다. 또한 난독증으로 많은 고생을 해야 했습니다. 그는 "내가 읽고 있는 것에 대해 집중해보려고 저는 노력했었습니다. 그러나 제가 책의 마지막으로 갔을 때 저는 책의 전반적인 내용에 관해서 아주 적은 부분만을 기억하고 있을 뿐이었습니다. 그 뿐만이 아니었습니다. 저는 책을 읽을 때마다 멍해졌고, 불안해졌고, 긴장되었고, 지루해졌고, 좌절되었고, 심지어 멍청하다고 느껴지기까지 했습니다. 저는 화가 났고, 공부할 때 다리가 아프기도 했고 심한 두통이 오기도 했습니다."라고 말했습니다.

톰 크루즈의 이러한 난독증과 관련된 증상들은 그가 공부하는 것을 극도로 어렵게 만들었습니다. 그는 자신만의 방법을 찾아다녔습니다. 시험이 오후에 있었던 날이면, 그는 점심시간 때 오전에 시험에 친 아이들을 찾아다녔고 시험이 어땠는지를 물어 시험을 준비하는 등의 방법을 찾곤 했습니다.

(2) 어떤 자원과 전략을 활용했는가?

가. 적합한 진로를 찾기 위한 다방면의 시도와 노력

톰 크루즈는 축구, 하키, 축구, 야구 등 가능한 많은 방과 후 활동에 참여해서 자신이 잘하는 것이 무엇인지 알아보려 하였습니다. 그러나 고등학교 3학년 때 무릎 부상으로 운동을 더는 못하게 되었고 이번에는 학교의 Guys and Dolls 행사(일종의 장기자랑 행사)에 오디션을 보기로 하였습니다. 오디션에서 여러 즉흥 연주를 선보이고 순수한 카리스마를 인정받아 톰 크루즈는 선택되었습니다. 그러나 그는 졸업식이 다가오자 이 행사에 참석하지 않기로 결정했습니다. 왜냐하면 그는 스스로가 '기능적인 문맹(functional illiterate)'이었음을 발견했기 때문이었습니다. 그는 배우는 것을 좋아했고 배움에 대한 갈증이 있었지만 학교 시스템 속에서 실패했다는 것을 알게 되었습니다. 그래서 톰 크루즈는 스포츠나 교육 분야에서 저의 미래가 없다는 것을 깨닫고 '배우로서의 연기'로 진짜 승부를 보기로 마음먹었습니다. 그래서 뉴욕으로 이사를 하였고, 자신을 찾을 수 있는 연기에 대한 오디션을 보게 되었습니다.

나. 대사 암기를 통한 장애의 극복

영화배우라는 새로운 직업세계에 뛰어들었지만 난독증은 톰 크루즈의 삶에서 영향을 미쳤습니다. 배우는 스크립트를 읽고, 대사를 외우는 것이 너무나 중요한 역할인 직업이었습니다. 톰 크루즈는 맡은 역할에 대해서 스크립트가 주어졌을 때 감독과 프로듀서를 만나 자신이 맡은 캐릭터에 대해서 이야기하는 시간을 가졌습니다. 그는 인물에 대한 전반적인 인상을 머릿속에다가 그려보았고, 그 연상한 그림을 사용했습니다. 톰 크루즈는 대본을 읽어주면 그 읽어준 것을 기반으로 대사를 통째로 외웠습니다. 이 일련의 과정에 있어서 그는 상당한 소질이 있었던 것 같습니다. 계속해서 톰 크루즈는 장애를 극복해 나갔습니다. 그는 시각적 학습자가 되도록 자신을 훈련했습니다. 톰 크루즈는 자신의 대사를 기억하고 캐릭터의 느낌을 유지하기 위해 정신적 이미지에 집중했습니다.

톰 크루즈의 사례를 살펴보면, 그는 난독증이라는 자신의 어려움과 한계를 이해하고, 자신에게 주어진 환경에서 활용할 수 있는 방법을 찾았음을 볼 수 있다. 그는 스포츠를 좋아했지만 부상을 입었고, 배우는 것을 좋아했으나, 난독증으로 한계가 있었다. 그럼에도 불구하고 포기하지 않고 그는 자신의 재능을 찾기 위해 다방면에 걸친 시도를 지속했다. 난독증으로 인해 대사를 외우는 것이 힘들었으나, 그는 창의적으로 이 문제를 해결한다. 부모는 난독증을 아이를 규정짓는 장애라고 생각하기보다 아이가 삶을 살며 해결해나가야 할 무수히 많은 문제 중 하나로 바라보고, 아이가 문제를 발견하고 해결을 위해 도전하고 노력할 수 있도록 도울 필요가 있다.

읽기자료 장애학생의 진로교육

1) 전환 교육이란?

일반교육에서 보편적으로 사용하고 있는 용어인 '진로교육'을 특수교육 분야에서는 '전환교육'이라는 용어로 사용한다. 특별히 장애학생의 진로교육을 전환교육이라고 칭하는 것은 그들의 진로 활동이 다소 원활하지 못하고 특수교육에서처럼 특수한 개별화된 지원체계를 필요로 하기 때문이다. Wehmen, Kregel, Barcus(1985)는 전환 교육을 '특수교육 관계자나 성인 직업 재활서비스 제공자에 의하여 시작되는 것으로, 3년 내지 5년 이내에 학교를 졸업하거나 떠나게 될 장애학생에게 취업이나 직업훈련을 계획하고 시행하기 위하여 세밀히 계획된 과정'이라고 정의하고 있다.

장애학생은 자신이 살고 있는 지역사회 내에서 사회활동과 여가활동에 참여하고 직업을 획득하는 과정을 주로 학교에 의존하고 있기 때문에, 학교는 이러한 욕구에 부응하기 위해 직업생활, 사회생활로의 전환을 도울 수 있는 전문적이고 체계적인 교육이나 훈련을 제공해야 한다(Luft & Koch, 1998). 이러한 전환교육의 영역 및 논점 확대는 '장애인의 자립생활 및 사회적 통합을 장애인의 고용여부로만 국한하여 해석하지 않고, 지역사회 안에서 삶의 안녕(well-being)을 누리며 사회적 일원으로 존립 가능한가에 초점을 두는 것과 맥을 같이 한다'(김동일 외, 2020, 86)로 그 의의를 찾을 수 있다.

2) 전환성과

전환성과란 전 생애에 걸쳐 이루어지는 여러 전환의 시기(Sitlington et al., 2009)에서 요구되는 지식 및 능력수준을 의미하는 것으로, 장애학생의 졸업 이후 자립 및 성공적 사회적응을 위해 진로의 측면에서 성취한 정도(김언아, 김동일, 2006)를 말한다.

이영선과 김환희(2013)는 전화 성과를 영역별로 고용성과, 졸업 이후 교육성과, 독립생활성과, 여가생활에서의 성과로 구분하였는데, 고용성과는 졸업 직후 취업으로 연결되는지에 대한 여부를 의미하며, 졸업 이후 교육성과는 직업기술학교나 성인교육프로그램, 대학을 포함하여 졸업 직후 진학 여부를 의미하였고, 독립생활성과는 졸업 이후 주거형태를 의미하였으며, 여가생활에서의 성과는 장애학생이 정기적으로 참여하는 여가활동이 있는지의 여부로 구분하였다.

전환성과에 미치는 요인으로는 자기결정력을 들 수 있다. 김언아와 김동일(2006)에 따르면 자기결정력이란 장애인들이 스스로 선택하고, 결정하고, 문제를 해결하고, 목표를 설정하고 달성하며 평가하는 역량을 지칭하는데, 연구 결과 자기결정력이 높은 학생일수록 성공적인 전환가능성과 유지가능성의 정도가 높게 나타나고 전환의 성과가 더욱 양호한 것으로 나타나 자기결정력이 전환과정에서 성공의 가능성을 높이는 중요한 요인임을 발견하였다.

또한 부모의 참여가 중요하다. 이혜영(2011)의 연구결과에 따르면 부모의 학교 전환과정 참여정도에 따라 장애 청소년의 진로결정능력, 특별히 직업을 계획하는 능력에 긍정적인 영향을 미쳤음을 밝히며, 학교상담, 학부모회활동, 부모교육 참여 등 기타 전환과정에 적극 참여하여 장애 청소년의 진로결정능력을 향상시킬 수 있도록 학부모들의 적극적인 참여가 필요하다는 것을 주장하였다.

참고문헌

1장

김동일 (2020). **교육사각지대 학습자 부모 상담**. 서울: 박영스토리.

김근하, 김동일 (2007). 경계선급 지능 초등학생의 학년별 학업 성취 변화: 초등학교 저학년을 중심으로. **한국특수교육학회 학술대회**, 73−97.

최수미, 유인화, 김동일, 박애실. (2018). 일반교사가 지각하는 교육사각지대 학습자 특성의 구성개념 탐색: CQR−M 을 중심으로. **교육심리연구**, 32(3), 421−442.

최수미, 유인화, 김동일, 박애실 (2019). 현장 교사가 지각하는 교육사각지대 학습자의 특성에 대한 합의적 질적 연구. **학습장애연구**, 16(3), 23−49.

2장

강옥려 (2016). 경계선급 지능 아동의 교육: 과제와 해결 방안. **한국초등교육**, 27(1), 361−371.

김동일, 고은영, 이기정, 최종근, 홍성두 (2017). **특수교육·심리진단과 평가**. 서울: 학지사

김동일, 이명경 (2006). 주의력결핍 및 과잉행동 장애(ADHD) 원인론의 경향과 전망: 애착이론에 의한 대안적 접근. **상담학연구**, 7(2), 523−540.

김은숙 (2001). **부부 갈등 및 부부관계 특성과 아동의 주의력 결핍 과잉행동 성향간의 관계**. 석사학위논문, 숙명여자대학교.

박찬선, 장세희 (2015). **경계선 지능을 가진 아이들**. 파주: 이담북스.

이승희 (2017). **정서행동장애개론**. 서울: 학지사.

정종식 (2000). 학습부진아의 진단과 치료. 서울: 교육과학사.

정희정, 이재연 (2008). 경계선 지적 기능 아동의 특성. 특수교육학연구, 42(4), 43−66.

홍성의 (2014). **소아정신의학**. 서울: 학지사

Bagwell, C. , Molina, B. , Pelham, W. & Hoza, B. (2001). Attention−Deficit Hyperactivity

Disorders and Problems in Peer Relations: Predictions From Childhood to Adolescence, *Journal of American Academy of Child and Adolescent Psychiatry 40,* 1285－1292.

Biederman, J., & Faraone, S. V. (2002). Current concepts on the neurobiology of Attention deficit/hyperactivity disorder. *Journal of Attention Disorders, 6*, 7－16.

Campbell, S. B., Breaux, A. M., Ewing, L. J., & Szumowski, E. K. (1986). Correlates and predictors of hyperactivity and aggression: a longitudinal study of parent－refeered problem preschoolers. *Journal of Abnormal Child Psychology, 12*, 217－234.

Chauhan, S. (2011). Slow learners: Their psychology and educational programmes. *International Journal of Multidisciplinary Research, 1*(8), 279－289.

DuPaul, G., Barkley, R., & Connor, D. (1998). Stimulants. In R. Barkley (Ed.), *Attention deficit hyperactivity disorder: A handbook for diagnosis and treatment* (2nd ed) (pp. 510－551). NewYork, NY: The Guilford Press.

Faraone, S. V., & Biederman, J. (1998). Neurobiology of attention－deficit hyperactivity disorder. *Biological Psychiatry, 44*, 951－958.

Gabriele, M., Mara, M., Pietro, P. (1998). Adolescents with borderline intellectual functioning: psychopathological risk. *Adolescence, summer, 33*, 409－425.

Karande, S., Kanchan, S., & Kulkarni, M. (2005). Clinical and psychoeducational profile of children with borderline intellectual functioning. *Indian Journal of Pediatrics, 75,* 795－800.

Kutscher, M. L. (2008). *ADHD: Living Without Brakes*. London, Philadelphia: Jessica Kingsley Publishers.

Levind, M. (2003). Celebrating diverse minds. *Educational Leadership, 61*, 14－18.

Lindahl, K. M. (1998). Family process variables and childrens disruptive behavior problems. *Journal of Family Psychology, 12,* 420－436.

Lynam, D., Moffitt, T., & Stouthamer－Loeber, M. (1993). Explaining the relation between IQ and delinquency: Class, race, test motivation, school failure, or self－control? *Journal of Abnormal Psychology, 102*(2), 187-196.

Olson, S., & Brodfeld, P. L. (1991) Assessment of peer rejection and externalizing behaviour problem in preschool boys; a short term longitudinal study. *Journal of Abnormal Child Psychology, 19,* 493-503.

Rosenberg, M. S., Westling, D. L., & McLeskey, J. (2011). Special education for today's teachers: *An Introduction* (2nd ed.). Boston, MA: Pearson Education, Inc.

Shaw, S. R. (2010). Rescuing students from the slow learner trap. *Principal leadership, 10* (6), 12–16.

Smith, A. J., Brown, R. T., Bunke, V., Blount, R. L., & Chirstophersen, E. (2002). Psychosocial adjustment and peer competence of siblings of children with attention–deficit/hyperactivity disorder. *Journal of Attention Disorders, 5,* 165–177.

Verguts, T., & DeBoeck, P. (2001). On the correlation between working memory capacity and performance on intelligence tests. *Learning and Individual Differences, 13,* 259–272.

3장

강경미 (2006). **아동행동수정**. 서울: 학지사.

양명희 (2016) **행동수정이론에 기초한 행동지원**. 서울: 학지사.

Kearney, A. J. (2014) **응용행동분석의 이해** (이효신 역). 서울: 시그마프레스. (원저는 2008년에 출판).

Martin, G. L, & Pear, J. (2012). **행동수정** (임선아, 김종남 역). 서울: 학지사. (원저는 2011년에 출판).

Scheuermann, B. K., & Hall, J. A. (2009). **긍정적 행동중재와 지원** (김진호, 김미선, 김은경, 박지연 역). 서울: 시그마프레스. (원저는 2007년에 출판).

4장

고효정, 권윤희, 김민영 (2009). 초등학생 어머니의 성격유형에 따른 양육태도 및 양육스트레스. **지역사회간호학회지**, 20(2), 215–224.

구본용 (2011). 2011 **청소년동반자 보수교육 –해결중심상담기법 워크숍–**. 한국청소년상담원.

권영주 (1999). **구조화된 집단놀이치료가 경계선지능 아동의 적응행동에 미치는 효과**. 대구대학교 석사학위논문.

권석만 (2003). **현대이상심리학**. 서울: 학지사.

권석만 (2006). 위빠사나 명상의 심리치유적 기능. **불교와 심리**, 1, 1-49.

김혜련 (2002). 주의력결핍 과잉행동 유아의 가족기능에 관한 연구. **정서·행동장애연구**, 18(2), 183-206.

노진아, 이윤숙, 강미애, 박동환, 이유리 (2011). 유아특수교육에서의 질적 연구 동향 분석: 2000년부터 2010년까지의 국내학술지 논문을 중심으로. **특수교육**, 10(1), 305-328.

도현심 (2013). 아동문제행동 예방을 위한 부모교육 프로그램의 효과. **한국아동학회**, 34(3), 151-177.

마음사랑 인지행동 치료센터 (http://www.cbt.or.kr/content/info/info.jsp.)

박성연, 전춘애, 한세영 (1996). 아동과 어머니의 기질 및 어머니의 양육스트레스에 따른 양육행동에 관한 연구. **대한가정학회지**, 34(4), 203-215.

박숙자 (2016). 경계선 지적 기능 자녀를 둔 어머니의 양육경험 연구: Giorgi의 현상학적 연구방법을 활용하여. **놀이치료연구**, 20(1), 1-17.

박응임 (1995). **영아-어머니간의 애착유형과 그 관련변인**. 이화여자대학교 박사학위 논문.

서경희 (1998). 장애영유아 어머니의 가족 중심 서비스에 대한 욕구. **특수교육학회지**, 19(1), 119-142.

서민정, 장은진, 정철호, 최상용 (2003). 주의력 결핍-과잉행ㅇ동장애 아동 어머니의 양육스트레서, 우울감, 부모효능감에 관한 연구. **한국심리학회지 ; 여성**, 8(1) 69-81.

손영지, 박성연 (2011). 어머니의 양육스트레스와 양육행동간의 관계: 성격의 중재효과. **인간발달연구**, 18, 125-144.

송연숙, 김영주 (2008). 양육스트레스, 양육지식이 양육효능감에 미치는 영향 : 영유아기 자녀를 둔 어머니의 비교 연구. **열린유아교육연구**, 13(3), 181-203.

신숙재 (1997). **어머니의 양육스트레스, 사회적 지원과 부모효능감이 양육행동에 미치는 영향**. 연세대학교 박사학위 논문.

안지영 (2001). **2-3세 자녀를 둔 어머니의 양육 신념, 효능감 및 스트레스가 양육 행동에 미치는 영향**. 이화여자대학교 박사학위 논문.

왕영선(2013). **발달장애아동 가족의 가족탄력성 강화를 위한 인지행동치료 프로그램 개발 및 효과 : 발달장애아동 어머니와 비장애형제를 대상으로**. 명지대학교 박사학위 논문.

용홍출 (2012). 마음챙김 명상에 기반한 인지치료(MBCT)가 장애아동 어머니의 양육 스트레스와 상위인지 자각에 미치는 영향. **재활심리연구**, 19(1), 103-128.

유우영, 이숙 (1998). 유아의 사회적 적응과 관련변인간의 인과관계 - 양육스트레스원, 사회적지지, 양육행동을 중심으로. **대한가정학회지**, 36(10), 65-78.

이종하 (2012). ADHD **아동의 학교적응 인과모형에 관한 연구**. 숭실대학교 박사학위 논문.

임순화, 박선희 (2010). 어머니의 사회경제적 지위, 자녀수에 따른 양육스트레스와 영아의 표현어휘 발달과의 관계. **미래유아교육학지**, 17(1), 251-278.

임재웅 (2018). **경계선 지적 기능 학습자를 자녀로 둔 어머니의 양육경험 : 어려움 극복과 희망을 중심으로**. 안양대학교 박사학위 논문.

임지향, 박승탁, 송정은 (2001). 정신지체아 부모와 일반아 부모의 일상 스트레스 재처 방식의 특성 비교. **발달장애연구**, 5(2), 167-181.

임현주 (2013). 경제관련 변인 및 자녀의 기본생활습관과 어머니의 자아존중감이 어머니의 양육스트레스에 미치는 영향. **유아교육연구**, 33(4), 197-215.

장현갑 (2010). 마음챙김 명상에 바탕둔 스트레스 완화(Mindfulness Based Stress Reduction; MBSR)란 무엇이며, 어떻게 수행해야하는가?. **한국불교상담학회**, 3, 1-9.

정계숙, 노진형 (2010). 유아의 주의력결핍과잉행동 수준에 따른 모 양육 스트레스와 양육행동. **인간개발연구**, 17(1), 285-300.

정대영, 최정아 (2010). 장애아동 부모와 일반아동 부모의 심리적 안녕감 비교. **정서행동장애연구**, 26(3), 319-343.

정선아, 이가형, 박보형, 정다운 (2015). 유아인성교육 프로그램 분석. **한국아동학회**, 11, 169-170.

차혜경 (2008). 정신장애인의 극복력에 관한 연구. **한국자료분석학회**, 14(3), 1427-1438.

최성애, 조벽 (2012). **최성애 조벽 교수의 청소년 감정코칭**. 해냄.

한경임, 송미송, 박철수 (2003). 뇌성마비 아동의 통합치료교육 사례 연구. **특수아동교육연구**, 5(1).

Abidin, R. R. (1992). The determinants of parenting behavior. *Journal of Clinical Child Psychology, 21*(4), 407-412.

Anastopoulos, A. D., Guevremont, D. C., Shelton, T. L. & DuPaul, G. J. (1992). Parenting stress among families of children with attention deficit hyperactivity disorder. *Journal of Abnormal Child Psychology, 20*(5), 503-520.

Baker, D. B. (1994). Parenting stress and ADHD : A comparision of mother and fathers. *Journal of Emotional and behavioral Disorders, 2*(1), 46-50.

Barkley, R. A., Fischer, M., Edelbrock, C. & Smalish, L. (1991). The adolescent outcome of hyperactive children diagnosed by research criteria: III. Mother-child interactions, family conflicts and maternal psychopathology. *Journal of Child Psychology and Psychiatry, 32,* 233-255.

Bishop, S. R. (2002). What do we really know about Mindfulness-Based Stress Reduction? *Psychosomatic Medicine, 64,* 71-83.

Goleman, D. (1980). *Meditation helps break the stress spiral.* In J. D. Adams(Ed), Understanding and managing Stress (pp. 147-153). CA: University Associates.

Gottman, J. M. (2007). 존 가트맨식 감정코치법[What am I feeling?]. (정창우 역). 인간사랑.(원저는 2004년에 출판).

Ingram, R. E. & Hollon, S. D. (1986). *Cognitive therapy for depression from an information processing perspective.* In R. E. Ingram (Ed.) Information processing approaches to clinical psychology (259-281). Orlando, FL: Academic Press.

Kabat-Zinn, J. (1990). *Full catastrophe living: Using the wisdom of your body and mind to face stress, pain, and illness.* New York: Delta.

Lazarus, R. S. & Folkman, S. (1984). *Stress, appraisal, and coping.* New York: Springer Publishing Company.

Mash, E. J. & Johnston, C. (1990). Determinants of parenting stress: Illustrations from families of hyperactive children and families of physically abused children. *Journal of Clinical Child Psychology, 19*(4), 313-338.

Mishna, F.(2003). Learning disabilities and bullying: Double jeopardy. *Journal of Learning Disabilities, 36*(4), 336~347.

Silver, E. J., Heneghan, A. M., Bauman, L. J., & Stein, R. E. (2006). The relationship of depressive symptoms to parenting competence and social support in inner-city mothers of young children. *Maternal and Child Health Journal, 10*(1), 105-112.

Zhang, C., Cubbin, C., & Ci, Q. (2019). Parenting stress and mother-child playful interaction: the role of emotional support. *Journal of Family Studies, 25*(2), 101-115.

5장

경향신문, "[이슈기획 – 거절의 기술] (3) 거절에도 연습이 필요하다...'거절의 기술'", 2017.08.04., http://news.khan.co.kr/kh_news/khan_art_view.html?art_id=201708041559011

김동일, 임희진, 김주선, 김희은, 문성은, 이연재, 안제춘 (2019). 교육사각지대 학습자 지원 방안에 대한 초· 중· 고등학교 교사의 인식 연구. **아시아교육연구**, 20(1), 25–46.

김동일 (2020). **교육사각지대 학습자 부모상담**. 서울: 박영스토리

김선경, 안도현 (2015). 학교상담: 초등교사가 지각하는 효과적인 학부모 상담 전략. **상담학연구**, 16(5), 323–338.

김은영, 이재용, 박성희 (2018). 학부모 상담 과정에 관한 초등 학부모의 체험분석, **초등상담연구**, 17(2), 177–200.

김한별, 정여주 (2018). 초등학교 저학년 학부모의 담임교사 상담경험에 대한 질적 연구, **학습자중심교과교육연구**, 18(16), 489–508.

변영계, 강태용 (2003). **공부를 잘 하는 방법 학습기술**. 서울: 학지사.

서울특별시교육청 교육정책국 초등교육과 서울학습도움센터 (2020). **경계선 지능 학생 지원 가이드북**. 서울: 서울특별시교육청.

손범수, 김판수, 최성우 (2013). **손범수가 묻고 전문가가 답하는 자기주도학습**. 서울: 교육과학사.

유경철 (2018). **완벽한 소통법**. 서울: 천그루숲.

전명남 (2015). **학습전략**. 서울: 학지사.

지역사회전환시설 이음, "사회기술훈련매뉴얼", 2013.10.29., http://yiumm.net/sub.php?id=data&mode=view&menukey=27&idx=16&page=2

최명금 (2008). **엄마와 함께하는 학습놀이**. 서울: 경향미디어.

최수미, 유인화, 김동일, 박애실 (2018). 일반교사가 지각하는 교육사각지대 학습자 특성의 구성개념 탐색. **교육심리연구**, 32(3), 421–442

최윤수, 임진영 (2019). 문제행동 아동에 대한 초등교사의 상담 결정 과정에 관한 체험분석, **초등상담연구**, 18(3), 347–366.

EBS 60분 부모 제작팀 (2010). EBS 60**분 부모 : 문제행동과의 한판승 편**. 지식너머.

Bellack, A. S., Mueser, K. T., Gingerich, S. & Agresta, J. (2001). 정신분열병 환자를 위한 사회 기술훈련[Social skills training for schizophrenia : a step–by–step guide]. (김철권 역). 하나의학사. (원저는 1997년에 출판).

Laugeson, E. A. & Frankel, F. (2013). 부모와 함께하는 자폐스펙트럼장애 청소년 사회기술 훈련[Social Skills for Teenagers with Developmental and Autism Spectrum Disorders]. (유희정 역). 서울: 시그마프레스. (원저는 2010년에 출판).

6장

서울특별시교육청 교육정책국 초등교육과 (2020). **배움이 느린 학생을 위한 인지향상 또바기 프로그램 매뉴얼**. 서울: 서울특별시교육청.

서울특별시교육청 교육정책국 초등교육과 서울학습도움센터 (2020). **경계선 지능 학생 지원 가이드북**. 서울: 서울특별시교육청.

여성가족부 (2020). 2020년 청소년사업 안내.

황순길, 전연진, 이상균, 김태성, 허미경, 김남희, 김보람 (2014). 직무 및 지역현황 분석을 통한 청소년상담복지센터 운영모형 개선방안 연구. **청소년상담연구**, 22(2), 83-112.

홈페이지

거북맘 VS 토끼맘(https://cafe.naver.com/getampethskin)

기초학력진단 보정시스템(https://s-basic.sen.go.kr/)

기초학력향상지원사이트 '꾸꾸(KU-CU)'(http://www.basics.re.kr/)

꾸물꾸물 느린아이 초중고맘(https://cafe.naver.com/mindalpaeng)

꿈을 안고 내일로 가는 우리들(꿈내우)(https://cafe.daum.net/ADHDParents/6TXM)

꿈을 찾아가는 아이들(꿈찾아)(https://cafe.daum.net/dyslexia7)

동대문 종합 사회복지관(http://www.communitycenter.or.kr/)

(사) DTS 행복들고나(http://dtshappy.org/)

서울도서관(https://lib.seoul.go.kr/rwww/html/ko/disorderSupport.jsp)

서울학습도움센터(http://s-iam.sen.go.kr/)

스마트쉼센터(https://www.iapc.or.kr/)

아스퍼거(자폐스펙트럼)가족모임방(https://cafe.naver.com/asperger)

예룸 예술학교(http://yeroom.cafe24.com/)

예하 예술학교(http://www.yeha.or.kr/)

7장

교육부, 이화여자대학교 학교폭력예방연구소 (2020). **학교폭력 사안처리 가이드북**.

송재홍, 김광수, 박성희, 안이환, 오익수, 은혁기,... 황매향 (2016). **학교폭력의 예방과 상담**(2**판**). 서울: 학지사.

임은미, 강지현, 권해수, 김광수, 김정희, 김희수,...황매향 (2013). **인간발달과 상담**. 서울: 학지사

조주연, 김신영 (2010). 청소년 비행 결정요인 탐색: 자기통제력과 자기친구의 주 효과 및 상호작용효과 검증. **미래청소년학회지**, 7(1), 151-173.

최송아, 손현국, 손영우 (2012). 성실성, 인지 능력, 메타인지 능력이 학습의 전이에 미치는 영향. **한국심리학회지: 일반**, 31(1), 221-238.

최은영, 양종국(2005). **청소년비행 및 약물중독상담**. 서울: 학지사.

푸른나무재단 (2020, 2, 28). [**예방수칙**] **신학기에 알아야할, 학교폭력 징후 및 예방수칙** [인터넷 블로그]. https://blog.naver.com/bakbht/221828658219에서 검색

Eric Chui (2018). 청소년 비행 문제, 효과적인 예방 및 개입 전략. **한국청소년학회 학술대회**, 189-212.

Brown, A. L. (1978). Knowing when, where, and how to remember: A problem of metacognition. In R. Glaser (ED.), *Advanced in instructional psychology, vol. 1* (pp.77-165). Hillsdale: Erlbaum.

Carter, R. (2009). *The brain book*. London: Doring kindersley.

Elkind, D. (1974). *Children and adolescents: Interpretive essays on Jean Piaget(2nd ed)*. NY: Oxford University Press.

Veenman, M. V., Hout-Wolters, B. H., & Afflerbach, P. (2006). Metacognition and learning: conceptual and methodological considerations. *Metacognition and Learning, 1*, 3-14.

8장

김계현 (1995). **상담 심리학: 적용 영역별 접근**. 학지사.

김동일, 김은삼, 이미지, 안예지 (2020). 국내 장애인 전환교육 연구 동향 분석: 2007년 『장애인 등에 대한 특수교육법』 제정 이후를 중심으로. **특수교육학연구**, 19(3), 85-115.

김언아, 김동일 (2006). 고등학교 특수학급 장애학생의 자기결정력이 진로의사결정과

졸업 후 전환성과에 미치는 영향. **특수교육학연구**, 41(1), 283-306

손은령 (2002). 여자대학생이 지각한 진로장벽과 개인, 심리적 변인의 관계. **한국심리학회지: 상담 및 심리치료**, 14(2), 415-427.

이영선, 김환희 (2013). 발달장애청소년의 전환성과 탐색. **장애와 고용**, 23(3), 83-103.

이효성, 김근아 (2009). 장애 청소년과 진로교육 (Career education). **임상사회사업연구**, 6, 87-104.

이혜영 (2011). 부모의 전환과정 참여와 장애청소년의 진로결정능력과의 관계 분석. **특수교육교과교육연구**, 4(1), 81-101.

이현림, 송병국, 박완성, 어윤경, 김기홍, 박성미, 김순미, 이지연, 이동혁, 박가열, 변정현, 김민순 (2013). **새롭게 보는 진로상담**. 경기: 교육과학사

중앙고용정보원 (2003). **한국고용직업분류**. 3-490. 한국산업인력공단

Guy, B. A., Sitlington, P. L., Larsen, M. D., & Frank, A. R. (2009). What are high schools offering as preparation for employment?. Career Development for Exceptional Individuals, 32(1), 30-41.

Luft, P., & Koch, L. C. (1998). Transition of adolescents with chronic illness: Overlooked needs and rehabilitation considerations. Journal of Vocational Rehabilitation, 10, 205-217

Wehmeyer, M. (2001). Self-determination and mental retardation. International Review of Research in Mental Retardation, 24, 1-48.

https://www.psychologytoday.com/ca/blog/dont-delay/201812/adhd-and-academic-procrastination-success-story adhd **성공사례**

https://www.entrepreneur.com/article/237669 **난독증 성공사례**

https://www.businessinsider.com/dyslexic-shark-tank-investors-consider-it-strength-2018-2 **난독증 성공사례**

https://jokermag.com/tom-cruise-dyslexia/ **난독증 성공사례**

저자 소개

김동일 교수

서울대학교 사범대학 교육학과 교육상담전공 교수 및 대학원 특수교육전공 주임교수, 서울대학교 대학생활문화원 원장, 장애학생지원센터 상담교수, 서울대 특수교육연구소 소장으로 재직하고 있다. 서울대학교 교육학과를 졸업, 교육부 국비유학생으로 도미하여 미네소타대학 교육심리학과에서 석사, 박사학위를 취득하였다.

Developmental Studies Center, Research Associate, 한국청소년상담원 상담교수, 경인교육대학교 교육학과 교수, 한국학습장애학회 회장, 서울대 사범대 기획실장, 국가 청소년보호위원회 위원, (사)한국교육심리학회 회장 등을 역임하였다. 국가수준의 인터넷중독 척도와 개입연구를 진행하여 정보화역기능예방사업에 대한 공로로 행정안전부 장관표창 및 연구논문/저서의 우수성으로 한국상담학회 학술상(2014-2/2016)과 학지사 저술상(2012)을 수상하였다.

현재, BK21FOUR 혁신과 공존의 교육연구사업단 단장, SSK중형단계 교육사각지대학습자 연구사업단 단장, 한국아동청소년상담학회 회장, 한국특수교육학회 부회장, 여성가족부 학교밖청소년지원위원회(2기) 위원, 국무총리실 사행산업통합감독위원회(중독분과) 민간위원 등으로 봉직하고 있다.

<지능이란 무엇인가>, <학습장애아동의 이해와 교육>, <청소년상담학개론>을 비롯하여 50여 권의 (공)저·역서가 있으며, 300여 편의 등재 전문학술논문(SSCI/KCI)과 30여 개 표준화 심리검사를 발표하였다.

한국아동청소년상담학회 상담역량 강화 프로그램 시리즈 ②

교육사각지대 학습자의 부모 교육

초판발행 2022년 1월 15일

지은이 김동일
펴낸이 노 현

편 집 배근하
기획/마케팅 노 현
표지디자인 박현정
제 작 고철민·조영환

펴낸곳 ㈜ 피와이메이트
서울특별시 금천구 가산디지털2로 53 한라시그마밸리 210호(가산동)
등록 2014. 2. 12. 제2018-000080호
전 화 02)733-6771
f a x 02)736-4818
e-mail pys@pybook.co.kr
homepage www.pybook.co.kr
ISBN 979-11-6519-180-1 94180
979-11-90151-96-2 (세트)

정 가 18,000원

박영스토리는 박영사와 함께하는 브랜드입니다.